BRINGING IN A NEW ERA IN CHARACTER EDUCATION

새로운 시대의

인격교육

새로운 시대의 인격교육

윌리암 데이몬(William Damon) 엮음
김태훈 · 박찬석 · 서강식 · 이범웅 옮김

인간사랑

Bringing in a New Era in Character Education by William Damon

First published as "Bringing in a New Era in Character Education" by the Hoover Institution Press, Stanford University, Stanford, California, U.S.A.

역자 서문

이 책은 대표 저자 데이몬(W. Damon)이 서문에서 지적한 바와 같이 초 · 중 · 고교 및 대학에서 오늘을 살아가는 젊은이들에게 새로운 시대에 걸맞는 인격교육을 어떻게 펼쳐나갈 것인가, 인격교육이 시대적 상황에 따른 일시적인 교육사조에서 탈피하여 영구적인 교육 의제로 존재하기 위한 원리와 접근방법은 무엇인가, 오늘날 교육체계에서 인격교육의 전개를 가로막는 장애물들은 무엇이며, 또한 그것들을 어떻게 극복해 나갈 수 있는가 등의 문제들에 대한 기초적인 해법을 찾고자 하는 노력의 산물이다. 비록 그와 관련된 구체적인 내용들이 우리나라의 상황을 중심으로 전개된 것은 아니지만, 이 책은 우리가 학교에서 인격교육을 구안하고 이를 실천해 나가고자 할 때 우리에게 중요한 시사점을 제공해 준다.

미국은 현재 인격교육의 시대를 열어가고 있다. 연방정부 차원에서 인격교육을 지원하기 위해 예산이 배정되어 집행되고 있다. 부시 정부는 클린턴 정부에 비해 교육부 인격교육 프로그램을 위한 예산을 세 배나 증액하였다. 또한 인격교육에 관한 정책이 대통령 선거공약으로 제시되어 온 국민의 이목을 집중시키기도 하였다. 적어도 이 시점에서 미국 교육계는 '교육의 목표는 개인의 이성적 능력의 계발인가 아니면 공동체 가치의 전수인가' 혹은 '누구의 가치를 가르칠 것인가' 등의 논제에 더 이상 에너지를 낭비하지 않는다.

미국 교육계는 지적 능력과 도덕적 능력을 구별하고, 지성을 교육에서의 유일한 합법적 영역으로 삼았던 실험이 실패로 끝났음을 인정하고 있다. 이제는 초 · 중 · 고교로부터 대학에 이르기까지 교사와 교수들은 학생들의 가치관에 주목하며, 그들의 인격함양을 위한 엄중한 책임을 인식하고 있다. 청소년들의 건전한 인격함양을 위해 교육력을 총체적으로 집중시키고 있는 셈이다. 이제 미국의 학교들은 통합적인 인격을 갖춘 인간의 육성이라는 전통적인 교육의 의제로 확실하게 회귀하였다.

우리나라의 도덕교육은 전통적으로 오늘날 소위 말하는 인격교육이었다. 미국이 지금으로부터 반세기 이전의 인격교육 시대에서 도덕적 추론능력의 향상이라는 인지발달 교육 시대를 거쳐 새로운 인격교육 시대를 열었던 역사적 장정과는 대조적으로 우리나라는 지금까지 꾸준히 인격교육의 맥을 이어 왔다. 비록 미국의 인지발달 교육 시대의 입김에서 완전히 벗어나지는 못하였다 하더라도 우리나라 도덕교육의 중심적인 굴대는 덕 중심의 인격교육의 전통을 지켜왔다. 교육사적으로 보면 우리나라의 도덕교육이 시대적 흐름을 앞서왔던 것이다.

그러나 우리나라 도덕교육이 인격교육의 전통을 지켜오고 있는 과정은 힘든 여정의 연속 그 자체이다. 교육과정이 개정될 때마다 뚜렷한 대안도 없는 상황에서 도덕교과의 존폐 문제는 끊임없이 논란의 중심에 서 왔다. 정치적 상황에 따라 이런저런 비판이 도덕교과에 쏟아졌다. 내부적으로는 관련 학문 분야의 전공자들이 처한 위치에 따라 각기 나름의 영역을 강력히 주장함으로써 스스로 정체성의 위기를 초래하기도 하였다. 이런 곡절 속에서도 도덕교과는 우리나라 청소년들의 인격형성을 위해 중추적인 역할을 수행하여 오고 있다. 그리하여 우리나라의 도덕교과는 동남아시아권 국가들로부터 교과교육을 통한 인격교육의 벤치마킹 대상이 되기에 이르렀다. 도덕교과는 우리나라가 해외에 수출하는 유일한 우량 교육상품이 된 것이다.

우리는 이 책을 통하여 분명히 새로운 시대의 인격교육의 원리와 방법을 읽을 수 있다. 그러나 이 책이 우리나라 도덕교육에 주는 시사점은 사실상 제한적이다. 여기에서 “제한적”이란 말은 한계를 지니고 있다는 의미보다는 시사점을 제공하는 영역이 구분되어 있다는 의미가 강하다. 미국에서의 인격교육은 가정, 학교, 그리고 공동체가 삼위일체가 되어 그야말로 통합적으로 이루어지며, 학교에서의 교육도 잠재적 교육과정이 그 중심에 있고 문학 등 일반 교과를 통한 접근은 오히려 부수적으로 이루어진다. 그런 점에서 이 책은 우리나라의 경우에서처럼 학교교육, 그 가운데에서도 도덕교과라는 특정한 교과를 중심으로 하는 인격교육이 접근하기 어려운 다양한 교육적 원리와 방법을 제시해 주고 있다. 따라서 우리는 이 책에 소개된 인격교육의 다양한 접근들을 주목하고, 우리나라 도덕교과가 미칠 수 없는 영역에서 인격교육이 어떻게 이루어져야 하는지를 면밀히 검토해 볼 필요가 있다. 그럼으로써 우리는 이 책이 제시할 수 없는 우리나라 교과로서의 인격교육과 더불어 포괄적인 인격교육 접근방안을 모색해 나갈 수 있을 것이다.

끝으로, 개인적으로 바쁜 일정에도 불구하고 이 책의 번역을 맡아서 해주신 공주교육대학교 윤리교육과 서강식 교수님, 이범웅 교수님, 그리고 박찬석 교수님께 감사의 말씀을 드린다. 그리고 수차례의 교정작업을 꼼꼼하게 처리해 주신 인간사랑 편집자 여러분께도 진심으로 감사드린다.

대표 역자 김태훈

목 차

서론

데이몬 William Damon

현대 교육체계에서 진정한 변화는 보통 천천히 이루어진다. 그러나 우리는 최근 들어 이런 교육체계의 변화에서 주목할 만한 예외적 현상을 보았다. 미국 교육에서 지성(지적 능력)과 도덕성(도덕적 능력)을 구별하려 했던 실험과 지성을 교육에서의 유일한 합법적 영역으로 삼으려는 실험이 급속도로 실패로 끝나버리고 말았다. 초 · 중 · 고등학교로부터 대학에 이르기까지 교사와 교수들은 학생들의 가치관에 주목해 왔으며, 학생들의 인격함양에 대한 책임을 인정하였다.

이것은 결코 전혀 예상치 못했던 접근이 아니다. 정말로 미국에서 300년간의 교육기간 동안 미국 학교가 추구하고자 했던 교육의 아젠다(의제)인 바로 통합적인 전인의 육성으로 회귀한 것이라고 볼 수 있다.

그러나 20세기 중 · 후반 동안 교육자들은 고도로 전문화된, 세속적인, 지식 정향적인, 탈근대적인(postmodern) 세계에 매몰되어 있음을 알게 되었다. 대부분의 교육자들은 전통적인 교육적 책무 중 도덕적 부분이 크게 약화되었음을 결론적으로 인정하였다. 도덕적 상대주의가 자리 잡게 되었으며, 부모의 입장이 무시되거나 사라졌다. 교육자들은 주로 비판적 사고와 관용능력을 키워주어야 한다는 입장을 견지했다. 여기서 비판적 사고능력과 관용능력은 놀랍게도 도덕적 가치로서 간주되기보다는 오히려 가치선택의 과정에서 논쟁영역 밖의 중립적이고 부동(不動)의 입장으로 간주된다. 이러한 생각은 젊은이들 사이에서 너무나 자명한 기화(奇禍 : 뜻밖에 당하는 재앙)를 불러일으켜 조만간 폐기될 수밖에 없는 잘못된 개념이다. 그러나 다행이도 바람직한 방향으로의 변화가 놀라울 정도로 빠르게 일어나고 있다. 우리가 21세기에 들어서면서 그런 변화가 진행 중에 있다.

이런 변화에 대한 강력한 지지자이기도 한 나는 연방정부 차원에서조차도 변화를 미미하게나마 감지할 수 있다. 연방정부 차원의 변화는 문화적 성향(trend)을 유발하기보다 전형적으로 그 문화적 성향에 반응한다. 클린턴 정부 초기에 교육부장관이었던 릴레이(Rihard Riley)는 초 · 중 · 고등학교에 도덕교육을 재도입하자는 방안을 모색하는 나와 같은 인격교육자들의 학술모임에서 연설을 했다. 교육부장관은 우리의 목적을 지지했지만, 어떤 질문에 대한 답변과정에서 그는 그 목적을 이루는 데 공립학교나 연방정부가 많은 역할을 해야 한다고는 보지 않았다. 왜냐하면 어린이들의 가치들은 가정이나 교회와 같은 곳에서 담당해야 할 사적인 문제이기 때문이라는 것이다.

도덕적으로 빗나간 선택 때문에 자신과 타인을 해치는 젊은이들의 사건사고들에 대한 대중매체의 보도들이 그후 3년간 지속적으로 있어왔다. 1996년의 학생클럽(State of the Union) 연설에서 클린턴 대통령은 미국의 모든 학교가 인격교육을 해야 한다고 주창했다. 클린턴은 다음과 같이 말했다 : "나는 미국의 모든 학교들이 인격교육을 하고 훌륭한 가치와 훌륭한 시민성을 가르칠 것을 강력히 요구한다." 릴레이 교육부장관은 이런 대통령의 취지를 구현하기 위한 프로그램을 공포했다. 4년 후 2000년의 대통령 선거에서 중요한 후보 중 한 명은 미국 공립학교에서 인격교육의 필요성을 제기함과 동시에 집권 후 실천할 것을 약속했다. 부시 대통령의 공약은 취임 후 교육부 인격교육 프로그램을 위해 연방정부 예산을 세 배나 증액시킴으로써 현실화되었다. 나는 내 연구생활 동안 늘 인격교육에 대한 신념을 갖고 있었다. 그러나 인격교육이 대통령 선거 공약으로 나타난다거나 또는 정부 최고위층으로부터 그렇게 많은 지지를 얻을 것이라고는 상상하지 못했다.

우리는 인격교육 아이디어에 대한 광범위한 공개적 승인과 양당(공화당과 민주당)의 선출직 관료로부터의 지지를 받고 있는 인격교육의 새로운 시대를 열어가고 있다. 이것은 좋은 출발이며, 의미 있는 노력을 기울일 만큼 충분히 오랫동안 열려 있는 기회의 창이기도 하다. 그러나 의미 있는 노력을 기울이지 않거나 그런 성향만을 이용하기 위해 계획된 하찮은 것들 때문에 진짜 해야 할 일을 소홀히 한다면 기회의 창은 곧 닫혀버리고 말 것이다. 우리는 초 · 중 · 고등학교와 대학에서 젊은이들에게 올바른, 차별화된 인격교육의 새로운 시대를 어떻게 열어갈 수 있는가? 현재 인격교육을 지속시키기 위한 견고한 토대를 제공하고 미래에는 인격교육을 단지 일회성의 유행이라기보다는 우리의 영속적인 교육적 아젠다로 만들기 위한 견고한 기초를 마련할 수 있는 원리와 접근방법은 무엇인가? 우리의 현재 교육체계에서 우리는 어떤 장애물을 극복해야 하는가? 우리는 새로운 기회를 어떻게 창출할 수 있는가? 이 책은 이런 문제들에 대한 기초적인 해법을 제공하기 위한 목적에서 쓰여진 것이다. 이 책의 저자들은 오늘날 이 분야에서 가장 혁신적인 학자들로 구성되었다. 각 장의 저자들은 오늘날 우리 학교에서 도덕교육을 어렵게 만드는 잘못된 개념을 바로잡기 위해 자유로이 그 원론적인 해법을 제시할 것이다.

각 장에서 오늘날 인격교육이 필요하게 된 독특한 입장을 개진하였다. 그러나 최소한 두 개의 중요한 주제는 이 책의 전체 내용을 통해 공통적으로 다루어지고 있다. 첫째로, 근본적인 도덕적 기준이 젊은이들에게 파급되어야 하고, 모든 학교 급별 교육자들은 학생들에게 이런 핵심적인 기준을 전달할 책무감을 심각하게 받아들여야 한다는 합의이다. 이 핵심적 기준이 누구의 가치인가라는 문제(이는 학교를 도덕교육을 시킬 수 있는 곳이라고 주장하는 슬로건)는 저자들의 여러 접근방식을 통해 논의되어질 것이다. 그 가치들은 우리의 가치들이며, 언젠가 우리의 후속세대들에게 전수하게 될 문명의 특성과 미래에 예상되는 상황에 대해 관심을 갖고 있는 책임 있는 사람들의 세계적 공동체를 통해 생성된 것이다. 이 책에서 공통적으로 다룬 두 번째 주제는, 과거 수십 년에 걸쳐 이 분야에서 거둔 훌륭한 성과들조차도 무시해 버린 반대 입장을 불식시키자는 단호한 결의이다. 많은 반대 입장은 역시 반발에 부딪혀 왔으며, 실제적인 진전이 이루어진다면 더욱 더 통합적이고 포괄적인 접근법에 의해 대체되어야 한다.

습관과 반성

예로부터 부모들은 자녀들을 올바로 키우고 복잡하고 어려운 상황에서 훌륭한 판단을 내리는 일이 긴요함을 잘 알고 있다. 따라서 모든 어린이들은 신뢰할 만한 습관과 강력한 추론능력을 획득하기 위해 노력해야 한다. 이러한 훌륭한 습관과 추론능력을 획득하지 못한 어린이들은 어떤 선한 의도를 갖고 있다 하더라도 스스로를 믿을 수 없게 된다. 대신 그런 어린이들은 스스로를 보호하고 평가할 수 없는 유해한 영향력에 노출될 수밖에 없다. 이상하게도 현대의 학술적 담론에서는 훌륭한 습관을 기르는 일과 정의와 그 밖의 다른 도덕적 문제들에 대해 명료한 추론능력을 배양하는 일을 엄격하게 구분하고자 한다. 철학자인 윌리암스(Bernard Williams)[1]는 덕이론(지속적인 습관의 인격적인 결과로서의 덕)과 정의이론(공정성을 위한 사회계약과 그것의 함축적 의미를 창출하는 과정을 통한 끊임없는 반성적 사고를 지지하는 입장) 사이의 그릇된 대립관계의 설정에 대해 비판적 입장을 취한다. 윌리암스는 덕과 공정성 사이에 양립하지 못할 아무런 이유가 없다고 단언한다. 충실한 도덕적 삶은 덕과 공정성(정의) 모두의 성취를 열망한다. 두 가지 도덕적 목적은 공공의 적을 공유하고 있다고 윌리암스는 지적한다. 여기서 공공의 적은 나태와 악과의 타협을 정당화하려는 성향인 위선이며, 비도덕적 수단을 통한 도덕적 목적을 추구하려는 의도이다.

---

1) Bernard Williams, *Ethics and the Limits of Philosophy*(Cambridge, Mass. : Harvard University Press, 1986).

심리학의 역사에서 기이한 특징이자 종합적 철학이 범하는 혼돈은 습관과 반성을 대립적 관계로 설정한다는 것이다. 20세기 동안 도덕적 발달의 과학적 연구에서 두 가지 큰 줄기가 있다. 하나는 행동주의적 전통이고, 다른 하나는 인지주의적 전통이다. 정신분석학적 전통은 그것의 취약한 연구 토대 때문에 학문적 관심 밖에 있었다. 행동주의는 규칙에 따르는 성향과 습관적 행위양식의 조건화를 강조했다. 반면 피아제(Piaget)와 콜버그(Kohlberg) 같은 인지주의자들은 추론과 자율적인 판단을 위한 인간의 능력을 강조했다.

이런 방식으로 인간을 분류하는 것은 과학적 연구의 목적에 이바지할 수도 있지만 그렇지 않을 수도 있다. 이에 대해서는 논란의 여지가 있을 수 있다. 그러나 이런 분류는 자라나는 학생들에게 인격의 모든 구성요소들을 다루어야 하는 교육에 엄청난 재앙을 초래할 수도 있다. 습관과 반성 사이의 터무니없이 무모한 대립은 심리학과 철학으로부터 교육이론과 실천의 영역으로 전환되었다. 이러한 대립은 지난 수십 년 동안 인격교육적 노력을 양극화시켜 왔다. 이제 불필요한 논쟁을 종식할 때이며, 통합적 · 전체적 인격인의 육성을 도덕교육의 목표로 삼아야 할 때이다. 통합적 인격인을 위한 교육내용으로는 어린이의 현재와 미래의 도덕적 삶에 기여하는 판단, 정의, 동기, 행동, 자아정체성 등의 모든 체계, 습관과 반성, 덕과 그것의 이해 등을 포함하고 있다.

개인과 공동체

우리가 모든 어린이들에게 길러주고자 노력하는 도덕감의 근원에 관해 많은 수사적 논쟁들이 소모적으로 이루어져 왔다. 극단적 입장들은 관념적인 조망영역들을 뛰어넘어 확산된다. 일부 사람들은 주장하기를 도덕성은 본질적으로 생물학적이며, 각각의 유전인자에 깊이 뿌리박고 있다는 것이다. 따라서 개인들은 다양한 정도의 유전인자를 지니고 태어났다는 의미를 함축하고 있다. 이러한 입장은 교육적 노력을 통해 개선할 여지를 남겨두지 않고 있다. 다만 나쁜 유전인자를 찾아 제거하고 좋은 유전인자를 받는 일이 중요하다. 부모들이 중요한지 여부에 대한 문제가 최근 들어 심도 있게 고려되어 왔다. 반대로 모든 도덕적 진리가 공동체에 내재하는 것이며, 과도한 개인주의가 오늘날 우리 문제의 원천이며 도덕교육의 과제가 문화의 확산과 상호 의존의식을 촉진시키는 일이라고 일부 사람들은 주장한다. 어느 일방의 입장도 개인적 양심, 고귀한 목적, 고무받는 사회적 행위 등의 오래 전부터 내려오는 인류의 이상들에 믿음을 주지 못한다.

개인주의와 공동체주의 사이의 가상적인 대립은 문화이론에서 품격이 떨어지지만 인기 있는 주제이기도 하다. 서구(특히 미국)의 도덕성은 그 밖의 나라들과 달리 개인의 권리와 책임을 강조한다는 것이 기본적인 생각이다. 일본과 같은 나라는 공동체 지향의 성향이 확산되었다는 것이다. 더욱 더 심오한 인류학자들은[2] 공동체 지향적인 국가나 권리 지향적 국가들은 세계 어디에나 있다고 말하고 있다. 정말로 자신의 행위에 대해 개인에게 책임을 묻지 않고서, (최소한 어느

2) R. Shweder, *Thinking through Cultures : Expeditions in Cultural Psychology*(Cambridge, Mass. : Harvard University Press, 1991).

정도까지) 개인의 권리를 인정하고 보호하지 않고서, 공동이익과 공동체의식을 정립하지 않고서 어떻게 사회가 유지될 수 있겠는가? 도덕적 정향을 어떻게 균형을 맞추고 표현하느냐에 따라, 사회가 개인과 공동체 중 어느 것을 강조한 것인가에 따라, 사회를 구성하는 문화적 전통에 따라서 사회의 특징은 다양하게 나타난다. 그러나 도덕성은 항상 개인과 공동체 간의 절충의 문제이며, 어린이들은 그들의 사회적 환경으로부터 배우고, 필요할 때 자신의 양심에 따를 준비가 동시에 되어 있어야 한다. 교육자들에게서 도덕성은 어린이들이 일상에서 부딪히게 되는 상황(기쁘고 우울하고 건강하고 아프고)에서 어린이들의 도덕적 정체성을 획득하도록 도와주는 것뿐만 아니라 공동체 가치의 전수를 의미한다.

세속과 종교

공교육 당국이 학생합창단으로 하여금 찬송가를 부르도록 한 것 때문에 소송을 당하고, 졸업식에서 고별연설을 하는 학생이 신(God)이라는 용어를 사용하는 것을 금지하고, 교사들이 방학 시작 전에 행복한 휴일(Happy Holiday)이 되길 바란다는 말을 했다는 이유로 징계를 받는 요즈음(이러한 거짓말 같은 예들을 내가 생각해낸 것이 아니다), 미국에서 예전에는 그렇지 않았다는 사실에 주목해야 한다. 우리 역사의 대부분 동안 공교육은 세속적인 차원에서 형성된 도덕적 메시지와 세계의 종교적 전통 중 어느 하나로부터 도출된 이야기를 통해 형성된 도덕적 메시지를 구별하지 않았다. 종교적 정서의 모든 표현을 절대로 금하지 않았기 때문에 공립학교는 종교적 메시지를 도덕적 영감과 지침의 원천으로 인정했다. 교과서는 문학, 수학, 그 밖의 필요한 과목들을 가르치기 위한 수업에 고결한 도덕적 · 정신적 · 종교적 아이디어들을 조합한 형태로 충분히 담고 있었다. 이것은 지성뿐만 아니라 인격을 함양하고, 지식뿐만 아니라 선을 쌓으며, 능력뿐만 아니라 목적을 추구하기 위해 할 수 있는 무엇이든지 하고자 했던 전인육성의 접근으로서 일찍이 내가 언급했던 것이기도 하다.

진보의 시대를 거쳐 20세기에 이르면서 공교육은 세속적인 것과 종교적인 것을 분리했으며, 세속적인 것을 받아들이고 종교적인 것을 거부했다. 이런 선택은 부모들이 그 신념을 공유하기를 원치 않는 해당 부모의 자녀들을 보호하려는 소망과 다원주의에 의해 더욱 더 고무되었다. 나는 그런 이유를 거부하지 않는다. 즉 그런 것들은 본질적으로 중요하다. 모든 어린이들은 시민의 자유권을 이해하고 존중하는 법을 배워야 한다. 그러나 그러한 문제들은 항상 총체적인 교육학적 아젠다로 바라보아야만 하며, 그런 아젠다를 통해 학생들이 어떻게 배워야 하는지를 차례로 다루어야 한다.

젊은이들은 도덕적 믿음과 가치를 어떻게 배우는가? 이 책은 이 문제에 대한 건설적인 해법을 제공해 줄 것이다. 해법이란 분석되지 않는 외경(畏敬)이나 희망적인 사고에 기초한 것이라기보다는 오히려 심사숙고한 학문에 기초한 것이다. 이 책의 많은 저자들이 공감하고 있는 통찰력은 (1) 학생들은 분명한 메시지를 통해 가장 잘 배운다. 도덕적 상대주의나 애매모호함은 학생들을 낙심하게 만든다. (2) 학생들은 모범적인 행동의 긍정적인 자세로부터 배운다. 활기 있고 유덕한 단 하나의 모범적 행동이 추상적인 수많은 "하지 말라"라는 금지보다 더욱 강력한 교육적 방법이라는 것이다. (3) 학생들은 새로운 지식을 갈망하는 적극적이고 호기심 많은 마음을 지니고 있다. 젊은이들은 특별히 연약하지 않다. 실제적인 위험은 충분한 감화를 주지 않음으로써 학생들에게 흥미를 잃게 하고 유해한 정보를 차단하지 않는 데 있다. (4) 젊은이들의 정신세계는 커다란 지적 유연성을 지니고 있다. 그들은 자신의 문화의 전통적 지혜를 수용할 수도 있고, 필요할 때 스스로 현명한 선택을 내릴 수도 있다.

정신세계의 유형이 어린이들과 아주 생소할 때조차도 나는 다른 사람의 정신세계를 관조함으로써 해를 입었다는 것을 들어본 적이 없다. 반대로 젊은이들은 보통 그런 정신성의 표현을 통해 감화를 받고 동기화된다. 그리고 정신성의 유형이 더 이색적일수록 젊은이들은 이색적인 정신세계에 방해받기보다는 흥미를 느낄 가능성이 훨씬 높다. 시민의 자유권은 소수의 권리에 대한 관심을 포함하며, 신정(神政)의 억압통치의 위험은 확실히 가르칠 만한 가치가 있는 성인들의 문제이기도 하다. 그러나 그것들은 젊은이들의 도덕교육에 있어서 첨예한 이슈가 아니다. 젊은이들은 정직, 동정, 책임, 존경, 공정성 등과 같은 핵심적인 덕목에 대해 훨씬 더 기초적인 교육을 받을 필요가 있다. 성인 중심의 관심분야가 우리의 공립학교에서 긍정적인 도덕적 영감의 유일하고 강력한 원천을 확인하기 위한 근거로서 활용되어서는 안 된다. 정신적 신념에 대한 학생들의 자유로운 표현뿐만 아니라, 다양한 종교적 · 세속적 틀 속에서 형성된 도덕적 관념에 우리의 공립학교도 개방적인 입장을 취할 때가 되었다.[3] 젊은이들은

3) 어린이들에게 전수하기를 바라는 핵심적인 아이디어들은 그들의 도덕적 의미를 충분히 이해시키기 위하여 그들의 종교적 뿌리에 대한 올바른 인식을

직감적으로 느낄 수 있는 모든 감화를 필요로 한다.

각 장에 대한 소개

이 책의 각각의 장은 인격교육이 이런 상황에서 취해야 할 방향을 설정하고자 한다. 그리고 인격교육의 진전을 위한 핵심적인 전략을 제안하고자 한다. 각 장을 종합해 보면 각 장들은 인격교육의 진전을 위한 포괄적인 접근을 제시할 것이다.

슈와츠(Arthur Schwartz)는 우리 시대 인격교육의 새로운 주춧돌을 놓을 것이다. 즉 우리 인격교육의 노력을 수렁에 빠트리게 하는 "누구의 가치를 가르칠 것인가"라는 문제는 더 이상 곤란한 문제가 아님을 밝혀낼 것이다. 이 문제는 우리 사회의 전반을 통한 합의에 의해 해결되어 왔다. 광범위하고 암묵적인 동의는 책임 있는 기성세대가 소중하게 생각하는 문명화된 삶의 핵심적 가치를 후속세대가 습득해야 한다는 점이다. 우리가 불필요한 불확실성에 소중한 시간을 낭비하지 않는다면, 젊은이들의 행동과 생활목표를 고양시키는 방향으로 어떻게 젊은이들에게 이런 가치를 전수시켜 줄 수 있느냐에 대한 더욱 심오하고 어려운 문제를 해결해 나갈 수 있다. 슈와츠는 이

필요로 한다. 노동윤리도 그런 관점에서 비롯된 것이다. 하나님의 부르심(또는 직업의 고전적 어원)에 대한 종교적 어원을 알지 못하면 노동은 아주 빈번히 필요한 관습이나 귀찮은 것으로 간주될 수 있다. 나는 불만을 품은 노동자들뿐만 아니라 유명한 사회과학자들도 노동의 개념을 이런 식으로 표현하는 것을 들어본 적이 없다. 노동윤리가 노동을 억압적인 명령이라기보다는 오히려 노동을 고무해 주는 하나의 성스러운 기도로서 인식하고 자신의 직업을 신에게 더 확대한다면 자신의 동료인 인류에게 봉사하는 것으로 활용해야 한다는 믿음에 대한 종교적 기원을 전해주는 일은 아주 중요하다.

런 문제에 대해 혁신적이자 동시에 아주 오래된 자신의 해결책을 피력하고 있다. 교육과정에 훌륭한 명언의 재도입에 대한 그의 제안과 우리의 학교에서 존경할 만한 규범들이 어떻게 활용되어야 하는지에 대한 그의 고찰은 모든 교사들이 반드시 읽어보아야 할 내용이다.

이어서 슈와츠에 의해 소개된 주제를 다루고 있는 좀머스(Christina Hoff Sommers)는 우리 시대 젊은이들의 도덕발달을 위협하는 것이 교화가 아니라 상대주의에 있다는 이유를 제시하고 있다. 그녀는 속이는 것이 옳은지 그른지를 구별하기 위해 애매모호한 사례를 가지고 시작한다. 그러한 예로 만약 속이는 일이 별개로 이루어졌거나 도드라지면 사람들을 즐겁게 해줄 것이다. 불행스럽게도 나는 모든 수준의 교육체계를 살펴보았을 때, 좀머스는 우리에게 학생들의 인격과 우리의 학술적 기관의 통합 모두를 위협하는 악의가 있음을 엿볼 수 있게 해주었다. 좀머스는 루소와 그의 추종자들에 의해 유발된 자유방임적 교육방식과는 달리 아리스토텔레스나 아우구스틴 철학의 원리들에 입각한 도덕교육의 고전적 입장을 제시하고 있다. 좀머스는 잘못된 아이디어들이 우리를 얼마만큼 타락시킬 수 있는지를 보여주고 있으며, 다른 한편으로 더 훌륭한 길로 우리를 인도할 수 있는 접근방법을 안내해 줌으로써 미래를 위한 희망을 제공해 주고 있다.

의술처럼 교육도 많은 연습과 실천이 요구되는 분야이기도 하다. 그러나 의술처럼 교육도 비효율적이고 위험스런 관행을 제거하기 위하여 과학적 토대를 구축할 필요가 있다. 인격교육 종사자들이 지난 수십 년 동안 과학적 토대를 마련해 놓고 있는데, 베르코위츠(Maruin Berkowitz)는 인격교육에 대한 가장 발전된 설명을 해주고 있다. 엄격한 증거를 통해 우리가 알고 있는 것을 과학적으로 설명해 주는 베르코위츠 논문의 독특성을 차치하더라도 그는 이 책의 제목에 아주 부합하는 여러 중요한 관점을 제시해 주고 있다. 그는 결국에는 종합적인 노력을 기울일 수밖에 없는 인격교육 분야를 왜곡하는 허위적인 반대를 거부한다(이론가들과 철학자들은 또 다른 문제이다. 그들이 종합을 이끌어낼 수 있는 만큼 아주 많은 토론을 즐기는 것은 가능하다). 베르코위츠는 우리가 알고 있는 것뿐만 아니라 우리가 모르는 것을 상세히 설명하는 데 많은 노력을 기울이고 있다. 이것은 두 가지 이유 때문에 소중하다. 첫째로, 우리의 과학적 토대가 확장됨에 따라 우리의 교육학적 방법들이 변화에 개방적이라는 사실을 나타내는 것이기도 하다. 그리고 둘째로, 우리가 어떤 접근을 시도하든 간에 우리로 하여금 겸손할 것을 상기시킨다. 겸손은 인격교육자들이 스스로 실천해야 할 뿐만 아니라 학생들 사이에서 배양시켜야 할 덕이다.

워커(Lawrence Walker)는 우리를 과학적 서적을 통해, 그러나 마음속으로 더 특수한 목적을 가지고 안내한다. 워커는 도덕적으로 훌륭한 실제 인물을 활용한 접근을 사례로 만들었다. 그는 이 접근을 모범인물제시법이라고 불렀다. 이런 접근의 장점은 과학과 교육 모두에서 유사하게 나타난다. 즉 이러한 접근은 베르코위츠와 그 밖의 다른 사람들이 중요하지 않게 본 그런 반대 입장을 누그러트릴 수 있다. 그리고 이런 접근은 인간적인 삶으로 나아가도록 해주는 도덕성의 제 요소들을 통합하는 매력적인 방법이며, 과학적 연구와 교육적 실행을 위한 도덕적 사례의 활용은 이전에도 연구된 것이지만, 워커의 심층적인 분석은 모범인물제시법의 전제와 의미를 규명하려는 이전의 연구들을 훨씬 뛰어넘는 것이기도 하다.

도덕적 원리로 점철된 전쟁영웅들도 도덕적 모범인물의 전형이다.

셔만(Nancy Sherman)은 스토아 철학이 해군 조종사인 스톡데일(James Stockdale)과 같은 영웅적인 군인의 결연한 행동을 어떻게 돋보이게 할 수 있는지를 잘 보여주고 있다. 스토아(금욕적) 철학에 대한 셔만의 접근방법은 신비롭기도 하고 옛 기억을 상기시킨다. 금욕적 원리를 충분히 이해하면 절박한 시점에서 자신의 감정을 다스리는 도덕적 태도를 지닐 수 있는 방법을 알게 해준다. 이 방법은 일반적으로 내적 감정통제의 문제를 극복하게 해주는 도덕교육 학문분야에 아주 독특하고 소중한 기여를 했다. 셔만은 금욕주의의 문제를 날카롭게 지적하고 있다. 그에 따르면 금욕주의의 엄격성은 정서적 냉혹함을 낳게 되며, 도덕적 감정의 민감성을 크게 떨어트린다는 것이다. 그녀 자신의 독특한 해법으로 제시한 인간의 얼굴을 한 금욕주의는 그녀가 연구했던 병영환경을 훨씬 뛰어넘는 인격교육적 함의를 내포하고 있다.

셔만은 충격적인 부정사건의 여파로 해군 군종장교에 의해 위촉된 방문을 인연으로 해군사관학교에서 근무하게 되었다. 나는 그 방문에 그녀와 동행했다. 그때 받았던 나의 인상은 내 마음 속에 신선하게 남아 있다. 해군의 가장 자랑스런 전통 가운데 하나인 자존적인 명예심을 위반하여 징계를 받은 장교, 교수진, 사관생도 등이 있었다. 그러한 일이 어떻게 가능했는가? 나의 개인적인 결론은 명예심의 토대가 되는 윤리나 부정을 처벌하는 규칙들의 도덕적 기초를 구성원들이 충분히 이해하지 못했다는 사실이다. 그렇게 된 이유는 학생들에게 그런 내용을 충실히 가르치지 않았기 때문이다. 셔만의 윤리강좌가 이런 상황을 개선하는 데 큰 도움을 줄 것이라고 나는 확신한다.

이런 것은 참 반가운 좋은 소식이다. 나쁜 소식은 비슷하지만 더 심각한 문제가 미국 전역의 초 · 중고등학교와 대학에 널리 퍼져 있다는 것이다. 또한 거의 모든 곳에서 부정과 일탈을 둘러싼 명쾌한 해결책이 결여되었다는 사실이다. 좀머스(Sommers)는 그의 논문에서 교수와 학생들이 공유하고 있는 도덕성 회복 방안을 마련하지 못하고 있다는 점을 지적하고 있다. 교수들이 불신하고 학생들이 싫어하는 시험이라 하더라도 부정행위를 저항의 수단으로 정당화시키지 못한다. 이런 행위는 반대자들이 규칙을 어길 것을 공개적으로 종용하는 시민의 불복종에 해당하는 합법적 행위이다. 대신에 이런 것은 자기를 기만하는 이기적인 행위이며, 개인의 무책임으로 나아가는 지름길이다. 교사가 불공정하고, 더 나아가 무의미한 시험에서 부정행위를 해도 학생들을 나무랄 수 없다고 말한다든지, 교사들이 자신의 업적평가를 좋게 하기위한 방법으로 학생들의 부정행위를 조장한다면 (이런 사례는 실제로 언론에서 보도된 적이 있다) 이는 도덕적으로 대단히 잘못된 교육이다. 이는 학생들을 부정직하게 살도록 교육시키는 결과이다. 시험, 경쟁 등에 대한 어느 이데올로기적 입장도 그런 교육적 조치를 정당화할 수 없다. 만약 그런 교육적 위법행위가 벌어진다면 가장 나쁜 사례가 될 것이다.

자신이 근무했던 학교에서 발생한 부정행위 사건에 대한 파우어(Clork Power)의 논의는 도덕적 문제를 둘러싼 심각한 혼란을 잘 묘사해 주고 있다. 학생들은 협동과 부정직 사이의 차이점을 밝히려고 고심한다. 한 여학생은 자신이 공부한 것을 친구와 공유한 것에 대해 테레사 수녀와 같은 이타주의자라고 믿고 있다. 학교 교칙을 존중하도록 학생들을 가르칠 필요가 있다. 그러나 교사들이 가르치기보다는 오히려 단지 조력자의 역할에 머무르기를 원하며, 학생들에게 답을 제시하기보다는 오히려 질문하기를 원한다고 파우어는 기술하고 있다. 비록 파우어가 나보다도 이런 종류의 가르침에 더욱 공감을 표하지만, 그의 논문은 그의 스승인 콜버그가 도덕교육을 위한 도덕적 권위구조를 형성하고자 하는 뒤르껭의 통합력을 채택하면서 어떻게 사회학적 입장으로 더욱 더 선회하게 되었는지에 대해 날카롭게 그 이유를 제시하고 있다. 이러한 전통적 입장에서 교사는 문화적 지혜를 전수하는 노련한 협력자이다. 이런 접근법을 반문화적 접근(기성 사회의 가치관을 무너뜨린 젊은이들의 문화)으로 파우어가 명명하는 것은 역설적이라고 생각될 수 있다. 그가 지적하는 것은 서구문화는 변화에 개방적이고, 그러므로 그 자체로 반문화적이라는 것이다. 서구문화를 수용한다는 것은 젊은이들을 민주주의의 소용돌이로 나아가도록 하는 나쁜 방법이 아니라 이러한 역동적인 정신을 상호 소통하는 것을 의미한다. 그러나 파우어가 정말로 반대하는 문화는 미국의 공립학교에 널리 퍼져 있는 풍토이다. 여기서 파우어는 이 책의 다른 저자들과 거의 같은 생각이다. 이 책의 저자들은 오늘날 공립학교의 많은 학생들이 직면하고 있는 산만한 도덕적 풍토를 개선시키고자 노력한다.

에치오니(Amitai Etzioni)의 공동체주의적 네트워크는 인격교육에 헌신하고자 하는 교육자들 사이에 전국적인 담론(discourse)을 창출하는 데 핵심적인 역할을 수행하고 있다. 그리고 그는 그런 아이디어가 정치적으로 부각되기 이전에 이런 담론을 정책결정자들의 관심을 제고하는 데 중요한 역할을 수행하였다. 공동체주의 네트워크는 내가 위에서 언급했던 백악관 모임을 포함하여 1990년대에 수많은 영향력 있는 단체를 조직하였다. 에치오니의 논문은 인격교육에 대한 공동체주의적 입장을 밝히고 있다. 공동체주의적 관점은 (1) 핵심 가치를 규명하고, 어린이들의 마음 속에 감정이입 능력이나 어린이들과 타인들 사이의 연대감을 고양시키며, (2) 합법적인 권위로부터 나온 것이지만 어린이들의 내면적으로 선택된 신념이기도 한 규율을 전수하는 것에 초점을 두고 있다.

이 책의 다른 저자들과 마찬가지로 에치오니도 도덕적 가치들이 절대로 임의적인 것이 아니라는 점을 지적하면서 "누구의 가치"를 가르칠 것인가 하는 문제를 다루고 있다("가치들은 그들 자신의 날개 위에서 날지 않는다"고 에치오니는 쓰고 있다). 에치오니는 가정, 학교, 자발적인 결사체, 그리고 우리가 젊은이들에게 전수해야 할 가치들에 관한 준거점을 찾기 위한 종교기관과 같은 사회조직에 주목한다. 그의 입장은 학교를 공동체와 분리시키기보다는 오히려 공동체 안에 위치시키고자 한다. 우리의 학교는 결코 소수 전문가들의 폐쇄적 공간이거나 지나친 전문적 영역이 아니어야 한다. 학교의 폐쇄성은 결과적으로 도덕적 가치와 인격을 무관심하게 만들어 왔다. 에치오니는 인격함양이 학생들의 학술적 과업을 성취하기 위해서도 필수적임을 교육자들에게 상기시키고자 한다(당신은 밑 빠진 독을 결코 채울 수 없다. 즉 바른 사람이 되지 않은 사람은 자아실현을 이룰 수 없다는 것이다).

콜비(Anne Colby)는 그의 논문에서 학생들의 도덕성과 인격함양을 대학의 중요한 목표로서 재정립하기 위한 선의의 싸움을 벌이고 있다. 대학이 처음 설립되었을 때 대부분의 대학은 학생들의 도덕성 발달을 위해 헌신해 왔지만, 대학이 전문화 · 세분화되어 감에 따라 최초의 전인적 학생의 육성목표는 포기되었다. 대학에서 과거의 인격교육을 강조했던 풍토를 되살리려는 사람들은 커다란 저항에 봉착했다. 콜비는 견고한 논리로 인격교육에 대한 불가의 입장을 반박하고 있으며, 고등학교 졸업수준의 사람들(대학생)에게 인격교육을 시키는 것을 반대하는 여러 비슷한 입장을 효과적으로 분쇄하고 있다. 콜비의 논문은 학생들의 도덕적 삶에 관심을 가지고 있지만, 여전히 상아탑의 진리탐구의 가치중립을 추구하는 사람들에 포위되어 있는 자신을 발견하게 되는 용기 있고 사려 깊은 교수들을 보호하고 고무시킬 것이다.

이 책을 위하여 크리스톨(Irving Kristol)은 도덕교육에 대한 가치중립적 접근이 유행하던 1970년대 동안[4] 그가 처음 썼던 날카로운 진술들을 수정했다. 그의 논문은 어린이들의 도덕성 발달은 확고한 도덕적 입장을 지닌 사람들과 조직들의 안내를 필요로 한다는 점을 우리에게 상기시킨다. 좀머스처럼 크리스톨도 오늘날 학교에 널리 퍼져 있는 루소의 입장을 거부한다. 루소에 따르면, 성인이 해야 할 일은 어린이들의 삶의 방식에 가급적이면 관여하지 않는 것이며, 본성적인 선을 잘 발현할 수 있도록 해주는 것이다. 크리스톨은 어느 도덕교육적 시도에서나 권위의 필요성을 지적한다. 그는 정보를 얻으려 권위의 개념을 활용한다. 첫째로, 그는 분명하게 합법적 권위를 언급하고 있다. 둘째로, 그는 권위주의나 방임주의의 비합법적 극단을 합법적인 권위와 구별하고자 한다. 여기서 크리스톨의 통찰은 과학적 아동심리학으로부터 도출된 경험적 결론과 일맥상통한다. 과학적 아동심리학에서 밝혀진 바에 따르면, 역설적이게도 권위주의('내가

---

4) Ryan K. and D. Purpel, *Moral Education : It Comes with the Territory*(New York : Basic Books, 1977).

그렇게 말했기 때문에 내가 말한 대로 해라')는 모두 나쁜 결과를 초래했다는 것이다. 결과적으로 권위주의나 방임주의적 교육은 어린이들을 무책임하고 무능력하게 만든다. 반면에 합법적 권위의 일관적인 교육적 노력은 성공적인 어린이 양육의 가장 확실한 방법이다.[5] (예를 들어 권위의 교육적 방법은 "여기 해야 할 옳은 것이 있다. 여기 그렇게 할 이유가 있다. 그 이유를 공개적으로 토론해 보고 그것에 대해 서로 이해하도록 하라"는 식으로 이루어질 수 있다.)

크리스톨은 권위와 자유가 상호 밀접하게 관련을 맺고 있다는 점을 지적하고 있다. 그에 따르면 자유는 합법적이고 예측 가능한 권위의 맥락 없이는 불가능하다는 것이다. 내가 보기에 이것이 크리스톨의 논문에서 가장 중요한 지적이다. 왜냐하면 이런 사실이 교육공동체 구성원들에 의해 제대로 이해되거나 평가되지 않았기 때문이다. 이는 우리 중의 일부가 아직도 학생들로 하여금 뒤르껭(Emile Durkheim)을 읽도록 하는 이유이기도 하다. 뒤르껭의 이론은 크리스톨이 "권위의 문제(In the Case of Authority)"에서 진술하고 있는 바와 같이 권력이 강제적으로 행사될 수 없는 이유를 분명하게 밝히고 있다. 권력은 아무리 희미하게라도 이런 권력에 동의하는 사람들의 도덕감이나 도덕적 이상과 일치하는 도덕적 의도에 심대하게 영향을 받기 때문이다. 크리스톨이 명명한 것처럼 교육이 합법적 권위에 의한 실천연습, 즉 정신발달을 위한 도덕적 지침 제공의 정도에 따라 권위는 개인적 자유와 인격형성의 원천이다.

---

5) W. Damon, *The Moral Child*(New York : Free Press, 1990) ; W. Damon, ed., *Handbook of Child Psychology*, 5th ed., vol 1–4(New York : John Wiley and Sons, 1998).

과거에 대한 기억과 함께 미래를 바라보자

이 책의 저자들에 의해 추구된 미래의 방향은 우리가 과거로부터 배웠던 것에 근거를 두고 있다. 인격교육의 노력들은 일반적으로 정의상 잘 의도되었지만 좋은 의도는 인격교육적 노력들이 잘못된 방향으로 나아가는 것을 막지는 못했다. 내 경험을 통해 보더라도 나는 어린이들이 덕을 습득하고 도덕적 이해를 얻기를 진정으로 원하는 교육자들에 의해 많은 잘못들을 보아왔다. 나는 정직, 절제, 존중 등과 같은 어휘를 암송하도록 학생들에게 요구하는 피상적인 프로그램을 본 적이 있다. 학생들은 그 어휘들을 그저 한 귀로 듣고 한 귀로 흘릴 뿐이다. 나는 어린이들에게 충고할 모든 행동들을 무조건 재촉하는 어른들을 본 적도 있다. 좀머스처럼 나는 별로 의미 없는 시험에서의 부정행위는 어느 정도는 허용된다고 교사들이 학생들에게 제안하는 것을 들은 적도 있다. 미성년자들에게 한 시간당 한 잔의 술 범위 내에서만 마실 것을 이야기함으로써 알코올 남용에 대해 상담하는 성인들을 본 적이 있다. 나는 학생들이 서로를 불친절하거나 불공평하게 대할 때 교사가 다른 방법을 모색하는 것을 보았다.

그런 열정이 없는 메시지로는 인격교육을 제대로 시킬 수 없다. 어린이들은 성인들이 피상적으로, 또는 상호 모순적으로 제공해 주는 아이디어를 무시할 것이다. 어린이들은 교재나 작품 속에 숨겨진 의미를 찾아내는 데 탁월하다. 어린이들은 부분적으로 금지된 것을 탐구하기를 좋아한다. "나는 네가 이것을 하지 않았으면 해. 그러나 만약 네가 어쨌든 한다면 ~을 꼭 확인해라"로 시작하는 교육은 최대한 빨리 그것을 하고 싶은 욕구를 불러일으킬 것이다. 유해한 행동으로부터 어린이를 구하는 유일한 방법은 어린이들이 진심으로 이해하고 받아들이는 안내를 통해서이다. 속이는 것을 그만두게 하는 유일한 방법은 어린이들에게 거짓은 나쁜 것이며, 속이는 것이 왜 불공정하고 신뢰할 수 없는가에 대한 이유를 설명해 주고 속이는 것에 대한 규제를 엄격하게 적용하는 것이다. 훨씬 덜 위험스런 행동을 야기하는 유일한 알코올이나 약물남용 예방 프로그램은 이런 위험스런 물질의 회피를 강조하는 프로그램이다. 어린이들에게 금지사항을 전달하는 것은 단지성공적인 인격교육 프로그램의 아주 작은 부분을 차지할 뿐이다. 인격교육은 좀더 긍정적인 측면, 즉 다른 사람에게 봉사한다든지 고차원적 목적에 이바지하고자 하는 요구를 담아내야 한다. 결국 인격교육은 좋은 인격을 유지하고자 하는 영감을 불어넣어 주는 것이다. 고귀한 목적에 충실하는 것은 학습된 금지사항을 불필요하게 만들 수 있다. 스포츠와 관련시켜 말할 때 가장 좋은 방어는 가장 좋은 공격이기도 하다.

자선사업은 학생들에게 보다 큰 목적을 소개하는 방법이기도 하다. 특별히 타인에 대한 봉사의 도덕적 · 개인적 의미에 대한 반성적 사고와 결합할 때 공동체 봉사 프로그램은 도덕적 성장의 강력한 유인자라고 연구결과들에서 밝히고 있다.[6] 정신적 믿음은 어린이들에게 초월적 목적의 긍정적인 암시를 제공한다. 다른 초월적 목적은 국가에 대한 사랑이며, 국가에 대한 사심 없는 헌신이기도 하다. 민주주

6) M. Yates and J. Youniss, *The Roots of Civic Identity*(New York : Cambridge University Press, 1997).

의와 자유의 횃불로서 우뚝 서 있는 나라의 경우에도 애국은 고귀한 감정이기도 하다. 국가에 대한 이런 헌신의식에 대한 공통적인 어휘는 최근 들어 많은 교육적 환경에서 환영받지 못하는 단어인 애국심이다. 그러나 아직도 어떤 건강한 사회가 국제 테러조직의 악과의 싸움을 요구받았을 때, 고결한 유형의 애국심은 우리의 젊은이들을 위한 고귀한 영감의 원천이며, 합법적인 원천으로 작용한다. 인격교육의 사명을 충실히 수행하기 위하여 학교는 그러한 영감의 원천을 진작시켜 주어야 하며, 학교는 모든 학생들이 그들 자신의 도덕적 요구와 고귀한 목적을 발견할 수 있는 곳이 되어야 한다.

1 자율적 자아의 시대에서 도덕적 명언의 전수

슈와츠 Arthur J. Schwartz

비록 곳곳에 작은 충돌이 남아 있을지라도 "누구의 가치를 배울 것인가"의 문제 제기는 종결되었다고 보는 것이 대세이다. 거의 20여 년 동안 이러한 문화적 논쟁은 학교나 사회에서 인격교육 주창자들, 부모, 시민과 인격교육의 방향에 의문을 지닌 회의적인 사람들 간의 경쟁들 속에서 격렬하게 전개되어 왔다. 결국 우리 학교에서 대부분 중립적인 인사들은 이 골칫거리 문제에 대해 스스로 답을 구하였다. 즉 지역 교육자들, 부모들과 시민 지도자들은 일련의 핵심적인 가치를 반영 · 인지하고 명확하게 하기 위해 조그만 시골 도시인 차타누가(Chattanooga)나 대도시 시카고와 같은 다양한 공동체에서 함께 시도하게 되었다. 일단 이 내용들을 살펴보면 정직, 공감, 존경과 같은 도덕원리이다. 이 원리들은 부모들이 그들의 자녀에게 학교에서 배우고 매일 실천하고 영원히 추구해야 할 가치들이다. 현저한 명확성과 통합력을 가지고 미국 전역의 학교와 공동체들은 "누구의 가치를 가르칠 것인가?"의 문제에 대해 관심을 두지 않게 되었다.

오늘날 논쟁은 "어떻게 교육자들이 우리의 아이들에게 핵심적인 가치를 전수시킬 것인가?"의 문제로 집중되기 시작하였다. 나는 의도적으로 '전수'라는 입장을 고수하려고 한다. 그동안 전수라는 용어는 거의 통용되지 않아 왔으며, 많은 경우 학습과정에서 학생들의 관심을 약화할 비본질적이며 비관적인 접근으로 인식되어 왔다. 나는 "명언 전수"가 비본질적이며 비관적인 접근이라는 주장에 동의하지 않는다. 나는 도덕적 지식이나 생각들을 전수하는 것은 미국 사회의 도덕적 건전성을 유지하는 데 필수적이라고 생각한다.

우리는 가장 악의적인 교육적 용어인 교화라는 것으로 경도되는 것을 두려워하여 더 이상 전수라는 용어를 쓰려고 하지 않았다. 사실 콜버그가 1971년 발표한 「가치교육에 있어서 교화 대 상대성」라는 논문으로부터 1990년대 알파이 콘(Alfie Kohn)의 저작들에 이르기까지 학자들이나 진보적인 교육자들은 인격교육의 실제 방향성이 우리 아이들을 교화시킨다고 걱정해 왔다.[1] 콘은 그 사례를 1997년 Phi Delta Kappen 학술지 논문에서 다음과 같이 밝히고 있다.

> 핵심을 정확하게 보자. 오늘날 인격교육의 이름으로 이루어지는 사항들은 대부분 일련의 권고사항이나 비본질적인 자극이 아동들에게 더 공부하라

---

1) Lawrence Kohlberg, "Indoctrination versus Relativity in Value Education," *Zygonu*, 1971, 285–310.

> 고 요구하고 부모나 교사들이 말한 것을 하라고 강요하는 것들이다. 비록 배려나 공정의 다른 가치들이 추구되는 경우도 교수학습의 선호된 방법들이 교화에 해당된다.[2)]

이 내용은 콘 혼자의 감정에 의존하는 것이 아니다. 나는 주요 진보적인 교육자들이나 학자들이 인격교육에 대해 의의를 제기한다는 것을 생각할 때 지나치게 과장하고 있다고 보지 않는다. 진보적인 교육자나 학자들은 인격교육의 집요함이 우리 학교에서 더욱 확고히 될까봐 두려워하고 있다. 그래서 우리의 아동들에게 미래 교육은 권위에 맹목적이며, 오류 투성이의 애국을 자극하고 심지어는 신성하고 종교적인 것에 대해서도 극단적으로 될 것을 염려하고 있다.[3)]

그래서 진보적 교육자들은 우리 학교가 가치를 전수하려는 것으로부터 학생을 교화하려는 위험한 시도를 막기 위하여 주체성 있는 도덕 자율성이 도덕교육의 귀결이 되어야 한다고 주장한다. 교사들은 학생들에게 스스로가 만든 도덕적 규정들을 권위 있게 할 수 있도

---

2) Alfie Kohn, "How Not to Discuss Character education," *Phi Delta Kappen*, 1997, 429–439.

3) Michael Apple & James Beane, eds., *Democratic Schools* (Alexandria, Va. : Association for Supervision Curriculum Development, 1995) ; James Beane, *Affect in the Curriculum* (New York : Teachers College Press, 1990) ; Rheta DeVries and Betty Zan, *Moral Classroom, Moral Children : Creating a Constructivist Atmosphere in Early Education* (New York : Teachers College Press, 1994) ; Deborah Meier, *The Power of Their Ideas* (Boston : Beacon Press, 1995) ; George Noblit and Van O. Dempsey, *The Social Construction od Virtue : The Moral life of Schools* (New York : State University of New Press, 1996) ; David Purpel, *The Moral and Spiritual Crisis in Education* (New York : Bergin & Garvey, 1989) ; Gregory Smith, *Public Schools That Work : Creating Community* (New York : Routledge, 1993).

록 권장한다. 테펀(Mark Tappan)과 브라운(Linn Brown)이 쓰듯이 "사실 인격교육 프로그램에 참여한 학생들은 그 자신의 도덕적 경험에서 배운 것에서 단순히 격려되지는 않는다. 그 이유는 이러한 프로그램은 학생들의 삶에서 실제적 · 도덕적 권위를 갖지 못하게 하기 때문이다.[4] 인격교육의 의식화된 도그마와는 대조적으로 테펀과 브라운은 "교사들은 학생들이 시, 수필, 연극, 비디오 프로그램 등을 통해 자신의 도덕적 이야기를 말하고 반성하도록 도덕적 기회를 제공해야 한다"고 주장한다. 이렇게 함으로써 교사들은 학생들이 사회문화적 억압에 저항하고 극복할 수 있도록 함과 동시에 도덕적으로 발달하게 하는 것이다. 테펀과 브라운은 이러한 강조와 배려는 학교에서 거의 이루어지기 어려우며, 수업하기는 매우 힘들고 거의 불가능하다고 본다. 그러나 모든 학생들이 전통적 가치와 덕들, 그리고 행동의 규칙에 따라 얽매여 교화되는 교육현장에서는 꼭 수용되어야 할 방법이라고 힘주어 말한다.[5]

개인적 자유의 선동적 구호라는 것을 빼고 나는 학생들이 그들의 도덕적 인식을 구성하는 가치 안에서 정직해야 하며 배려가 있어야 한다는 진보적 교육학자들의 저작물에 더 관심을 두고자 한다. 도덕적 인식의 개념은 주로 "선하게 느낀다는 것은 선하다"라는 자기 표현이나 도덕적 감정의 확실성에 주로 초점을 둔다. 아울러 진보적인 교육학자들이 염려하며 주장하는 바는 다음과 같다. 선한 것들이 학

---

4) Mark Tappen and Lynn Mikel Brown, "Stories Told and Lessons Learned : Toward a Narrative Approach to Moral Development and Moral Education," *Harvard Educational Review* 59 : 2(1989) : 182–205.

5) 앞의 책, 199.

생의 부모님이나 선생님, 성직자들이 중요하다고 생각하는 가치이기 때문에 학생이 정직하고 배려심이 있는 여부로 판단되는 것은 무언가 상당히 잘못된 것으로 본다. 한 세대에서 다음 세대로 가치를 전수하는 것은 본질적으로 전통적이거나 권위적이거나 가부장적이라고 주장하는 진보적인 학자들에 의해 왜곡되었다. 간단히 말해, 도덕적 생명줄(umbilical cord)은 명확하고 완전하게 그 역할을 수행하여야 한다. 많은 진보주의자 중 저명한 이론가인 백틴(Mikhael Bakhtin)은 그의 저술에서 이런 표현을 기술하였다 : "다르게 태어나고 서로에 역동적으로 자극을 주고 받더라도 어떤 한 사람들의 목소리는 다른 대화의 권위로부터 **자유로운 그 자체인** 것들이다."[6)]

맥킨타이어(Alasdair MacIntyre)가 주장하듯이 어떠한 희생을 치르더라도 도덕적 자율, 자유, 전환을 획득해야 한다는 귀에 거슬리는 지나친 강조는 "중대한 문화적 손실"이다.[7)] 너 자신의 목소리와 자율성을 얻는 것이 너의 핵심적 가치의 원천인 부모나 상담자, 성직자 그리고 스포츠나 스카우트와 같은 참여하는 단체로부터 너 스스로 자유롭게 되어야만 한다는 논리는 이상한 것이다. 우리 시대에 많은 진보적 학자들에게 이상과 영감을 준 듀이(John Dewey)도 가치 전수의 필요성을 이해하였다. 그의 고전인 『민주주의와 교육(*Democracy and Education*)』이라는 책에서 듀이는 "사회는 **전수나 공유에 의해서** 존속될

---

6) Mikhael Bakhtin, *The Dialogic Imagination*. C. Emerson and M. Holquist, trans. (Austin : University of Texas Press, 1981) : 348. 고딕체는 저자가 강조하기 위해 부가한 것임.

7) Alasdair MacIntyre, *After Virtue*(South Bend, Ind. : University of Notre Dame Press, 1981).

뿐만 아니라 사회는 주로 전수하는 **그 자체로 존재한다**"고 쓰고 있다.[8] 듀이가 제시하듯이 이 장의 목적은 한 세대가 다음 세대에게 도덕적 명언을 전수하는 것이 왜 중요한지를 연구하고자 한다.

나는 부모, 교사, 학교가 그들의 아이들이나 학생들에게 수많은 창조적 방법이나 내용으로 가치를 전수하여야 한다고 주장한다. 이러한 인격교육의 전통적인 형태는 종종 더 진보적인 전략이 목표를 놓치더라도 젊은 사람들이나 학생들에게 "각인되는" 것이다. 더 전문적으로 보면, 나는 도덕 전수의 과정을 요구하는 인격교육의 두 가지 고전적 형태를 고려한다. 첫째, 나는 부모와 교육자가 도덕적 중요성이나 동기화를 갖는 현명한 언사나 핵심을 강화하거나 사용함으로써 그들의 젊은이에게 가치를 어떻게 전수시키는지를 조사하고자 한다. 둘째, 나는 교육자가 정직, 진리, 통합의 가치를 학교를 근간으로 한 도덕성 준칙을 통해 고학년에게 어떻게 전수하는지를 조사하고자 한다. 도덕교육의 두 가지 전통적인 유형을 조사하려는 나의 목적은 보다 핵심적인 가치나 이상을 전수하는 데 있어서 효율성과 중요성을 더 견고히 하고자 한다. 또한 나는 핵심적인 가치를 어떻게 가르치는지, 그리고 도덕적 교화유형을 구성하든지 그렇지 않든지 간에 고등학교에서 도덕성 준칙을 어떻게 보충하는지를 연구하고자 한다. 궁극적으로 나는 모든 진보적 인사나 인격교육자의 경우에 있어서 생기는 관심에 대해 의심하는 문제를 예상하고 접근할 것이다. 도덕적 격언이나 가치에 대한 존중 개념을 학생들에게 전수하는 것

---

8) John Dewey, *Democracy and Education* (New York : Macmillan Publishing, 1916) : 4. 고딕체는 본 저자가 강조하기 위해 부가한 것임.

이 학생들의 도덕적 권위를 발전시킬 능력을 방해하거나 금기시하는가 하는 문제이다.

삶에 필요한 도덕적 격언

지난 수십 년 동안 나는 모든 세대의 수많은 사람들에게 전해내려 오는 "현명한 말하기" 또는 도덕적 격언에 대해 공유하는지를 실제로 물어왔다. 예를 들면, 나의 가장 친한 친구는 나에게 그가 성장함에 따라 그의 아버지가 반복적으로 "해야 할 가치가 있는 일들은 반드시 잘 수행할 가치가 있는 일이다(A job worth doing is a job worth doing well)"라고 말씀하셨던 것을 나에게 전하였다. 오늘날까지 내 친구는 여전히 그들이 중요한 일에 접근함에 있어서 그의 아버지의 목소리를 듣는다. 사실, 나는 나의 12살 먹은 아들 테일러에게 이 장을 쓰는 동안 그는 친구인 크리스에게 말하는 동안 배웠던 핵심적인 가치를 말한다. 그들은 학교의 1마일 육상 기록을 깨는 누군가가 되기 매우 어렵다고 말해 왔었다. 크리스는 타일러에게 물으며 말할 것이다. "아마도 승리자는 도전에 멈춤이 없을 거야. 멈추는 자는 결코 승리할 수 없을 거야." 놀랄 필요도 없이 크리스는 그의 축구 감독이 온종일 이야기한 것을 테일러에게 말했다.

나는 행동규칙이나 근본적인 원리의 구체적인 형성을 격언으로 규정할 것이다. 학자들은 이런 현명한 언사들에 대한 호소가 그들의 치밀하고 기억할 수 있는 본질과 그들의 유용성, 시간 영속성에 있어서 훨씬 더 가치가 있다고 종종 주장한다. 어떤 격언들은 "너는 네가 말하는 것처럼 착한 그런 아이구나"라는 심오한 도덕적 목적도 포함한다. 또 다른 가치들은 "무단결석은 마음을 더욱 편하게 만들지"라는 것처럼 명확하지 않는 것도 있다. 내 자신의 연구는 부모, 가족, 교사가 최소한 잠재적으로 도덕적 또는 동기 부여의 힘을 아이들이 갖도록 현명한 교훈들을 어떻게 전수하는지에 초점을 두고자 한다.

격언은 문명의 "기억창고"를 만든다. 인류는 격언이 특별한 문화와 사회의 관습으로 내려온 근본적인 원칙을 압축한 것이기 때문에 이러한 현명한 언사들을 보전해 왔다. 예를 들면, 너는 남이 너에게 하기 바라지 않은 일을 남에게 하도록 하지 말라는 어순의 해석상이나 고풍스런 많은 희랍어 격언들은 말하는 사람의 뜻 이상을 포함하는 도덕적 권위의 의미나 항상 적용되는 것임을 알게 해준다. 사실, 격언들은 자기보다 연장자나 위인, 그리고 성스런 선조의 계시하는 소리의 일부임을 알게 한다. 결국, 격언은 보편적 진리나 사회규범을 구체화한 것이다. 그래서 격언은 부정할 수 없는 진리의 표현을 담고 있고, 격언 연구가인 메이더(Meider)와 그의 동료들은 "격언을 특별한 문화와 사회 안에서 동시대적인 명백한 진리"라고 말하였다.[9)]

젊은 사람들은 특별한 사회상황 안에서 종종 부모, 친척, 선생님들에 의해서 암기했던 격언들을 접하게 된다. 대부분의 경우, 격언을 말하거나 전수하는 사람들은 적절한 요점을 밝히거나 고무시키거나 설득하거나 영감을 주거나 강조점을 제공하는 사람들이다. 어린 시

9) S. Meider, S. A. Kingsburry, and K. B. Harder, *A Dictionary of American Proverbs* (New York : Oxford University Press, 1992).

절에 우리의 어머니들이 우리나 불평하는 형제들에게 "두 번 잘못한 일은 한 번 잘한 일을 보충하지 못한다"고 하는 격언을 얼마나 많이 들었는가? 어린 아이였던 우리는 격언을 통해서 어머니의 반복에 의한 그 열정의 의미를 발견했다. 우리 어머니들은 격언의 의미를 설명하는 데 결코 의도적이지도 않았고, 우리에게 격언을 어떻게 배워야 하는지도 격언들이 의미하는 이유를 설명하지도 않았다. 격언의 사용이 "그가 나를 먼저 때렸어!"라는 형제 간의 갈등 내용 속에서 발생할 때가 있다. 그런 경우라도 우리는 궁극적으로 형제들이 경쟁자가 아니라는 상황을 특별한 격언의 사용과 의미를 통해 적용하여 왔다. 그래서 오늘날 우리는 우리 어머니가 했던 것과 같이 우리 자식들이나 손자들에게 정확하게 격언을 사용한다.

이 연구의 본론은 어떤 문화는 흥미롭게도 다른 문명보다도 '격언의 전통'을 더 강조한다는 것을 지적하고자 한다. 이를 입증하는 강한 증거는 아프리카계 미국인 문화 안의 격언이 중요한 '문화적 존속'으로서 기나긴 고유한 역사성을 갖는다는 것에서 나타난다. 형식적인 내용으로 드물게 아이들에게 가르쳐지지만, 이러한 진리의 덩어리는 가족이나 연장자와 교분이 두터운 젊은이에게서 종종 발견된다. 『미국 흑인들의 격언(*African-American Proverbs in Context*)』의 저자인 페라드(Prhalad)는 언어적인 형태의 저력이 어떻게 설명되는지를 기술하고 있다.

> 나는 어린 시절에 격언에 매료되었다. 나는 달력에서 격언들을 수집하였고, 어른들이 말씀하실 때 사용되어지는 격언을 어른들에게 물었다. 내가 숲속으로 산책하면서 나무의 신비로움과 아름다움을 볼 때 나는 경험의 편린으

> 로 격언을 듣곤 하였다. 또한 내가 듣는 이야기는 옛날 이야기 속에서 느껴지는 격언 안에 믿기 어려운 족적을 남긴 노예생활의 조상에 관한 것들이다.[10)]

페라드는 일반적으로 어른과 아이 관계나 특별한 집안 분위기가 격언에 대한 가장 풍부한 내용을 제공하고 아프리카계 미국인 공동체에서 격언이 사용된다고 주장하였다. 그는 수많은 원천에 대한 자료를 분석하면서 "그들이 사용하고 있는 격언을 어디서 배웠는지를 물을 때 그 사례의 대부분은 격언을 그들에게 전해준 부모들에게서 들었다"고 결론지었다. 페라드의 대부분 현장 연구물들은 그가 명명한 소위 '속담 사용의 대가(proverb master)'라고 불리우는 개인에 집중하고 있다. 그의 연구는 속담 사용의 대가 대부분들이 특징이 있음을 지적한다. (1) '격언 사용의 대가'들은 속담을 해석하거나 적용하는 것을 가르쳐 준 할머니와 같은 연장자 친척들인 '격언 사용의 대가'가 있는 가정에서 자랐다는 것이다. (2) 그들은 '격언 사용의 전문가'한 사람과의 매우 친밀한 관계를 계속 유지하고 있다는 것이다. 그리고 (3) 그들은 아프리카계 미국의 문화적 전통의 유지자이자 행동적인 보존의 지위를 갖는다고 생각하고 있다. 중요하게 생각해 보면, 페라드는 이런 사람들이 어릴 때부터 그의 부모나 조부모의 격언을 모방하면서 다른 아이들과 놀 때도 아이들과 명언을 공유하면서 '도제관계'를 시작하는 것으로 강조하였다.

또한 페라드는 어떻게 아이들이 특별한 격언이나 명구를 그들 선

---

10) Anand Prhalad, *African-American Proverbs in Context*(Jackson : University Press of Mississippi, 1966) : 122.

생님들로부터 배우고 듣는지를 기록하였다. 예를 들면 페라드는 캘리포니아 오클랜드에 소재한 골든 게이트 초등학교에서 학생들을 가르치는 비숍(Mrs. Dorothy Bishop) 선생님의 사례를 들고 있다. 그 학교에서 페라드가 현장 연구를 하는 기간 동안 그는 비숍 선생님이 학생들에게 동기를 부여하는 다양한 속담을 사용하는 것을 보고 여러 번 경탄하였다. 그 사례를 보면 주목할 만한데, 선생님은 모험심을 키워주려고 "모험 없이는 얻는 것도 없다(Nothing ventured, nothing gained)", 학생들의 주의력을 기르기 위하여 "주변에서 일어나는 일은 주변에 있다(What goes around comes around)", 학생들의 행동거지를 바로 잡기 위해서는 "네가 무언가 좋은 일을 할 수 없다면 아무도 그것을 할 수 없을 것이다(If you cannot saying something nice, say nothing)"라는 표현 등을 통해 교실에서 격언을 빈번하게 사용한다는 것이다.

최근 저서 『내가 청소년기에 만난 선생님들(*Teachers of My Youth*)』을 출판한 저명한 교육철학자인 쉐플러(Israel Scheffler)는 특별한 위인전의 내용을 암기하고 되살리려 노력한 그의 스승에 대한 감상을 밝히고 있다.

> 암기하고 되살리는 데 있어서 우리는 우리의 눈과 귀를 사용할 뿐만 아니라 우리의 목소리도 사용한다. 또한 문장을 만들도록 느낌을 얻는 우리의 감각기관이나 자율기관을 사용한다. 이런 말이 우리 것이 되기 위해서는 우리 마음 속에서 자율적으로 종종 강화되어야 한다. 그런 말들은 어떤 유인을 기다리지 않고 즉각적으로 자유롭게 노래하고 나타나는 것이다. 그런 격언들은 지금도 나에게 영향을 주고 있다. **나는 격언 교육이 종종 고루한 교육과정이라고 혹평받고 있음에도 불구하고 이 교육에 많은 강조를 해준 레이**

데커(Mr. Leideker) **선생님께 감사할 따름이다.** (고딕체는 저자 강조)[11]

명백히, 복사본에 격언을 쓰거나 계속 반복적으로 재생한 내용은 노인 세대나 선생님 세대에 의해 이용된 것을 두 번 요약하는 것들이다. 그들이 페라드가 말한 격언 대가이든 레이데커 선생님이든 간에 노인들은 젊은이에게 이런 격언을 전수할 책임을 역사적으로 통감하고 있다.

여기서 나는 나의 요점을 강조해서 말하고자 한다 : **교사들이 그들의 학생들에게 명언의 개인적 의미를 부여하는 수업에서 암기전략도 없이 격언이나 속담에 대해 감정적 · 연상적 접근에 매달리는 것은 잘못이며, 근시안적이다.** 연습과 실천은 경기장에 있든, 음악당에 있든, 시민의식과 윤리적 삶에 있어서든지 간에 성공적인 실천을 위해 필수적인 구성요소이다. 학생들에게 경험하는 것을 암기하게 하는 것과 연결되지 않는다면 연습은 실패한 꼴이 된다. 암기 연구는 정보가 의미 있는 경험, 감정이나 개인적 동기부여와 결속될 때 암기에서 보다 빨리 확고히 이루어지게 된다는 것을 확인시켜 준다. 그럼에도 불구하고 나는 인격교육론자들이 그들의 학생들에게 격언을 암기하는 것에 도전하는 전통적인 방법을 학교나 교실에서 실시하여야 한다고 제의한다. 또한 학생 자신의 경험, 감정과 동기부여와 특별한 격언을 연결하도록 돕는 창조적 전략을 발달시켜야 한다고 생각한다.

여기서 한 고등학교 여교사는 학생들에게 크리스토퍼(Christoph-

---

11) Israel Scheffler, *Teachers of My Youth : An American Jewish Experience*(Boston : Kluwer Academic Publishers, 1995) : 98.

er)[12] 형제애적 영감 어린 격언인 "어두어질 때는 어두운 것을 저주하느니 양초 하나를 불붙이는 것이 더 낫다(It is better to light a single candle than to curse the darkness)"는 것을 배우도록 한다. 학생들이 단순히 다른 길로 돌리는 것 대신 잘못되거나 불의에 직면할 경우, 언제 맞서게 할 것인가? 선생님은 이 격언이 그녀 자신에게도 중요한 이유—그녀는 국제사면위원회 위원임—를 설명할 필요가 있다. 또한 교사는 격언을 구체화하는 동시대적이며 역사적인 도덕적 전형—구소련의 반체제 민주인사인 솔제니친이나 테레사 수녀—의 사례를 제공할 수 있다. 궁극적으로 교사는 그들 학생들이 격언의 중요성과 의미를 잘 파악할 능력을 발전시키는 데 있어서 결정적 평가도구를 개발해야 한다. 그런 상황에서도 그녀의 평가는 학생들이 속담을 성공적으로 암기하도록 이끌어야 할 것이다.

격언의 암기가 중요한 교수방법의 산출물인 이유는 무엇인가? 나는 허쉬(E. D. Hirsch)와 그의 동료가 "모든 미국인은 알 필요가 있다(every American needs to know)"[13]는 속담이나 격언들이 존재한다고 주장하는 것이 이 시점에서는 옳다고 생각한다. 제3자가 논쟁하면서 궁극적으로 핵심 가치는 그들의 인격교육 프로그램에 대한 지침처럼 제공되어야 한다고 동의함과 동시에, 나 자신의 관점은 지역공동체와 교육자는 격언이 학생들을 가르치기에 가장 비판적이며 중요한 것임을 분별하도록 하는 것이다.[14] 내가 여기서 강조하고 싶은 점은

---

12) 역자 주 : http://cafe.daum.net/cjchristopher

13) E. D. Hirsch, J. Kett, and J. Trefil, *The Dictionary of Cultural Literacy : What Every American Needs to Know*(New York : Dell Publishing, 1998).

14) John Templeton Foundation의 지원으로 많은 공동체나 학교가 그들의 학생들

교육자나 연장자들이 우리의 젊은이들에게 문화유산을 전수할 역사적 책임을 가지라는 것이다. 비록 교수방법적인 접근이나 교육과정이 급변했다 하더라도 몇몇 선각자들은 젊은이들에게 책임 있는 어른이 되도록 도제훈련을 시켰다. 오늘 우리에게 직면한 도전은 도덕적이거나 동기를 부여하는 저력을 갖는 격언을 암기하는 숭고한 방법이나 개인적 의미를 강조하는 인격교육을 잘 엮어야 한다는 것이다.

보존해야 할 명언들

고려할 만한 이야깃거리는 오늘날 교육자들이 초등학교 시기를 넘어서는 핵심 가치를 모으고 전수하는 효과적인 방법을 찾는 것이 어렵다는 것이다. 명백히, 핵심 가치를 강화하는 대부분의 인격교육 프로그램은 유치원 시기에서부터 6학년 학생들까지만 관련된다. 이 학생들이 고등학교에 들어갈 시기에 일반적으로 인격교육이라고 말하는 것들은 술과 약물남용, 위반행위, 낙태문제와 같은 해로운 행동

에게 핵심 격언을 알게 해주고 있다. 예를 들면, 빅스(Donald Biggs)와 콜레센트(Robert Colesante)의 지도 아래 뉴욕 알버니에 있는 고등학교나 초등학교 학생들은 최근 알버니에 사는 어른들이나 상담자와 만났다. 그 속에서 학생들은 열심히 일하고 목표를 세우는 중요성을 전수하는 아프리카계 미국인 공동체에서 사용되는 명구와 격언을 배웠다.(Robert Colesante & Donald Biggs, *The Fifth Albany Institute for Urban Youth Leadership Development : Teaching and Advocating for the Work Ethic*. Final report to the ohn Templeton Foundation, 2000).

의 예방 이상의 의미를 나타내지 않는 정도이다. 이러한 예방 프로그램은 고등학교 학생들이 경우에 따라 초등학교 시기에 윤리적 기초로 제공되는 핵심 가치의 추출을 강조하거나 강화받지 못한 경우에도 초점을 맞추고자 한다. 이러한 규칙들에서도 예외적인 것이 있다. 이 단원에서 나는 학교 헌장을 갖춘 미국에서 몇 안 되는 사립고등학교에 초점을 두고자 한다. 이 학교 헌장은 인격교육이 펼쳐지는 것과 관련된 다른 모든 활동에 관한 도덕적 중심을 구성한다. 비록 이런 학교 누구도 그들의 학교 헌장이 일련의 나쁜 행동에 관심을 갖는 것을 회피하거나 조작하는 것으로 봉사하도록 부가하거나 제의하지 않을지라도 그들은 그들의 학교 헌장을 중요하게 받아들인다. 그 학교 헌장은 학교 당국이나 선배, 부모나 동창회에 의해 새로운 학생들에게 제도적인 핵심적 가치를 전수하는 주된 교육적 장치이다.

고등교육기관 단계가 되면 대학의 통합센터(The Center for Academic Intergrity)의 도움을 통해 자라나는 많은 대학생들에게 대학인의 통합적 인격 표준을 이루는 근본적인 가치들을 이해시키는 캠퍼스 단위의 프로그램을 시작하게 한다. 이러한 핵심적 가치는 정직, 진리, 존경, 공정, 책임을 다룬다. 최근 이 센터는 멕카비(Donald McCabe)와 그의 동료가 보여준 자료로 배포되었다. 이 자료는 대학의 헌장들을 가진 대학이 그 대학 구성원 통합의 중요성을 옹호하게 만들어진 다른 종류의 동기부여를 갖는 대학보다도 부정직한 학생들이 낮게 나타났음을 보여준다.[15] 모두 고려하면, 주목할 경험적 증거는 학교

---

15) Donald McCabe & Patrick Drinam, "Towards a Culture of Academic Integrity," *The Chronicle of Higher Education*(October 15, 1999) : B7.

현장이 학생들의 핵심적인 가치를 전수하는 데에는 매우 효과적이라는 명백한 사실을 보여준다. 다음에 내가 연구한 근거가 있다.

무엇이 학교 현장인가? 고등교육기관 현장에서 가장 단순한 단계도 학교 현장은 학교의 정책이 정직이나 부정직한 행동과 관련되어 설명하는 언사들의 모음 이상이다. 대부분 학교에서 이 정책은 학술적 작업을 제한한다. 어떤 학교 현장은 개인과 사회적 책임의 요소들로 확장되기도 한다. 고등학교 학생이 학교 교과서에서 학교 현장을 읽든지, 교우들이나 선생님에게 학교 현장을 듣든지 대부분 새로운 학생들은 학교 현장이 초기 단계에서 제시되는 것으로 안다. 학생들은 조항에 대해 단지 학업 수행을 하면서 거짓말하거나 훔치거나 부정행위를 하지 못하도록 하는 공식적 제재로 안다. 대부분 학교 관리자나 교사들은 개인적 관계나 경험에 동의하는 명예교육을 포함한다. 이 학교 현장에 대해 새로운 입학한 학생들은 학교 현장과 관련되어 개인적으로 수행해야 할 것으로 느끼기 시작한다.

여기에는 학교 현장이 학교들에게 전수되는 특징적인 접근이 존재한다. 예를 들면, 어떤 학교는 학교 현장이 강한 전통과 역사성을 갖는다. 학교 현장과 관련된 일화는 신입생들에게 다양한 방법으로 전수된다. 이는 역사적 일화로부터 학생들의 교과서나 학교 홈페이지에서 학교 관리자나 교수 모임, 학교 선배, 최근 동창생들이 '학교의 자율적 학생회 회원에 기입함으로써' 고무되는 과정을 통해 개인적인 모범사례가 된다. 대부분 중 · 고등학교나 대학에서는 대학생활의 시작 시기에 행사나 상견례를 갖는다. 일정한 학교 장소에서 학교는 신입생들이 학교 현장에 관련된 기초적 가치를 잘 수행하도록 설명하거나 말하면서 맹세하기를 신입생들에게 요구한다. 강한 학교 헌장이 이루어졌을 때, 학교 헌장은 대학생활 동안 교수들에 의해 옹호되고 강조된다.

아마도 가장 중요한 것은 학생 지도자와 신입생과의 교류일 것이다. 학생 지도자는 이 학교 헌장에 대해 강하게 옹호하고 방어하는 사람으로 그 역할을 수행한다. 많은 경우 이런 학생들의 지도자는 주로 학교 헌장 체제에 대해 학생조직을 교육할 책임을 갖는다. 학교 헌장의 가치는 자율적 학생조직이 냉정한 구조가 아니라 "체화된 이상"이라는 것으로 이해하도록 다른 학생들을 돕는 데 비판적일 수도 있다. 즉 교육자는 학생들이 학교 헌장의 가치와 관련하여 표현하고 모방하도록 공동체의 결속을 언급할 것이다. 미 육군사관학교인 웨스트 포인트에 학교 헌장위원회에 봉사하는 위원들의 가치는 "우리가 더 교육할수록 우리는 덜 조사하게 될 것이다(The more we educate, the less we investigate)"라는 것이 전부이다.

궁극적으로 학교 헌장을 위반하는 것을 발견하고 기소되면 자율적 징계위원회 앞에 나오는 학생이 종종 나타나게 된다. 그 경우 고등학교 단계의 학교 헌장에 입각하여 고울드(David Gould)가 쓴 『학교 헌장 유지 발전 입문서』(*A Handbook for Developing and Sustaining Honor Codes*)에서 보면 플로리다의 보카 라톤(Boca Raton)에 있는 성 앤드류 고등학교(Saint Andrew's High School)에서 온 학생이 학교 자율적 징계위원회 앞에 학생이 소환되었을 때 배워야 하는 그의 유일한 관점을 제시하고 있다.

> 자율적 징계위원회에 소환된다는 경험은 예를 들면 학생 부장 앞에 소환된 것보다 더 혹독하다. 여기서 학생들은 그에 대한 나쁜 결정을 감수해야 하

> 며, 동료 배심원 앞에서 그러한 일을 감내해야 한다. 성 앤드류 고등학교의 자율적 징계위원회 앞에 서지 않기 위해서 나는 청문회 동안 감수해야 할 많은 감정을 갖지 않는 것이 아니라 자율적 징계위원회의 구성원이 되는 것이었다. **나는 수치심이 지배적인 감정이라는 것을 자율적 징계위원회에 불러온 학생으로부터 알 수 있었다.** 학생의 학급에 있는 동료집단은 소환된 학생이 잘못한 일이 무엇인가와 그의 행동이 많은 학생들의 기대에 어긋났음을 말하게 하였다. 이러한 경험의 저력은 과소평가될 수 없다. 나는 9학년 내지 10학년 학생이 소환되어, 그들은 자율적 징계위원회 앞에 불려와 그것에 가입된 학생이나 교사가 선출한 11학년 내지 12학년 학생 앞에서 학교 헌장 존중을 다짐하는 행사에 대해 들어 알고 있다.[16]

학생들이 "수치심"이라는 용어를 사용하는 것은 여기선 비판적이다. 명예의 개념이나 명예의 이상(the ideal of honor)이 전수되는 방법은 우리가 명예와 수치심 사이의 관계를 이해할 수 없으면 완전히 이해하거나 작동할 수 없다. 데이몬(Damon)은 수치심이 우리의 몸과 마음을 형성하는 도덕적 감정이라고 주장하고 있다.[17] 수치심은 일종의 중독이 아니다. 수치심은 대부분 우리 동시대 문화에서 이야기되는 그러한 것들은 아닐 것이다. 예를 들면, 수치심을 피하는 방법은 보다 힘 있고 적극적인 도덕적 동기부여에서 이루어질 수 있는 것이다.[18]

---

16) David Gould, *A Handbook for Developing and Sustaining Honor Codes*(Atlanta : Council for Spiritual and Ethical Education, 1999) : 55. 고딕체는 저자가 강조한 것임.

17) William Damon, *The Moral Child*(New York : Free Press, 1988).

그리스인들은 수치심에 관해 잘 알고 있었다. 그리스 연극이나 철학에서 공통적 용어인 aidos는 사람들의 자아 이미지의 보호나 민감성을 의미한다. 이러한 도덕적 감정은 두려움이나 화내는 것의 육체적인 감정만이 아니다. 예를 들면 aidos는 자아의 강렬한 부정적 평가이다. aidos의 도덕적 감정은 한 개인이 잘못을 저질렀을 때 느끼는 것이다.[19)]

고대 그리스 사회 안에서 몇몇 구성원들은 수치심을 느끼는 사람들이 필요하였다. 첫째, 이는 대중이 필요로 하였다. 죄의식과 당혹감 없이 명예와 수치심을 느끼는 것은 존경하는 사람들 집단에 불가피하게 요구되어졌다. "명예"라는 용어의 어원은 명백히 호혜적 관계로 설명될 수 있다. 명예박사 학위를 받는 것처럼 명예를 의미하는 희랍어 honos에서 온 용어는 누군가에게 수여하는 것이다. 그래서 역사적으로 명예의 개념은 당신이 가진 무언가가 아니라 당신이 존경하거나 당신이 존경심을 찾을 수 있는 사람에 의해 무언가가 당신에게 주는 것이다. 예를 들어, 셰익스피어가 쓴 『리차드 2세(*Richard II*)』에서는 "짐의 명예는 나의 생명이다. 나에게서 명예를 빼앗아 가면 나의 삶은 다하는 것이다(Mine honor is my life. Take honor from me and my life is done)"라고 적고 있다. 이러한 근본적인 핵심을 보면 명예와 수치심

---

18) 명예와 수치심의 개념은 역사적 맥락에서 이해되어질 수 있다. 부가적으로 명예와 수치심은 역사적으로 볼 때 여자와 남자 사이에 극심한 차이를 보인다. 페미니스트적 수치심 분석은 Barbara Eurich-Roscoe & Hendrika Kemp, *Feminity and Shame : Woman, Men, and Giving Voice to the Feminine*(New York : University Press of America, 1997)를 보라.

19) 나는 aidos의 개념에 대한 전문적인 카이른스(Douglas Cairns)의 연구에 도움을 받았다. Douglas Cairns, *Aidos : The Psychology and Ethics of Honour and Shame in Ancient Greek Literature*(Oxford : Clarendon Press, 1993).

의 개념은 다른 사람들에 대한 우리의 의무와 관련되어 있고, 다른 사람의 의견에 대한 우리의 관심이다.

둘째, 그리스 문화에서 수치심은 한 개인이 어떠한 종류의 사람으로 설정되거나 되기를 원하는 도덕적 이상성이 부족했을 때 발생하는 것이다. 이는 재차 강화할 중요한 요점을 보여주고 있다. 그리스 사회는 "개개인의 탁월성"이나 올바른 방법과 동시에 옳은 이성으로 수월성을 획득하려고 노력하는 것에 많은 강조를 하고 있다. 그래서 수치심은 한 개인이 특별한 사람이 되려고 노력하지만 실패할 때 발생한다. 아마도 이는 명예로운 사람이 잠재적인 제재나 속박될 가능성이 없는 상태에서 올바른 것을 행하는 이유를 설명하는 것과 유사하다.[20)]

결국, 그리스 사회는 교육을 명예에 필수적인 것으로 강조하였다. 연장자는 올바른 욕망을 갖도록 젊은이들을 교육하는 것이 법을 만들고 제재를 가하는 것보다 훨씬 더 중요하다고 보았다. 지금 많은 사람들과 같이 그리스 사람들에게는 3가지 평가방법이 제공되었다. 여기서 교육자들은 개인이나 학교가 평가받기 원하는 것에 대해 명예의 도덕적 준칙을 효과적으로 전수하도록 하는 방법을 채택하였다. 첫째, 이상적 명예는 명확히 설정되고, 강화되며, 방어될 필요가 있다. 둘째, 명예의 근본적인 가치는 교사나 연장자에 의해 지속적으

20) 이러한 관점은 기게스의 반지에 관한 플라톤의 문제에 대응하여 많은 학자들에게서 빈번히 밝혀진 것이다. "내가 두려움 없이 시장에서 원하는 것을 없을 수 있는데" 왜 어떤 사람은 반지를 끼면 보이지 않는 반지를 사용하려고 하지 않을까?라는 **질문에서 명예로운 사람들은 스스로의 떳떳함을 더 찾으려고 한다는 것을 알 수 있다**(고딕체는 번역자가 기술함).

로 보여지는 것이어야 한다. 셋째, 젊은이에게 가치들을 궁극적으로 습관화하도록 하는 확대된 기회가 이상적인 명예로 제공되어야 한다는 것과 연관된다.

도덕발달 이론의 입장에서 가장 중요한 인식은 어떤 사람이 이상적인 명예에 도달하려는 것이 인지적 접근이나 정의적 접근으로 이루어진다는 것이다. 아리스토텔레스는 이러한 상태를 hexeis라고 말한다. 이는 오랫동안 지속되고 변절되기 어렵게 되는 안정된 상태를 말한다. 말하자면, 자율적 징계위원회의 학생 지도자들의 명예의 가치를 내재화한 개인은 그들의 동료의 무례나 수치스럽게 되는 것이 두렵기 때문에 학교 헌장을 옹호하는 것이 아니다. 그들은 불명예의 행동에 대해 개인적으로 종종 감정적으로 본능적으로 분노를 느끼기 때문에 학교 헌장을 지키려고 하는 것이다. 이는 우리에게 "명예에 대한 사랑을 위하여(for the love of honor)"라는 말의 의미를 잘 이해하게 한다. 명예의 개념에 감정적으로 더 접근해 있는 사람들도 명예를 움켜쥐려는 강한 인식을 갖고 있다. 그들은 결코 시험 부정행위에 대해 자랑으로 삼지 않으며, 시험 부정행위가 모든 사람에게 공정하지 않다는 생각을 가진다고 느낀다. 또한 일반적인 사람들도 학창시절에 시험 부정행위를 한 사람이 이후 삶에 있어서 다른 상황이 되면 더 부정을 저지를 것이며, 심지어는 가장 가까운 사람에게조차도 그러한 일을 저지를 것이라고 생각한다.[21)]

그리스 도덕문화에 대해 기술하고 그 사회에서 명예와 수치심의

21) Thomas Lickona, *Educating for Character : How Our Schools Can Teach Respect and Responsibility*(New York : Bantam Books, 1991) : 77.

심오함을 말해온 나의 생각은 이것들이 역사적 이상성을 보이고 있다는 것이다. 그리고 이러한 전형을 통해 나는 오늘날 사회, 젊은이 문화나 교육적으로 우선할 일에 대한 생각해야 한다고 감히 말하고 싶다. 사실, 대부분 학생들의 규범이 "너는 다른 사람을 평가하려 들지 말라(thou shall not judge others)"라고 드러나는 현대 문화 속에서 아이들이 스스로 "관리"할 수 있는지에 관한 문제나 심지어는 통계자료도 존재한다. 연구결과는 학생들이 기꺼이 자기 부모를 속이고 어떤 경우든 성공적인 이미지를 갖는다고 밝히고 있다. 상당한 연구결과는 선생님들은 다른 방법만 찾는다고 밝히고 있다. 학교 관리자, 교사나 학생들에게 직면한 이런 요인들은 학교에서 자율적 징계위원회를 방해하고 좌절시키고 있다는 것이다.[22]

나는 교육자가 항상 완전하게 작동하거나 올바른 생각을 위해 있어야 할 학교 자율적 징계위원회가 없다는 것을 인식해야 한다고 생각한다. 아울러 고등학교나 대학에서 학교 헌장을 만드는 것이 결코 교화의 형태가 아니라는 것도 인식해야 한다고 본다. 자율적 징계위원회는 학생들에게 명예와 통합성과 관련된 일련의 이상성을 보호하고 확고히 하는 공동체에서 살고 있는 의미를 반영하고 있음을 강조하고, 북돋우며, 동기부여하는 것이다. 이런 면에서 자율적 징계위원회를 강화하거나 강조하는 고등학교는 도덕학습의 연구소가 될 것이다. 그리고 학교의 학교 헌장에 대한 학생들의 성실한 이행은 우리 모두가 방해받지 않고 도덕적으로 자유로운 존재라고 널리 펴져

---

22) Kevin Bushweller, "Generation of Cheaters," *The American School Board Journal* (pril 1999) : 24-32.

있는 사회인식에 부응하는 힘 있는 목소리인 것이다. 학생들이 자율적 징계위원회를 옹호한다고 하여 그들이 단지 원하는 것을 무조건 하려고 하지는 않을 것이다. 그들은 단지 충동이나 편향으로 치닫지 않을 것이다. 이상적 명예를 구성하는 근본적인 가치는 그들의 자유를 제한하지 않으며, 그들의 도덕적 행동을 지도하고 안내할 것이다. 학교 헌장 체제를 유지하고 지속하는 것은 "너는 내 관심 밖에 있고, 나는 너의 외부에 존재할 뿐이다(You stay out of my business and I will stay out of yours)"로 이야기되는 천박하고 동물적인 윤리 행동주의의 개념을 뛰어넘어 확대된 올바른 가치나 이상성으로 나아가도록 해줄 것이다.

결론

이 논문은 3가지 목적을 가지고 있다. 첫째, 부모, 교사 그리고 학교가 어린 학생들에게 격언을 사용하여 핵심 가치를 전수하는 방법과 학교 헌장이 고등학교 학생들에게 명예의 가치로 전수되는 방법을 모색하였다. 둘째, 이러한 전통적 인격교육 접근이 도덕적 교화의 형식인지 아닌지를 연구하고자 하였다. 끝으로, 격언이나 자율적 징계위원회의 활용이 어린 학생들의 도덕적 자율성을 발달시키는 데 방해가 되거나 금지되어야 하는지를 명백하게 연구하고자 하였다.

우리는 교화가 20세기 나쁜 지도자의 뒤를 쫓는다고 하는 진보주의 교육학자에 동의하면서 나치 독일이나 모택동의 중국을 살펴볼 필요는 있다. 그러나 특별히 학자들은 교화가 학교나 교실에서 발생되는 것을 잘 생각해야 한다. 이런 경우는 (1) 학교나 교사의 강조가 증거가 있는데도 불구하고 학생을 맹목적으로 믿게 할 때이다. (2) 교수방법이 강요되거나 명백히 부적절할 때이다. (3) 강력하게 금지된 교조적인 것이나 지나치게 이념적 것들을 포함하는 내용일 경우이다. (4) 교육의 결과가 폐쇄적이며 인내하기 어려운 정신을 요구할 때이다.[23)]

나의 관점은 우리 학교에서 격언과 학교 현장의 사용이 교화로 흐르게 하지는 않는 것이다. 나는 인격교육의 목표를 설명할 때 "교화"라는 용어를 사용하지 않기를 진보주의 교육학자들에게 요구한다. 교화라는 용어 사용은 수많은 사람들을 모욕하는 것이다. 즉 이는 미국 사회, 특별히 우리의 어린 아동들이 도덕적 혼란을 경험하고 있다고 깊이 느끼는 남자와 여자, 자유주의자와 보수주의자, 모든 민족주의자들과 종교인들을 모욕하는 것이다. 그 대신 진보주의 교육자들은 "전수"라는 말에 자유로움을 느껴야 한다. 인격교육론자들은 열정적으로 우리 학생들에게 핵심 가치를 전수하기를 원한다. 우리는 우리의 아이들에게 본질적인 윤리적 천부성을 부여하는 데 최선을 다하고자 한다. 이에 대해 듀이(John Dewey)는 윤리적 천부성이 각 세대가 숭고한 책임을 가져야 한다고 강조한다. 그는 이에 대해 다음과 같이 기술하고 있다.

23) I. A. Snook, *Indoctrination and Education*(London : Routledge & Kegan Paul, 1972).

> 우리가 가장 격찬할 문명에서의 산출물은 우리만의 것이 아니다. 그 산출물은 우리가 관련을 맺고 있는 인간공동체에서 하는 일과 겪는 일을 옹호하면서 존재한다. **우리들의 산출물은 그 가치의 전통을 확산하고 강화하고 전수하고 기여할 책임이 있다.** 여기서 우리 이후에 올 후손들이 우리가 받았던 것보다 더 견고하고 정확하게 더 수용력 있게 더 포용력 있게 부여받을 것이다.[24]

그럼에도 불구하고 우리는 "도덕적 자율성"의 입장을 의미하는 데 있어서 인격교육자나 진보주의 교육자 사이에 실제 차이가 있다는 것을 알아야 한다. 인격교육론자들은 진보주의 교육자들이 모든 어린 학생들에게 시나이 산을 스스로 올라가라고[25] 은유적으로 말해 용기를 준다고 단정짓는다. 그리고 인격교육론자들은 진보주의 교육자들이 학생들 그 스스로 도덕적인 것이 무엇이며 선이 무엇인지를 쓰도록 작성표를 나누어 주기만 할 뿐이라고 생각한다. 더욱이 개인적 작성표의 입안자는 여러 이유를 들어 언제나 학생들을 개선시키는 데 방관하고 있다는 것이다.

반면, 진보주의 교육학자는 인격교육론자들이 10계명을 가지고 시작과 끝을 맺는 도덕교육을 부가하기를 원한다고 알고 있다. 여기서 오늘날 근본적인 문제가 발생한다. 이는 근본적인 해방적 자아인 다윗과 과거의 지혜인 골리앗의 싸움이다.[26]

---

24) John Dewey, *A Common Faith*(New Haven, Conn. : Yale University Press, 1934) : 87. 고딕체는 저자가 강조한 것임.

25) 역자 주 : 어린 학생 스스로 지킬 계명을 만들라는 의미이다.

우리는 어디서 이러한 차이를 극복하려고 시도할 것인가? 인간정신 속에 듀이가 가치의 유산을 보존·전수하고 개정·확대하도록 깊이 추구하였던 대화에서 시도하는 것이 유익할 것이다. 우리들 대부분은 인격교육자들이 보존과 전수의 전략을 실천하고 반복을 강조한다는 데 동의한다. 그리고 진보주의 교육자들은 우리의 일반적인 가치배열을 개정하고 확대한다. 인격교육론자들이 듀이가 우리의 가치 전통을 수정하고 확대한 것을 이해하려고 하거나 진보주의 교육학자들이 가치를 전수하고 지속하려는 방법을 배우려는 것 자체가 흥미로운 것이 아닐까? 인격교육이 복종, 정확성, 규칙성, 조용함, 근면과 같은 조그만 핵심 가치들을 강조하려는 것을 진보주의 교육자의 개념에 연결하는 것은 유익할 것인가?[27] 이런 것들은 검토할 여지가 있다.

무엇보다도 우리는 우리가 도덕발달론이라고 서술된 용어에 더 관심을 갖으려고 노력해야 한다. 예를 들면 "자율성"이나 "내면화(internalization)"라는 용어 대신 "통합"이라는 용어는 도덕성 발달이 우리에게 전수되는 도덕적 가치나 이상의 유형으로 동기론이나 감정체계를 통합한다는 점을 우리에게 더 잘 이해시키고 있다. "통합"은 사도 바울이 다마스커스로 가는 길 도중에 전환적 경험을 하는 것처럼[28] 극적이거나 급작스러운 것 대신 도덕성 발달 과정이 잘 수용하

---

26) 역자 주 : 성경을 보면 어린 소년 다윗이 거대한 체구를 지닌 장사 골리앗을 물리쳤다.

27) 역자 주 : 유대교를 열렬하게 신봉하여 기독교인을 박해하던 바울이 다마스커스로 기독교인을 잡으러 가던 도중 이적 중에 예수를 만나 극적으로 회심하여 기독교인이 되어 거꾸로 열렬하게 예수를 전하였다.

기 쉽고, 목적 지향적이며, 무수한 관심을 요구한다. 더욱이 통합이라는 용어는 우리들이 온전히 주권을 가지며 근본적으로 자율적인 도덕적 존재라는 것과는 좀 다르게 민감성도 요구한다. 블라시(Gus Blasi)가 "도덕적 동기와 이해의 **통합**은 도덕적 규범과 가치라는 면에서 같은 나이로 받아들이는 것이 아니라 다른 문제들에서 세부적으로 작동해야만 가능하다"[29]고 말할 것처럼, 달리 말하면 나의 가장 친한 친구는 "할 만한 가치가 있는 매우 잘할 만한 가치로운 일이다(a job worth doing is a job worth doing well)"라면서 그에게 말한 그의 아버지 목소리를 항상 들을 것이다. 왜 이 목소리가 그 자신보다 덜 **사실적**이라고 말하는가? 아주 사실적일 수 있다.

또한 인격교육의 분야에 앞서서 많은 연구가 있다. 나는 도덕적 에너지나 도덕적 감정의 언어, 또는 길리건(Carol Gilligan)이 "느끼는 지식(felt Knowledge)"이라는 것이 종종 인격교육의 문학이나 교육과정에서 결여되었다는 진보주의 교육학자들 입장에 동의한다.[30] 학생들은 단순히 세상과 잘 지내는 것보다는 세상을 알기를 더 원한다.

---

28) 감정이나 욕구에 관한 도덕적 작용에 대해 탈피하려는 대부분 학교 풍토의 영향을 1세기 이상 받은 미국 공립학교에서 인식하기 시작한 것은 매우 중요한 일이다. 통합적 입장은 미국의 교육부장관이었던 해리스(William T. Harris)에 의해 강력하게 주장되었다. 미국 국립교육협회 도덕교육위원회 1988년 저명한 보고서에서 그는 학교들의 도덕적 훈련이 어느 가치보다 필수적이라고 기술하였다. (John Elias, *Moral Education : Secular and Religious* (Malabar, Fla. : Robert Krieger Publishing Company, 1989) : 24.

29) 앞의 고딕체는 저자가 강조한 것임. Augusto Blasi, "Moral Understanding and Moral Personality : The Process of Moral Integration," in W. M. Kurtines and J. L. Lewirtz, eds., *Moral Development : An Introduction* (Boston : Ally & Bacon, 1996) : 238.

30) Carol Gilligan, "Adolescent DEvelopment Reconsidered," in *Approaches to Moral Education*, Andrew Garrod, ed. (New York : Teachers College Press, 1993) : 104.

우리의 감정은 도덕적 삶의 비판적 구성요소이다. 감정이 없으면 우리의 도덕적 삶은 너무도 건조하고 공허할 것이다. 우리 누구도 순수하게 오로지 의무로만 산 칸트주의자는 아니다. 감정은 우리의 도덕적 삶을 뿌리내리게 하고 이런 것들을 분리하려는 것은 도덕적 행동의 동기 강화를 약화시킬 것이다. 내가 위에서 말한 것처럼 학교 헌장의 옹호나 격언의 사용을 주장하는 것에서 우리의 도덕적 행동은 종종 도덕적 이상향을 향한 우리의 접근, 의탁, 욕망으로부터 나온다. 인격교육론자들은 그들의 교육 프로그램과 활동의 근본적인 구성으로서 감정의 요소를 보다 강하게 통합하는 방법을 찾아야 한다.

여기서 나 자신이 좋아하는 격언이 이 두 교육적 인식을 함께 하게 해줄 수 있으리라 본다. 철학자 테일러(Charles Taylor)는 **"강한 신념은 강한 원천에서 비롯된다**(strong convictions require strong sources)"[31]라고 제의한 바 있다. 다른 말로 하면 우리의 신념은 개인적 경험의 시련 속에서 만들어진다. 가족구성원에 의해 우리에게 전달된 지혜로부터 우리의 종교적 전통, 우리의 학교 전통이나 삶의 교훈은 중요한 교사나 스승으로부터 배운다. 불행히도 지혜의 원천들은 인격교육 프로그램에서도 빈번히 소홀히 다루어지고 또한 간과된다. 그래서 인격교육의 다음 세대를 위한 도전은 어린 학생들이 그 자신의 도덕적 경험 속에서 지혜의 원천을 통합하도록 하는 교육학을 세우는 것이다.

---

31) Charles Taylor, *Sources of the Self : The Making of Modern Identity*(Cambridge, Mass : Harvard University Press, 1989).

2 미국 학교에서 도덕교육의 자리매김

좀머스 Christina Hoff Sommers

낭만주의[1]는 항상 저항자로서 더 가치가 있다.
그러나 낭만주의가 권위적 위상으로 들어가려고 하거나
문명화된 시대를 이해하도록 하는 데 창조적이거나
자발적인 발견으로 질주하도록 요구할 때
심각한 문제를 야기시킨다.[2]

리차드 페터스(Richard Peters) 교수, 『교육의 철학자(*Philosopher of Education*)』, 1970.

---

1) 역자 주 : 낭만주의는 1960년대 이후 미국 도덕교육에 중심이 되었던 가치명료화나 인지적 발달론을 의미한다.

2) R. S. Peters, "Concrete Principles and Rational Passion," in *Moral Education : Fine Lectures*, Nancy F. and Rheodore R. Sizer, eds. (Cambridge, Mass. : Harvard University Press, 1970) : 29.

아렌트(Hannah Arendt)는 매년 문화가 수백만의 작은 야만인들에 의해 침해되고 있다고 언급해 왔다. 그 야만인들은 아이들(children)이다. 모든 문화는 아동들을 교육하고 옳고 그름의 감각을 가르침으로써 침략자들을 교화시키려고 한다. 그러나 우리는 그렇게 하는 것이 바른 것이냐는 데 대해 먼저 의문을 가져야 할 것이다. 민주주의 사회가 아이들에게 문명화된, 수세기 동안 가르쳐 온 도덕지식을 빼앗아 갈 때 무슨 일이 일어나겠는가?

교육자들이 아동들을 훈련시키고 교화시키려는 조상들이 가졌던 책임감을 버리고 아이들의 창조성과 타고난 선량함을 격려할 때 무슨 일이 일어나는가? 불행히도 우리는 그 답을 안다 : 우리는 도덕적 탈규제 상태였던 '30년간 지속된 태만하게 전개된 실험연구(a thirty-year laissez-aller experiment)'[3]에 그 문제가 있었다는 것을.

1996년 말에 나는 소크라테스 방법의 대담자로서 윤리학 방송 프로그램에 참가하였다. 한 시간 동안 나는 다른 윤리학 교수, 역사 교사, 그리고 7명의 고등학생들과 도덕적 딜레마에 관한 토론에 참여했다. 그 프로그램인 "윤리적인 선택 대 개인적인 선택"은 공중파 방송으로 방영되었고, 고등학교에서 옳고 그름을 논하는 교실 토론에 사용되어 널리 퍼졌다.[4] 그 딜레마 문제는 여전히 나를 괴롭힌다.

전형적인 토론에서 사회자인 스탠포드 법학 교수인 톰프슨(Kim Taylor-Thompson)은 학생들에게 다음과 같은 딜레마를 제시했다. 당

---

3) 역자 주 : 미국은 1960년대부터 가치명료화, 인지발달을 주축으로 도덕교육을 실시하였다. 이 용어는 학교에서 30여 년간 가치를 가르치지 못한 것을 암시하는 말이다.

4) "Ethical Choices : Individual Voices"(New York : THirteen/WNET, 1997).

신의 교사가 갑자기 당신에게 다섯 장의 시험문제를 나누어 주었다. 당신은 그것을 단지 며칠 만에 해야 하고, 당신은 이미 그 일에 몰두하였다. 누군가 다른 학생의 시험지를 틀린 오답으로 고쳐 제출할 수 있을까? 두 명의 학생은 상상할 수도 없는 생각이라고 하면서 책임감, 명예, 신념에 관하여 언급하였다. "나는 그것을 하지 않을 것이다. 그것은 청렴의 문제이다"라고 엘리자베스(Elizabeth)가 말하였다. "그것은 부정직하다"라고 에린(Erin)이 대답했다. 다른 두 명의 학생은 부정행위가 잘못되었다고 보지 않았다. 11학년인 조세프(Joseph)는 "만약 기회가 있다면 당신은 그것을 사용해야 한다"고 단호하게 말했다. 에릭(Eric)도 동의했다. "나는 그 시험지를 사용하고 내 친구들에게도 그것을 주었을 것이다."

나는 15년 이상 동안 대학 1학년생들에게 도덕철학을 가르쳐 왔다. 그래서 나는 PBS 프로그램에서 시험 부정행위를 옹호하는 학생들을 알고는 놀라지 않았다. 모든 학급에는 악의 편에서 공개적인 찬사로 악을 옹호하는 자들이 어느 정도는 있을 수 있다. 그날 저녁에도 우리의 PBS 소크라테스식 대담에서 나는 나와 함께 정직을 확실히 옹호할 거라고 믿을 만한 다른 철학 교사들이 틀림없이 최소한 학문적인 동조를 하기를 기대하였다. 그러나 그 교수는 동의하지 않았다. 그는 이 상황에서 학생들에게 말하면서, 그렇게 어려운 연구과제를 주고 그의 고집대로 그렇게 해보지 않음으로써 우리를 실망시킨 장본인은 바로 그 교수였다. 그는 "나를 혼돈시키는 것은 당신들 모두가 이 할당된 것을 어떻게 받아들이느냐? … 나에게는 이 짧은 시간 동안 시험지를 쓰도록 당신들에게 강요하는 학습관점에 대해 분개하는 것이다"라고 말했다.

대담 대부분 동안에 그 교수는 부모, 교사, 자치단체의 위선에 초점을 맞추는 반면에 학생들의 도덕적 책무에 관한 언급은 거의 하지 않았다. 우리가 가게에서 도둑질하는 부도덕함을 논할 때, 그는 그 가게의 가격정책이 잘못 되었다고 보고 "12%의 이익률을 결정하는 자치단체 … 그리고 노동력을 착취하는 공장"에 관하여 말했다. 그 교수는 정겹고, 외관상으로도 호감을 준다. 사실 그의 목표는 학생들이 권위와 규정에 의문을 가질 수 있도록 하는 것이다. 그러나 그것은 현 시대의 청소년들이 이미 어떻게 해야 할지를 알고 있는 것들이다. 우리는 너무 자주 학생들에게 막연히 이해하기도 전에 신념에 의문을 가지도록 가르친다. 이런 경우에 그 교수는 고등학교 학생들에게 도덕수업과 그들의 행복에 결정적인 행동규범에 관해 의문을 가지라고 충고하였다.

이 교수의 무간섭주의 방식은 공립학교에서 30년 동안이나 유행해 왔다. 그것은 가치명료화 이론, 상황윤리, 그리고 자아 존중감 안내와 같은 다양한 이름으로 존재해 왔다. 소위 윤리학에 가치중립적 접근인 이것들은 많은 부모들이 아이들에게 옳고 그름의 기초적인 안내 를 해주는 데 실패함과 동시에 만연해 왔다. 왜 그렇게 많은 아이들이 초등학교의 도덕교육을 갖지 못하는지에 관한 이야기가 회자되고 있다. 이는 아직도 완전히 도덕을 말할 수 없는 교육자, 부모, 재판관의 30-40년간 잘못된 개혁의 결과이다. 이러한 이야기는 철학의 본질적 요소가 축소되었기 때문에 아리스토텔레스보다는 루소가 더 인정받았다는 의미이다.[5]

---

5) 역자 주 : 미국의 지난 30-40년간 도덕교육은 아리스토텔레스의 습관화와

아리스토텔레스 대 루소

약 2,300년 전 아리스토텔레스는 아이들에게 필요한 것, 즉 도덕적인 인간이 되는 방법에 대한 명확한 안내가 무엇인지를 주장하였다. 아리스토텔레스가 주장한 것은 지난 수세기가 지나고 나서는 도덕교육의 실패한 모델이 되었다. 그는 부모와 교사가 야만인 아이들의 약탈자 무리를 교화시키는 방법을 보여준다. 근래에 많은 교육자들은 그의 교육방식에 주목하기 시작했다. 아리스토텔레스는 아이들을 고집이 세고, 미개하고, 많은 훈련을 필요로 하는 존재로 본다. 기독교 철학자인 아우구스티누스(St. Augustine)는 감당할 수 없는 아이들의 타고난 성질을 아담과 이브가 신의 명령을 거슬러 반역하여 범했던 원죄의 표상으로 여겼다. 아우구스티누스의 방식으로 보면 철학자들은 괴팍함을 인간이 타고난 보편적인 성질로 본다.

아리스토텔레스는 도덕교육을 신체훈련에 비유한다. 우리가 힘과 기술을 요하는 것을 해봄으로써 강하고 숙련되는 것과 마찬가지로 그는 우리가 선량함을 연습함으로써 착해진다고 말한다. 그가 그것을 이해하는 것처럼 윤리적 교육은 감정 조절과 행동을 연습하는 훈련이다. 올바른 행동의 습관화는 왜 착해야 하는지에 대한 올바른 인식이나 이해 이전에 이루어진다. 그는 올바르게 행동하도록 그들

덕교육을 인정하지 않고 아동에게 자율권을 부여하고 합리적 사고를 하는 기초를 제공한 루소의 입장이 더 관철되었다는 것을 말한다.

을 훈련시키는 데 예의바름의 습관을 되풀이하여 가르치고, 적절할 처벌과 보상을 사용함으로써 아이들을 먼저 사회화해야 한다고 주장하였다. 결국에는 그들은 도덕적인 삶을 사는 이유와 이익을 이해하게 된다.

아리스토텔레스와 플라톤은 감정을 자유롭게 표현하는 것이 아니라, 그들의 감정을 조절하는 것을 아이들에게 가르침으로써 도덕적인 성장이 이루어진다고 가르친다. 아리스토텔레스는 자아인식은 이성이 아니라 감정이 지시하는 행동을 알고 피하는 것으로 보았다. "우리는 스스로 저지른, 책임져야 할 잘못을 알아야 한다. 우리 모두는 다른 성향을 가지고 있기 때문이다. … 그런 다음에 우리는 스스로를 그 반대 방향으로 이끌어야 한다."[6] 좋은 도덕적 습관을 가진 아이들은 과도한 그들의 성질을 제어할 줄 알고 자유로우며 성숙한 인간으로 자란다.

> 도덕적 덕은 … 본질과 반하거나 그로 인해서나 우리 안에 생기는 것이 아니다. 우리는 그들로부터 받은 본성으로 구성된다. 그러나 그들의 완전한 성장은 습관으로 인해 이루어진다.… 그래서 어렸을 때부터 우리가 형성한 습관의 종류가 무엇인지가 중요하다. 그것이 막대한 차이를 내며 훨씬 더 큰 차이를 발생시킨다.[7]

도덕적인 아이들을 기르는 아리스토텔레스의 일반적인 원리들은

---

6) Aristotle, *Ethics*, trans., J. A. K. Thomson (London : Penguin, 1976) : 109.
7) Aristotle, *Ethics*, 92.

서양 역사의 대부분에서는 문제시되지 않았다. 오늘날까지도 그의 교육은 아동교육에 관한 지식을 대표하기도 한다. 그러나 18세기, 아리스토텔레스의 학문은 계몽운동 철학자인 루소(Jean Jacques Rousseau)의 이론에 의해 직접적으로 이의를 제기받았다. 루소는 아이들이 원죄를 가지고 불완전하게 태어났다는 것을 부인하고 대신에 아이들은 원래 날 때에는 고결하고 유덕한 존재이지만 투입된 사회화에 의해 타락된다고 주장하였다. 교육받지 않은 아이는 자연적으로 착하고 품위가 있다는 것이다. "내가 나 스스로 10살이나 12살의 소년을 그려볼 때 그는 나이에 맞게 건강하고, 강하고, 튼튼하며, 즐거운 생각만 갖는다. … 나는 밝고, 열정적이고, 원기왕성하고, 근심 없고, 완전히 현재에 열중하고, 풍부한 활력 속에 기뻐하는 그를 본다."[8)]

루소에 따르면 "처음 시도하는 교육은 완전히 부정적이어야 한다. … 그것은 덕과 진리를 가르치는 것이 아니라 부도덕으로부터 마음을, 잘못으로부터 정신을 지키는 것으로 구성된다."[9)] 그는 전 시대에서 도덕교육이 아이들에게 덕 있는 행동으로 습관화되어야 한다는 전통적인 관념을 거부한다.

> 아이들이 삶에서 습득하기 위하여 받아들여야 하는 습관은 전혀 없다. … 자유의 지배와 그의 힘의 행사를 위해 때에 맞게 준비해라. 그러나 그의

---

8) Steven Cahn, ed. "Emile," in *The Philosophical Foundations of Education* (New York : Harper & Row, 1970) : 163, *The 'Emile' of Jean-Jacques Rousseau : Selections*, Will-iam Boyd, ed. (New York : Teachers College, Columbia University, 1962) : 11-128.

9) William Boyd, ed., *The 'Emile' of Jean-Jacques Rousseau* (New York : Teachers College, Columbia University, 1970) : 41.

몸이 타고난 습관을 받아들이고 그가 항상 그의 속박을 받지 않도록 길들이고, 그가 결심을 하자마자 그의 결심이 지시하는 바를 따라야 한다.[10)]

이전에 받아들여졌던 관점과 반대로 루소는 아이들의 본성이 원래 착하고 죄가 없다고 믿는다. 그는 본성을 알기 때문에 적절한 교육은 아이들의 타고난 좋은 본성이 번성하도록 하고, 그것이 손상되지 않고 충분히 잘 발휘될 수 있도록 토양을 제공하였다. 그의 관점에서 도덕교육의 목적은 외부적인 규약이 아이들에게 강요했을 때 이루어질 수 없는 것이다. 루소는 가장 좋은 교육은 아이들이 소유한 진정한 자비로운 본성을 이끌어내는 것이라고 믿는, 물론 사회적으로 규정된 도덕에 불신감을 지닌 근대인의 육성이다. 루소는 인간이 원래 배신자이며, 죄를 짓고 태어난다는 기독교 교리를 단호하게 거부한다.

우리는 본성의 첫 번째 충동이 항상 옳다는 것을 명백한 원리로 두자. 인간 마음에는 원래 괴팍함은 없다.[11)]

그러나 비록 루소가 자유롭고 고귀한 존재에 도덕적인 습관을 서서히 주입시키는 것을 반대하더라도, 그는 그들이 소유한 착한 본성을 이끌어내기 위해서는 아이들의 성장이 안내와 격려를 요구한다는 것을 인정한다. 그는 부모와 교사가 아이들의 "행동 속에서 친밀한

---

10) Steven Cahn, *The Philosophical Foundations of Education*, 158.
11) Ibid., 162.

느낌(kindly feelings into action)" 상태로 두기를 강력히 권한다.[12)]

기독교인과 전통적 이교도 사상가들은 이와 같은 생각이 훨씬 더 필요하다고 확신한다. 그들은 덕은 아이들이 유덕한 행동을 습관화하도록 하는 도덕적인 훈련 없이는 도달할 수 없다고 주장한다. 아우구스티누스(Saint Augustine)와 전통파 기독교 사상가들은 타고난 감정을 행동으로 보인다는 것에 관해서는 특히 비관적이다. 아우구스티누스에 따르면 대부분 훈련된 도덕교육은 덕 있는 아이들을 보장하지 않는다. 신의 도움과 은총 없는 교육은 불충분하다. 반대로, 루소의 주장을 수용하는 학자들은 인간의 본성이 원래 죄가 있고 배신한다는 아우구스티누스의 교리를 의심한다. 뿐만 아니라 그들은 더 나아가 '직접적인 도덕교육(directive moral education)'을 자유롭게 발전하는 아이들의 권리에 대한 침해로 여긴다.

루소에 감탄하는 이들이 많이 있다. 그는 가혹할 정도의 엄격함이 하나의 규범으로 자리 잡을 때에 선한 아이들로 길러진다는 주장을 반박했다. 비록 그 시대의 교육적인 훈련에 대한 그의 비판이 근거가 확실하다 하더라도 그의 충고가 실행될 수 있는지에 관해서는 쉽게 입증하지 못해 왔다. 그는 그의 좋은 이론을 그의 삶에 적용하지 않았고, 그의 아이들을 양육하는 데 전적으로 책임을 지지 않은 것은 무가치하다.[13)] 역시, 그의 이론들도 모순된 것처럼 보인다. 그러나 그

---

12) Ibid., 174.

13) Ronald Grimsley, "Jean-Jacques Rousseau," in *Encyclopedia of Philosophy*, vol. 7 (New York, 1967) : 218. 루소는 교육받지 못한 하녀 출신 테레사(Terese Le Vasseur)에게 5명의 아이를 불법적으로 낳게 한 아버지로 알려져 있다. 이 모든 아이들은 사형집행과 동등한 정도로 생각할 수 있는 고아원으로 보내졌다.

는 아이들에게 습관을 서서히 주입시키는 것은 단호하게 반대한다. 다른 한편에서 그는 아리스토텔레스가 고전적인 덕을 그들의 아이들에게 습관화하는 것에 관하여 부모들에게 많은 충고를 한다. "당신의 학생을 좋은 행위로 이끌어지도록 하여라."

자유에 대한 그의 격려에도 불구하고 루소조차도 우리가 오늘날 나타나는 방임주의로 인해 질겁했을 것이다. 그는 "아이들을 불행하게 만드는 가장 확실한 방법은 그를 부모들이 원하는 모든 것을 얻도록 길들게 하는 것이다"라고 썼다.[14] 그렇지만 루소는 인간 본성에 관한 결정적인 물음에 관해서는 전통주의자들과 의견을 달리한다. 좋건 나쁘건 루소 학도들은 아리스토텔레스의 관점을 무시하고 그의 교육적인 철학의 단계적 요소를 발전시켰다.

비록 우리가 루소를 믿길 바란다 하더라도 아이들에 대한 루소의 낙관적인 입장을 확신시키는 데는 실패한다. 루소는 『에밀』에서 아이들이 나쁜 행동을 할지라도 결코 그 아이들을 나쁘다고 말할 수 없다고 밝히고 있다. 왜냐하면 잘못된 행동은 유해한 의도(harmful intention)와 그가 결코 가지고 있지 않을 것에 달려 있기 때문이다.[15] 이것은 사회 일반적인 경험과는 반대되는 것이다. 대부분의 부모와 교사들은 아이들이 종종 사악한 의도를 갖는다고 말한다. 아우구스티누스는 그의 책인 『고백론(*Confessions*)』에서 아이들의 '사악한 의도들'의 가장 유명한 설명은 그의 소년시절 잘못된 행동을 하는 데 대한 즐거움이라고 묘사한다—간단히 말해 금주법을 무시하는 행동

14) Cahn, *The Philosophical Foundations of Education*, 163.

15) Ibid., 163.

을 즐긴다. 어떤 부모와 교사는 아이들의 다루기 힘든 본성에 대한 아우구스티누스의 설명을 받아들일 것이다. 어떤 사람들은 아우구스티누스의 말을 안 듣는 소년시절 친구들에 대한 설명보다 아이들이 비슷한 성향을 갖는다고 설명하는 골딩(Golding)의 『파리대왕(*Lord of the Flies*)』의 설명을 받아들일 것이다.

루소는 현대 학교교육에 영향을 미치는 이론가들의 생각을 강력하게 지배한다. 교육학에서 루소의 관점들은 교육의 진보적인 운동에 영감을 주었다. 그리고 그것은 기계적 교수법을 내쫓고 아이들의 창조성을 자유롭게 하려는 방법을 찾았다. 루소의 생각은 또한 아리스토텔레스의 윤리이론과 유대교의 종교 또는 관습과 연관된 도덕교육의 전통적 교수법을 신뢰하지 못하도록 전개되었다.

가치중립적인 아이들

교화로 명예가 실추된 교육의 직접적 유형은 20세기 후반에 이르러 사라졌고, 진보적인 유형으로서도 더 이상 인정받지 못하게 되었다. 1970년대까지 인격교육은 실제로 신뢰받지 못하고 사실상 배척되었다.

1970년, 하버드 사범대학 학장 사이저(Theodore Sizer)는 『도덕교육』이라는 제목으로 윤리학 강의록을 아내 낸시(Nancy)와 함께 공동 편집하였다.[16] 이 책의 서두에는 그리스도 신자들의 도덕성, 미국의 대초원, 맥거피 교본(McGuffey) 독자들, 그리고 "젊은이의 공포(terror of the young)"라는 성적표를 관대하게 다루는 교사들의 위선들을 비난하는 어조로 시작한다.[17] 사이저 부부는 "19세기의 조잡하면서도 철학적으로는 어리석게 성전을 설교한 것"에 대해 특히 비평하였다. 그들은 직접적 윤리교육을 외관상 낡은 교육이라고 부른다. 사이저 부부에 의하면, 선구적인 도덕교육자들은 그런 종류의 도덕 같은 것은 "해체될 수 있고 해체되어야 한다"는 것에 동의한다고 한다. 사이저 부부는 학생들의 자율성과 독립심을 으뜸으로 하는 새로운 도덕 관념을 지지한다. 교사들은 결코 가치를 주입하려고 시도하거나 설교해서는 안 된다. 차라리 행동으로 사회적 정의에 대한 확고한 이행을 증명하는 것이 낫다. 부분적으로 그것은 교실이 민주적으로 되어야 한다는 것을 의미한다. 즉 "교사와 아이들이 서로 서로 도덕에 관해 배울 수 있다."[18]

사이저 부부는 전국의 많은 학교에서 이미 실행된 이 교리를 설교했다. 학교가 아이들의 도덕 자율성을 으뜸으로 하는 이 대안을 찬성하면서 낡은 도덕을 해체하였다. 가치명료화는 1970년대에 유명했다. 그리고 그것을 지지하는 사람들은 교사가 학생들을 도덕적으로 고무시키기에는 불충분하다고 여긴다. 그러나 간접적으로 교사나 공동체의 가치를 채택한다. 기본적인 죄는 학생들에게 가치를 부과하는 것이다. 대신에 교사의 일은 학생들 스스로 자신의 가치를 발견하는 것을 도와주는 것이다. 가치명료화의 주창자인 두 주자 사이몬(Sidney Simon)과 커센바움(Howard Kirschenbaum)은 전통 윤리교육이

---

16) Nancy F. and Theodore R. Sizer, eds. *Moral Education : Five Lectures.*

17) Ibid., 3–5.

18) Ibid., 4.

무엇이 잘못되었는지 설명한다.

> 우리는 이것이 설득, 강요, 교화 그리고 극단적 형태인 "세뇌"로 알려져 있음에도 불구하고 이러한 접근방법을 교화(moralizing)라고 부른다.[19]

하버드 대학의 도덕심리학자 콜버그(Lawrence Kohlberg)는 둘째로 인기 있는 접근방법인 인지적 도덕발달을 개발하였다. 콜버그는 일찍이 설득하려고 시도했던 낡은 가치들을 경멸스럽게 언급하면서 사이저 부부가 전통 도덕을 경시하는 견해에 의견을 같이 하였다.[20] 콜버그의 입장을 지지하는 교사들은 가치명료화의 지지자들보다 더 전통적이었다. 그들은 학생들에게서 의무와 책임을 강조하는 칸트 철학의 인식을 장려하려고 애썼다. 콜버그는 많은 진보주의자들이 선호하는 도덕적 상대론을 반대한다는 측면에서 전통적이었다. 그래도 콜버그 지지자들은 도덕적 원리의 포괄적인 설득의 형태에 대해 다른 진보주의자들과 같이 경멸하였다. 그들은 교사들의 역할이 안내자라기보다는 학생발달의 촉진자(facilitator)로서 행동하는 학생 중심 교수법을 지나치게 믿었다.

콜버그는 후에 자신의 생각을 고쳤고, 교화적 도덕교육의 거부는 실수였다는 것을 인정하였다.[21] 그러나 그의 감탄할 만한 변명은 거

---

19) Sidney Simon and Howard Kirschenbaum, *Reading in Values Clarification*(Minneapolis, Minn. : Winston Press, 1973) : 18.

20) Lawrence Kohlberg, "The Cognitive−Developmental Approach," *Phi Delta Kappen* (June 1975) : 650−75.

21) Lawrence Kohlberg, "Moral Education Reappraised," *The Humanist*(November/Desember 1978) : 14−15. 콜버그는 그의 초기의 주장들을 회고하면서 말하

의 효과가 없었다. 진보적인 교육학에서 이후 유행한 학생 중심 학습법은 곧 콜버그 이론 지지세력과 가치명료화 지지세력들을 훨씬 능가하는 것이었다. 1980년대까지 자아존중 교육(self-esteem education)은 상당한 인기를 누렸다. 윤리학은 아이들 개인의 행복감에 대한 관심으로 대체되었다. 학교의 주요 목표는 아이들에게 그들의 권리와 그들 자신의 가치를 존중하는 법을 가르치는 것이었다. 예전에는 교사들이 7학년생들에게 "내가 가장 존경하는 사람"에 관하여 쓰도록 하였다. 그러나 오늘날 아동 중심 교육과정에서는 교사가 아이들에게 수필로 자신을 표현하도록 한다. 어느 유명한 중학교 영어 교과서에는 "당신을 위한 노벨상"이라 불리는 과제가 있는데, 그 내용은 "훌륭하고" "놀라운" 학생들이라는 것을 알려준다. 그리고 학생들에게 다음과 같이 가르친다.

> 당신의 노벨상과 관계된 두 개의 기록물을 만들어라. 첫 번째 기록은 당신을 가장 잘 아는 사람들이 쓴 노벨상 추천편지로 구상하라. 두 번째 기록물은 스톡홀름이나 스웨덴에서 매년 있는 수상식에서 당신이 수상할 때, 수락 연설에 관한 원고로 만들어 보라.[22]

였다 : 수년 동안 도덕교육의 실천과 행동 관련 연구는 나의 인식이 잘못되었다는 것을 느끼게 하였다. 교육자는 학생들에게 사회화를 가능하게 하는 사람이어야 한다. 가치 만족과 행동을 가르쳐야 하고 단지 가치과정 촉진자로 머물러서는 안 된다. 나는 더 이상 도덕교육의 교화에 대한 부정적 관점을 가지지 않으며, 나는 지금부터라도 도덕교육을 안내하는 개념이 부분적으로 '교화적(indoctrinative)'이어야 한다고 믿는다. 교화는 아동들이 훔치고 시험부정을 저지르고 남을 괴롭히는 것을 시도하려는 세상에서 필수적으로 요구되며 적용되어야 하는 것이다.

22) *Write Source 2000 Sourcebook*(Wilmington, Mass. : Houghton Mifflin, 1995) : 217.

추가점수를 위해 학생들은 스스로에게 트로피를 수여할 수 있다. "그것은 특별히 다른 사람이 아닌 당신을 위해 도안된 것이다."

인간의 역사 대부분 동안 아이들은 듣기와 독서를 통해서 위인전에 내포된 가치와 명예를 배웠다. 1990년까지 많은 교육가들이 지나치게 지시적이라 여기는 이러한 관행은 학생들 자신이 삶에 있어서 가장 좋은 안내자라는 점을 학생들에게 제안했던 실천행동으로 대체되었다. 궁극적 도덕 권위자로서 자율적 주체라고 인식하는 이러한 변화는 교육의 전통적인 지시적 방법을 뛰어넘어 진보적인 형태로의 전환이라는 주목할 만한 결과이다.

"조잡하면서도 어리석은 19세기의 전통적이며 철학적으로 단순화된 설교와 신념"이 계속 반복되는 교조주의를 포기할 것을 교사들에게 촉구했던 하버드 이론가들을 평가하기란 매우 어려운 일이다. 철학적으로 미묘한 점과는 별도로 구체적인 행동결과가 있다. 뉴잉글랜드 교육자들이 요구했던 도덕규제의 철폐는 전국의 학교 아이들 사이에서 행동장애 증가를 보였던 수년간 결과에서 잘 나타난다. 조금도 의심할 바 없이 아마도 이러한 경향들 중 하나는 주말에만 만나는 가족과 공동체의 거대한 사회적 변화의 탓으로 돌릴 수 있다. 그렇지만 일부의 비난은 학생들을 도덕적으로 교육하는 학교의 전통적 임무를 잠식하는 데 일조했던 교수들의 이론들에도 책임이 있을 것이다.

19세기 철학자 밀(John Stuart Mill)은 많은 열정과 감정을 가지고 개인의 자율에 관한 글을 써온 당시로는 전무후무한 학자였다. 밀은 명확하게 어른들에 관해 말하고 있다. 밀은 그의 저서 『자유론(*On Liberty*)』에서 "우리는 아이들과 이야기하려 하지 않는다"고 밝힌 바 있다.[23] 또 그는 "사람들은 인간 경험의 확실한 결과에 의한 이득을 얻으려고 아동기에 배우거나 교육받아야 한다는 것은 누구도 부인할 수 없다"고 말하였다. 밀마저도 사이저 부부 같은 사상가의 출현과 낡은 도덕을 해체하자고 그럴 듯하게 추진했던 가치명료화를 주장하는 이들을 예견하지 못했다.

낭만적 개혁자들의 실책

루소를 따르는 진보적인 교육자들은 아이들의 자율을 보존하기 위해 애쓴다. 그들은 시대에 뒤처져 있는 도덕, 설교, 설득 같은 방법과 관계된 벌의 위협에 눈살을 찌푸린다. 대신에 행동으로 도덕실천하는 합리적인 능력을 아이들이 스스로 발견해야 한다고 믿는다. 이러한 방임(Laissez aller)정책은 아이들을 수수방관하게 하였다. 도덕교육의 목적은 아이들의 자율을 보존하려는 것이 아니라, 그들이 어른이 되어가는 인격발달에 있다. 아리스토텔레스가 설득력 있게 주장하는 것처럼 좋은 도덕습관 개발을 이룬 아이들은 자율적인 어른이 되는 길을 좀더 쉽게 찾을 수 있을 것이다. 반대로 자신이 스스로 궁리하도록 맡겨진 아이들은 실패할 것이다.

직접적인 도덕교육에 반대하는 이들은 종종 세뇌와 교화의 형태로 그것을 부른다. 그것은 완전한 착각이다. 당신이 사람들을 세뇌할

---

23) John Stuart Mill, *On Liberty*(Chicago : Regnery Press, 1955) : 14.

때, 당신은 그들의 이성적인 자제력과 자율을 해친다. 당신은 그들의 자유를 억압한다. 그러나 당신이 아이들을 유능하고 자기 자신을 제어하며 도덕적으로 책임을 가지도록 교육할 때, 당신은 그들의 자유를 신장시켜 주고 그들의 인간애를 확장하게 한다. 그리스인과 로마인들은 이것을 매우 잘 알고 있었다. 위대한 스콜라 철학자나 계몽사상가들도 마찬가지로 잘 이해하였다. 실제로 모든 위대한 종교와 찬란한 문명의 첫 번째 원리는 무엇이 옳고 무엇을 행할지 아는 것이다. 이것은 자유와 개인 자율성의 최상의 표현이다. 우리는 법 아래 있는 시민과 자신의 권리를 아이들에게 일러주는 것보다는 책임감과 공손함을 강조하도록 제안하는 것이 필요하다. 이러한 제안은 기묘하고 터무니없고 복고적으로 들릴지도 모르지만 그것은 실제적이고 도달가능한 것이다. 상반된 양상에도 불구하고 대부분의 아이들은 공손함과 좋은 예절을 지킨다. 만약 그들의 예절이 부족하다면 그들에게서 기대할 것이 별로 없기 때문이다.

상식, 관습, 전통 그리고 현대 사회과학 연구 모두는 직접적 인격교육인 아리스토텔레스식 전통을 지지하고 있다.[24] 아이들은 도덕적 규범을 필요로 한다. 또한 그들은 명확한 지침을 필요로 한다. 그들은 책임 있는 행동을 확고하게 고집하는 것 말고 아이들의 삶을 이해해 주는 어른들을 필요로 한다. 그러나 도덕규범의 엄격한 고수는 30년도 넘게 온 교육의 현장에서 시대착오적인 것이다. 아리스토텔레스식 교육은 여전히 아이들에게 최선의 방법이다. 불행하게도 우리 시

---

24) Laurence Steinberg, *Beyond the Classroom : Why School Reform Has Faiked and What Parants Needto Do* (New York : Simon & Schuster, 1996)를 보라.

대는 루소 지지자들이나 직접적 설득에 대한 단호한 반감이 지배적이었다.

나쁘게 사회화된 두 명의 소년

1999년 봄에 컬럼바인(Columbine) 고등학교의 대략학살은 심한 잔혹함으로 이해하기 어려운 충격을 주었다. 2년도 안 되어 7번째 학교에서 총살이 일어났다. 이번은 그런 비극을 이해하고 싶어하는 더 많은 국민들의 욕구가 나타났다. 어떻게 그런 일이 일어날 수 있을까? 일반적인 설명으로는 이해시킬 수 없다. 가난해서인가? 해리스(Eric Harris)와 크레볼드(Dylan Klebold)는 가난하지 않았다. 총기소유가 쉬워서인가? 실제로 그렇다. 특히 서구에서는 미성년자를 제외하고 언제나 총기소유가 가능하다. 부모가 이혼해서인가? 두 소년의 가족들은 그렇지 않았다. 국가가 감정적으로 소년들을 억압시켰기 때문인가? 이 소년들은 아무도 학교 친구들을 향해 쏘지 않았을 때인 1950년대와 1960년대 소년들과 비슷할 뿐이다. 그러면 왜 미국 소년들은 그런 짓을 했는가?

왜 지금? 왜 여기서? 이러한 것을 물어보는 것은 최근 과거에 아이들이 사회화되는 미국 방식에서 무엇을 상실했는지 단서를 찾으려는 것이다. 답을 구하기 위해 우리는 진보주의적 교육이론가의 견해를 찾아볼 필요가 있다. 이 진보적 교육이론가들은 "낡은 도덕"으로 아이들을 교화하려는 전통적 방법이나 루소의 낭만적 도덕교육

대신 미국 교육방식을 채택하려는 설득의 포기를 옹호하였다. 이러한 관점들을 기꺼이 받아들이는 교사와 부모들은 직접적 도덕교육을 받지 않은 아이들의 잠재된 야만성을 상당히 과소평가하였다. 그러나 단 하나의 윤리학 교육과정으로는 해리스와 크레볼드와 같은 소년들이 친구를 살인하는 것을 막는 데 충분하지 않다. 반면에 도덕적 내용이 주입된 유치원 과정부터 12학년 교육과정은 대량학살을 상상할 수도 없게 만들지도 모른다. 학교에서 그들의 도덕성 함양의 의무를 제거하기 전에 그러한 타락하고 비도덕적인 행동은 실제로 상상할 수 없었다. 인격교육에 대한 주장은 가해자들에 의해 고통받고 학대받는 학생들의 수를 줄일지도 모른다. 그리고 학대는 외관상으로 가해자들의 무시무시한 행동에 대한 하나의 자극이 되었다.

또한 교사들도 다르게 행동했을 것이다. 만약 리틀톤(Littleton) 학교에 있는 유치원 과정부터 12학년 교사들이 관심과 배려로 학생들을 교화시키는 것을 일상적인 의무로 여겼다면 그들은 크레볼드(Klebold)와 해리스(Harris)의 괴기하고 반사회적인 행동들을 결코 못 본 채 지나치지 않았을 것이다. 소년들이 "연쇄살인자"라고 새겨진 티셔츠를 입고 학교에 나타났을 때, 그들의 교사는 그들의 집으로 그냥 돌려보내지 않았을 것이다. 또한 소년들은 만(卍)자 나치 형태의 십자상(swastikas)을 입거나 엽기적이고 폭력적인 비디오를 제작하는 것을 허락받을 수 없었을 것이다. 이들의 자기 표현 방식에 대해 그저 참기만 했기 때문에 컬럼바인 고등학교 교사들은 우리 학교에서 맹목적으로 천진난만한 사람들에 대해 연속적이고 대량학살한 것이 그렇게 잘못된 것은 아니라고 학생들에게 메시지를 보냈다고 볼 수 있다.

컬럼바인 고등학교의 한 영어교사는 두 소년들이 죽음과 살인에 대해 "무시무시하고 생생하게 폭력적으로" 짧은 이야기를 쓴 바 있고, 그녀는 그 사실을 학교 관리자에게 통보했다고 『교육 주간지(*Education Week*)』에서 말한 바 있다. 그 교사의 말에 의하면 관리자들은 소년들이 쓴 어떤 학교 정책도 위반하지 않았기 때문에 어떤 조치도 취하지 않았다는 것이다. 정말로 역설적이게도 좌절에 빠진 이 교사는 "자유로운 사회에서 그들이 아주 공포스러운 행동을 저지를 때까지는 아무런 행동을 할 수 없다. 그 이유는 표현의 자유를 보증받았기 때문이다"라고 설명할 뿐이었다.[25] 많은 고등학교에서 학생들은 그들의 자유로운 표현의 권리가 보호받을 것이라고 확신하고 있다. 카운슬러와 학교 행정가는 미국시민자유연합(ACLU : American Civil Liberties Union)과 학생권리에 열심히 노력하는 안내자의 도움으로 소송할 능력이 있는 부모들의 항의를 염려하여 아무런 조치를 취하지 않고 있다.

미국의 어린이 교육에 대한 루소의 낭만적인 이상화에 대한 열망은 공립학교들이 어린 "야만인"을 교화시키는 그들의 본분을 다하지 못하게 만들었다. 많은 학교들은 더 이상 그들 스스로 도덕교육이 주요한 역할을 지니지 않는다고 보고 있다. 그 방식은 아이들의 자기표현과 자치권을 방해하지 않는다. 아이들이 그들 자신의 가치를 발견하도록 내버려두는 것은 그들을 휘발성 물질에 가득 찬 화학실험실에 놓고 "너의 고유한 혼합물을 찾아라, 아이들아" 하고 말하는 것과 같다. 우리는 몇몇 학생들이 그들 스스로 폭파하고 그들 주변의

---

25) *Education Week*(April 28, 1999) : 16 ; *Education Week*(May 26, 1999) : 14.

것들을 파괴할 때 놀라지 말아야 한다.

변화의 바람

많은 교내 총기 난사사건이 미국 내 학교에서 도덕적 상태에 대한 관심을 불러일으키기 훨씬 이전부터 무언가 변화해야 한다는 분위기가 무르익고 있었다. 1990년대 초기에 지금까지는 묵묵했던 대다수의 부모, 교사 그리고 지역공동체 지도자들은 미국 건국 초기의 도덕교육의 편을 들어 호소하기 시작했다. 1992년 7월 한 그룹은 3박 4일간의 인격교육에 대한 회의를 위해 조세프슨(Josephson) 윤리기구에 의해 조직되고 교사, 젊은 지도자, 정치가, 윤리가들로 구성된 인격평가위원회(Character Counts Coalition)를 콜로라도 아스펜(Aspen)에서 소집하였다. 회의 말미에 그룹은 인격교육에 대한 아스펜 선언을 내놓았다.[26] 그 내용은 다음과 같다.

- 우리 사회의 현재와 미래의 행복은 좋은 도덕적 인격과 잘 발달되고 배려심 있는 시민을 요구한다.
- 효과적인 인격교육은 존경, 책임, 신뢰, 친절, 정의, 공평, 시민의

26) "Aspen Declaration on Character Education" 내용은 켈리포니아 주 마리나 델레이(Marina Del Ray)에 소재한 조세프슨 연구소를 통해 이용할 수 있거나 또는 윤리와 인격의 평가를 위한 보스톤대학 센터의 리안(Kavin Ryan) 팀장을 통해 알 수 있다.

덕, 시민권과 같은 특히 민주주의 사회의 기초를 형성하는 핵심적인 윤리적 가치에 기초한다.

- 인격교육은 무엇보다도 먼저 가족들의 의무이다. 그것은 또한 신앙 · 공동체, 학교, 젊은이와 그 밖의 인류 봉사조직의 중요한 의무이기도 하다.

인격평가위원회(Character Counts Coaliton)는 광범위하고 정치적으로 다양한 사람들에 의해 이끌어졌다. 고문위원회는 에델멘(Marian Wright Edelman) 같은 자유주의자들과 베넷(William Bennett)과 같은 보수주의자를 망라하고 있다. 정치적 두 당들의 연합 10개 주 상원의원은 많은 주지자, 시장, 주 의원들과 함께 결합해 왔다. 따라서 새로운 인격교육 운동은 힘을 얻게 되었다.

오늘날 모든 학교들은 그 당시의 주류인 직접적인 도덕교육의 입장으로 돌아갈 방법을 찾고 있다. 교사, 교장 그리고 부모들은 다시 학생들에게 그들은 명예롭게, 예의바르게, 친절하게 행동해야 하고, 열심히 일해야 하며, 훌륭한 사람이 되도록 노력해야 한다는 것을 분명하게 제시하는 교육에 뛰어들었다. 세인트 루이스, 시카고, 하트포드(Hartford), 샌 안토니오(San Antonio)를 포함하여 몇몇 주의 교육부와 많은 대도시 교육위원회는 윤리학 교육과정을 지정하였다. 몇몇 학교에서 전체 교육과정은 이러한 지침에 의해 형성되었다.

예를 들어 버지니아 주 로아노크(Roanoke)에 있는 폴론 파크(Fall-on Park) 초등학교는 1998년 교장이 인격평가(Character Counts) 프로그램을 적용한 이래로 그곳의 학생들에게서 극적인 변화를 보아왔다.[27] 매일 아침 학생들은 충성의 맹세(Pledge of Allegiance)를 암송한다. 그 다음에 학생들과 교사들이 쓴 맹세를 암송한다 : "우리는 존경, 보살핌, 공평, 신뢰, 책임감, 시민의식을 나타내기 위해 매일 우리의 말과 행동을 통해 지속적으로 노력할 것이다. 이러한 자질은 우리가 다함께 일하고 잘 행동하는 성공적인 학생이 되도록 도와줄 것이다." 이 학교의 교장에 따르면 정학은 60% 감소하였고, 출석과 학점은 향상했으며—이상한 말이지만—스쿨버스 안에서 일탈하는 행동은 거의 사라졌다. 29년 동안 있었던 학교 체육관 코치도 변화를 알아차렸다. 아이들은 좋은 스포츠맨 정신을 수행하고, 심지어 학교 문제아도 더 좋게 변화하는 것으로 나타났다. 그녀는 학교 문제아였던 한 소년이 수줍어하는 소녀가 경기에 참여하도록 격려하는 것을 알아차렸다. "내 눈에서 나도 모르게 눈물이 나왔어요. 올해는 이 학교에서 최고의 해입니다."

워싱턴 주도에 있는 제퍼슨 중고등학교(Jefferson Junior High)의 화이트(Vera White) 교장은 몇 년 전에 그녀의 학교 학생들이 경찰과 소방관을 돌과 병으로 공격하는 불량배가 되었다는 것을 알고 매우 놀랐다. "그들은 내 아이들이다. 만약 그들이 시장과 소방국장, 그리고 다른 모두를 존경할 만큼 충분히 관심을 갖지 않았다면 무엇을 교육해야 하겠는가?" 그녀는 그녀의 학교 과업으로 인격교육센터를 만들기로 결심했다. 학생들은 이제 존경과 책임감과 같은 긍정적인 특성에 초점을 맞추는 집회에 참석했다. 화이트 교장 선생님은 1992년에 그 프로그램을 시작했다. 그때부터 도둑질과 싸움은 줄어들었다. 그 지역의 다른 학교와 달리 제퍼슨 중고등학교는 창문에 어떤 창살과

---

27) *Washington Post*(February 4,1999) : metro, 1.

금속 탐지기도 가지고 있지 않다.[28]

보스톤에 있는 로즈버리 라틴 학교(Rozvuey Latin School)의 교장이자 주교직 성직자인 자비스(Silliam F.Washingtion Jarvis)는 항상 인성과 훈육을 강조해 왔다. 그러나 다른 사람들도 이제 그에게 동조하고 있다. 자비스 교장 선생님은 인간의 본성에 대해 거칠고 반루소적인 관점을 가지고 있다고 본다. 훈련받지 않고 남겨진 우리는 "짐승 같고, 이기적이며, 대단히 잔혹할 여지가 있다. 우리는 예의바르고 책임감을 가지도록 전력을 다해야 한다. 그리고 우리의 아이들과 학생들에게 이것을 요구해야 한다." 그들이 나쁘게 행동할 때마다 교장은 말한다. "우리는 거울을 학생들에게 보여줘야 한다. 그리고 '이것은 너야. 멈춰' 라고 말해야 한다."[29]

이러한 학교들과 컬럼바인 고등학교와 비교해 보자. 우리는 리틀톤(Littleton) 살인자들이 분노를 다스리는 세미나에 참석하고 매주 "교화" 프로그램 운영자를 만나고, 음주운전 반대 어머니회의 회원으로 참석하고, 의무 사회봉사를 했다는 사실을 알고 있다. 그러나 그들은 결코 자비스(Reverend Jarvis)나 화이트(White) 교장 선생님을 만나지 못했다. 리틀톤 사건 후에 많은 텅 빈 교실 문은 잠겨져 있었고, 자물쇠로 채워졌다. 그러나 리틀톤(Litteton) 학교 담당 교육청 대변인은 "당신은 아이들이 감금됐다고 느끼도록 학교를 금속 탐지기가 있는 무장된 감옥 캠프로 만들 것인가? 아니면 당신은 사람들의 본질적인 선량함에 의존하여 좋은 규칙을 도입할 것인가?" 하고 자문하면서 후

28) *Dallas Morning News* (March 10, 1995) : 1C.

29) Wray Herbert and Missy Daniel, "The Moral Child," *U.S. News & World Report* (June 3, 1996) : 52.

자가 더 옳다고 말하였다.[30)]

좋은 규칙들을 도입하기 위한 매우 유망한 한 프로그램은 스탠포드 대학의 교육학 교수이자 도덕교육에 있어 선두적 권위자인 데이몬(William Damon)에 의해 개발된 어린이 헌장(Youth Charter)이다.[31)] 데이몬의 프로그램은 지역사회가 아이들을 위해 행동규약을 수행할 것을 요구한다. 어린이 헌장은 부모와 학교가 아이들에게 그들이 기대하는 것이 무엇인가를 분명하게 하는 규칙과 기준을 만드는 데 도움을 준다.

비록 직접적인 도덕교육을 회복시키는 운동이 활성화되고 있더라도 교육적으로 후퇴하고 있다고 주장하는 사람들에 의해 몇 학기 동안 맹렬히 저항을 받기도 하였다. 에머스트(Amherst)대학의 디모트(Benjamin DeMott) 교수는 몇 년 전에 『하퍼(*Harper*)』라는 잡지에서 인격교육 부흥운동을 비아냥거리면서 비판적인 글을 썼다. 그는 우리가 CEO들이 기업 인원감축이 한창인 가운데 그들 스스로 높은 봉급을 받는 사회에서 얼마나 윤리학을 가르치기를 바라는가를 물었다. 데이톤 대학교(University of Dayton)의 사범대학 학장인 레슬리(Thomas Lasley)는 그가 가치들을 불가항력으로 부른 것을 비난한다. 유명한 교육연설가이자 작가인 콘(Alfie Kohn)은 주입식이며 정치적으로 학생들을 파멸시키는 인격교육에 적극적인 학교를 비난했다. "비록 우리가 다른 이름으로 조국을 부를지라도, 심지어 미국 학교에 있는 아이들은 조국에 대한 충성의 맹세를 암송함으로써 하루를 시작하는

---

30) *Education Week* (April 28, 1999) : 17.

31) William Damon, *The Youth Charter : How Communities Can Work Together to Raise Standards for All Our Children* (New York : Free Press, 1997).

것으로 기대된다."[32] 콘의 비유는 충성의 맹세(Pledge of Allegiance)를 히틀러 제국에 대한 충성 맹세에 비유한 것이 여전히 몇몇 진보주의자들이 하는 사고방식에 대한 적절한 예라고 하였다.

콘의 지지자(Kohns), 레슬리의 지지자(Lasleys), 드모트의 지지자(DeMotts) 그리고 사이저의 지지자(Sizers)의 교육철학이 퍼져 있는가? 대답은 "아니오. 전혀 아니다"이다. 부모, 교사, 학교 교장, 지역사회 지도자들은 마침내 이 경고를 받았고, 그들의 입장을 주장하기 시작하고 있다. '인격평가(Character Counts)'와 '어린이 헌장(Youth Charter)'과 같은 프로그램들은 확산되고 있고, 새로운 프로그램들은 그간 줄곧 도입되고 있다. 달레스에 있는 '유아와 함께 하는 인격교육(Kids with Character)'을 실시하는 덜렌(Nan Dearen) 행정 관리자는 이 운동의 특성을 다음과 같이 설명하고 있다 : "많은 사람들은 인격교육을 민중운동이라고 말한다. 그러나 그것은 도깨비불과 같이 바로 퍼지는 것이다."[33] 보스턴 대학의 윤리학과 인격의 진보를 위한 협회의 지도자인 라이언(Kevin Ryan)은 운동에 대한 확신과 결의를 표현한다. 즉, "사회는 가치중립적인 교육을 더 이상 지켜볼 수 없다."[34]

---

32) Alfie Kohn, "How Not to Teach Values : A Critical Look at Character Education," *Phi Delta Kappen* (February 1997) : 433.

33) Colleen O'Connor, "The We Decade : Rebirth of Community," *The Dallas Morning News* (March 10, 1995) : 1.

34) Scott Baldauf, "Reading, Writing, and Right and Wrong," *The Christine Science Monitor* (August 27, 1996) : 1.

* * *

사회비평가들은 종종 '의도적이지 않은 결과의 법칙(the Law of Unintended Consequences)'을 언급한다. 이 규칙에 따르면 표면적으로 이상적인 사회적 · 정치적 변화들은 종종 불행과 심지어 재앙, 부작용을 가져온다. 예를 들어 1920년대와 1930년대의 몇몇 낭만적인 이상주의자들은 유토피아의 원리를 실제 사회에 적용하는 것이 그들의 전체적인 타락을 불러일으킬 수 있다는 생각을 거의 하지 않았다. 또한 그들에게 그들의 삶에서 요구하는 필수적인 지침을 부정하면서 1970년대의 어느 누구도 루소의 전망을 도덕교육에 적용하는 것이 아이들을 표류하게 만들 것이라고 기대하지 않았다. 다행이도 우연한 '반전의 법칙(the Law of Fortuitous Reversals)'은 또한 사회적 삶에 작용한다. 이 두 번째 규칙에 따르면, 나쁘고 의도하지 않은 결과가 회복할 수 없는 것처럼 보일 때 상황은 갑자기 극적으로 개선된다. 한 우연의 반전이 신속하고 생각지 않은 소련 시스템의 붕괴가 10년 전에 있었다. 바로 다음 의 극적인 반전은 미국 학생을 대상으로 한 도덕교육을 아리스토텔레스적 방법으로의 전환이라고 하겠다.

3 인격교육의 과학성*

베르코위츠 Marvin W. Berkowitz

인격교육은 덕, 가치, 행동 또는 추론능력 등의 유무에 관한 논쟁으로 반론이 무성하다. 그 반론은 경험학습, 동료 토론, 교화적 교수방법, 공동체 봉사, 참여관리(participatory governance) 등 인격교육의 다양한 접근들 속에서 발생된다. 이러한 대부분의 반론들은 이론적·철학적 차이에 깊게 뿌리내려 있다.

그러나 논란을 잠재우려면 인격교육의 기초는 철학적 특성, 교육적 이념, 정치학 또는 다른 학문적 영역들의 불일치에서 발생하는 것이 아니라는 점을 명확히 하여야 한다. 오히려 인격교육은 아동발달에 관한 것이다. 이 논문에서는 인격교육의 실천적인 접근에 더 초점

---

* 이 글은 John Templeton Foundation 기금을 지원받아 완성되었다.

을 두고자 한다. 나는 인격교육의 과학성이 가능한 시도인지를 논하고자 한다.

나는 인격이 의미하는 것, 인격을 발달시키는 방법, 인격에 있어서 최상의 발달을 조장하기 위해 시도해야 할 것에 대해 연구하고자 한다.

용어들에 관한 정의

우리가 인격교육이나 인격발달에 관해 알든지 모르든지 간에 우리가 연구하기 이전에 용어 사용에 대해 토론할 필요가 있다. 이 분야의 분류는 역사, 지리, 이념에 의해 다양하다. 최근 미국에서 '하루의 행복(du jour)'이라는 말은 인격교육에 해당된다. 이 말은 이 장에서 사용하기로 선택한 말이기도 하다. 그러나 10, 20여 년 전만 해도 보다 대중화된 말이 도덕교육이었다. 도덕(moral)이라는 말은 많은 나라에서 선호된다. 특히 일본의 한 연구집단은 심리학에 접근시켜 도덕학(moralogy)이라는 새로운 용어를 사용하고 있으며, 특히 아시아는 도덕을 선호한다. 이러한 입장에서 보면 가치교육(values education)은 미국에서 유행한 것이다.

가치교육은 사실 잉글랜드에서 선호되는 용어이다. 스코틀랜드의 교육과정개발위원회에서는 다른 영국 지역에서 가치교육을 선호하는 반면 '교육에서의 가치(values in education)'라는 용어를 선호한다. 더욱이 다른 이론적 인식은 서로 간의 다양한 용어들 간에 소통이 더 요구된다. 미국에서 인격교육은 보수주의적 · 전통주의적 · 행동주의적 접근들과 결합되어 있다. 도덕교육은 더 자유주의적 · 구성주의적(constructive) · 인지적 관점으로 인식된다. 가치교육은 더 비논리적이고, 개인적 태도를 보이며, 경험적인 접근으로 생각된다. 논의의 이러한 관점에서 나는 여러분들에게 혼란스럽게 느껴지기를 기대하며, 용어들의 불일치에 따르는 차이에 난처해하기를 바란다. 나는 나의 현재를 알고 있다. 그럼에도 나의 미래 상황에 대해서 생각하면서 완전히 정신 나가지 않았으면 한다. 인격발달이나 인격교육의 용어를 사용하면서부터 다양한 관점이 제시되기까지 여러분들은 내가 스스로 여러분들에게 시대에 뒤떨어진 혼란을 잊기를 바랄 뿐이다.

이 분야에서 "내 이론은 당신의 이론을 깰 수 있다"라는 주장은 얼마든지 존재한다. 나는 변증법적 접근을 더 선호한다. 이 방법은 다양한 접근 사이에 구분과 갈등이 동의와 타협과 가장 좋은 해결을 할 수 있기 때문이다. 선한 사람이 이론적 불일치를 해소하는 데 과학을 이용할 시대이다.

이러한 다양성과 불일치는 내가 인격발달로 언급했던 세분화된 견해들을 이끌 것이다. 이 장에서 나는 인격이라는 용어를 사용하고자 한다. 그 이유는 내가 인격교육을 위한 맥도웰(Sanford N. McDonnell) 기금 교수 직함을 가지고 있기 때문이기도 하다. 그럼에도 나는 인격을 다른 용어들과 통합적이며 소통하는 것으로 사용하고자 한다. 이 논문의 다른 목적은 계속적으로 더욱 분리된 이론적인 단절들을 이어지게 하는 가교가 되고자 한다.

사실, 나는 전문용어에 흥미가 없다. 나는 20여 년 이상 동안 도덕교육 분야에 종사한 것이 좋았고, 발달교육과 같은 새로운 용어를 적용하는 것에 매력을 느낀다. 실제로, 나는 도덕교육이 아동의 사회 도덕성 능력의 발달에 낙관적으로 기여하는 것이 명확하다면 도덕교육이 여자 아이 이름인 헨리타(Henrietta)나 블로그(Blog), 또는 이상한 용어(2C3a#*11)로 불리워져도 개의치 않는다. 이전에 말했던 것처럼 도덕교육은 비밀스러운 이론의 특성과 표시나 구분도 아닌 모든 아동들에게 해당되는 것이다. 비밀스러운 논리들은 아이들에게 어떤 흥미도 주지 못한다.

인격교육 : 예술적 경지

인격교육에 대해 동의할 수 있는 표현을 발견하거나 인격을 규정하는 데에는 어려움이 있다. 그렇기 때문에 오늘날 인격교육이 수반하고 있는 내용을 요약한다는 것은 더욱 어려운 일이다. 인격교육의 용어는 더 어려운 분야로 되어 있는 내용을 포괄하는 것이다. 그래서 나는 인격교육에 대한 명쾌하게 보는(quick and bird's-eye view) 관점을 제공하고자 한다. 이상적으로 보면 우리가 이 논문에서 이전에 밝혔듯이 질적인 인격교육은 의지가 요구되며, 또한 이해력이 있어야 한다. 경우에 따라서는 의지가 있어야 하지만 이해력이 덜 요구되는 수도 있다. 인격교육협회는 "효과적인 인격교육을 위한 11가지 원칙"이나 "인격교육의 질적 표준" 등을 통해 질적 인격교육의 표준을 제시하고 있다. 이 두 자료는 www.character.org의 사이트에서 얻을 수 있다. 이런 표준들은 명백한 가치목표나 학교단위의 보충, 적극적인 관계 증진, 내부적인 동기화, 이해하기 쉬운 인격의 규정, 가족과 공동체나 부모의 파트너십, 관련된 기록 유지하기 등을 포함한다. 이러한 기준 모두를 충족하는 학교나 지역 교육청을 발견하기가 매우 어려운 일이지만 말이다.

대부분 인격교육은 학교의 윤리적 목표를 제시하는 개념이나 용어를 중심적으로 다룰 필요가 있다. 예를 들면, 인격교육의 산출물인 이달, 이주, 오늘의 용어는 학교나 공동체 양자의 학교 과제의 핵심이 되어야 한다는 것이다. 이런 용어는 때때로 학교 관리자, 지역이나 공동체 구성원 등에 의해 선택되어지며, 때때로 또다른 원천, 예를 들어 인격평가연구소에서 정한 인격의 6가지 기초(six pillars of character)로부터 채택되어지기도 한다. 이러한 용어에 대해 학교가 추구하려는 것은 아주 다양하다. 때때로 이러한 학교가 사람들에게 그냥 하는 듣기 좋은 소리일지라도 학교 당국은 이를 달력이나 고정된 곳이나 벽 등에 제시한다. 학교는 교육과정이나 특별활동 프로그램을 위한 핵심으로서 그 용어를 사용한다.

때때로 인격교육은 독립적이다. 종종 중 · 고등학교에서 인격교육은 학급회의 시간이나 자문을 위한 수업 모임이나 필수과목 혹은 선택과목으로 돌린다. 실제로 인격교육은 문학이나 사회학적인 학문의 한 부분이지만 수학이나 체육 등의 어느 과목에서든지 다루어지기도 한다. 많은 학교들은 인격문제를 봉사활동과 연계시킨다. 비록 봉사학습이 인격교육의 일반적인 주축이지만 다른 형태의 봉사도 인격교육을 지원할 수도 있다.

인격교육은 성, 건강, 환경, 다문화, 동료들끼리 다툼 후의 화해, 안전 예방, 종교 등의 문제에 초점을 맞춘다. 또 인격교육은 윤리적 딜레마 토의인 도덕적 추론이나 봉사를 통한 이타주의와 같은 특수한 인격적 특성을 장려하는 데도 초점을 맞출 수 있다.

인격교육이 종합적인 학교개혁으로 아주 가끔 등장하기도 했다. 정의공동체 학교, 아동발달 프로그램, 반응하는 교실, 창조적인 갈등해결 프로그램 등은 모두 학교의 문화적 전이를 강조하는 접근이다. 이런 것들이 모두 학교에서 보여지는 모습이기는 하지만 다른 요소들보다 더 나은 한 가지 방법을 고르는 것은 과학적이지 않다. 때로 편리성이나 외부의 자문, 제한된 지식, 직감 등에 의존하는 경우가 많다. 결국 인격교육은 다양하고 질적인 것에 관한 기준들을 만족시키지 못하는 때가 대부분이다. 인격교육에 대한 진정한 과학을 운운하려면 인격이 무엇인지, 어떻게 인격이 발달하고 우리가 아는 것을 어떻게 학교에서 가르칠지 생각해 봐야 한다.

인격은 무엇인가?

인격이 무엇으로 이루어지는지도 모르고서 최상의 인격발달을 꾀하겠다는 것은 불가능하다. 그것은 쥐가 무엇인지도 모른 채 더 나은 쥐덫을 놓겠다는 것과 같다. 인격에 대한 일치하는 정의가 있다면 좋겠지만 그렇지가 못하다. 대부분의 언어에서 우리는 인격을 "어떤 사람의 착한 정도" 또는 "외향적인 성향"을 나타내는 말로 사용한다. 두 경우 모두 항상 그렇지는 않더라도 어느 정도는 지속되는 인격적인 특징을 나타내고 있다.

용어가 학문적으로 어떻게 사용되는지는 더 복잡하다. 어떤 사람들은 도덕이라는 것을 제한하는 것조차 꺼리든지, 도덕의 정의(定意)를 제한하려고 한다든지,[1] 도덕적 인격과 도덕과 관련 없는(nonmoral) 인격을 명확히 정의하려고 하는[2] 반면, 아예 신경도 안 쓰는 사람들도 있다. 이런 구분조차 그 기준은 다르다. 누씨(Nucci)는 인격의 범위는 보편성을 구성하는 것이라고 하였고,[3] 반면에 리코나는 보편적(universal) 도덕과 보편적이지 않은(non-universal) 도덕을 구분하였다.[4] 어떤 사람들은 인격을 순전히 개성으로 보았고, 다른 사람들은 순전히 행동으로 보았다. 많은 사람들이 인격을 정의할 때 인지적 기능영역을 생략한다. 어떤 사람들은 그들의 정의를 이해하기도 하지만 그렇지 못한 사람도 있다. 나는 많은 정의들을 다루는 데 시간을 낭비하지는 않을 것이다. 나는 독자들이 도덕에 대한 정의에서 끌리는 것이 있다고 본다. 그럼에도 나는 도덕에 대한 정의를 제공하고자 한다.[5]

나는 인격을 사람의 능력이나 도덕적인 성향에 영향을 주는 심리적인 특징들로 정의한다. 간단하게 얘기하면 인격은 사람들을 옳은 일 또는 그렇지 않은 일을 하게 하는 특징들로 구성된 것이다. 이 정의는 인격에 관한 일반적인 것이다. 여기서 나는 여전히 "심리적 특징"이 무엇인지 확실히 하고자 한다.

---

1) L. Kohlberg, *The Psychology of Moral Development, Essays on Moral Development, Vol. 2*(New York : Harper and Row, 1984).

2) M W. Berkowitz, "The Complete Moral Person : Anatomy and Formation," in J. M. DuBis, ed., *Moral Issues in Psychology : Personalist Contributions to Selected Problems*(Lanham, Md. : University Press of America, 1997) : 11–42.

3) L. Nucci, *Education in the Moral Domain*(New York : Praeger, 2001).

4) T. Lickona, *Educating for Character*(New York : Bantam, 1991).

5) M. W. Berkowitz, 1997.

그 밖에 나는 도덕적 분석(moral anatomy)이라는 용어를 제공하고자 한다. 도덕적 분석에 따르면 심리적 요소는 완전히 도덕적인 사람을 구성하는 요소들이다. 도덕적 분석에는 7가지 단계가 있다. 도덕적 행동, 도덕적 가치, 도덕적 인격, 도덕적 감정, 도덕적 추론, 도덕적 정체성 그리고 그 외 기본적인 인격적 특징들이다. 리코나와 인격교육교류협회(the Character Education Partnership)에서 만든 머리, 가슴, 손, 즉 인지, 정의, 행동의 3가지 모델이나 다른 특별한 모델을 받아들이든지 간에 여기서 이해할 핵심은 인격이 매우 복잡한 심리적 개념이라는 것이다.[6] 그것은 옳고 그름을 가리는 능력(죄책감, 감정이입, 동정심), 도덕적 행동(나누기, 기부, 진실을 말하기), 선을 믿는 것, 정직한 행동을 고집하는 것, 이타주의, 책임감 그리고 다른 도덕적 기능을 위한 특징들을 포함한다. 하워드 가드너(Howard Gardner)가 새롭게 지능을 다중지능에 관한 심리적 특징의 복합이라고 정의한 것처럼 나도 인격을 "심리적 특징들의 복잡한 배열"이라고 정의하고자 한다.

이러한 관점은 앞으로 남은 이 장을 좀더 쉽게 이해할 수 있게 한다. 나는 이 정의에 집착하지 않고 좀더 심리적이고 다른 이해가 쉬운 방법을 찾고 싶다. 이런 정의나 혹은 다른 이해를 바탕으로 우리는 인격이 어떻게 발달하고 발달을 돕기 위해 어떻게 해야 하는지 이해할 수 있다.

---

6) Lickona, 1991.

인격발달

최근 아이들 간에 벌어진 아주 심각한 폭력사건이 있었다. 미시간 주 플린트(Flint)에서 있었던 6살 남자 아이가 여자 아이를 총으로 쏜 사건은 많은 사람들에게 인격이 언제 발달하는지에 대한 질문을 던지게 하였다. 나는 이 질문이 근본적으로 답할 수 없는 질문이라고 생각한다. 우선 인격은 많은 특성을 가진 현상이다. 그리고 둘째, 인격의 많은 구성요소들은 저마다의 발달단계가 있다. 셋째, 사람들의 발달속도는 모두 다르다. 넷째, 각 구성요소들의 발달 역시 사람들마다 다르다. 또 구성요소들은 점차적으로 혹은 긴 시간에 걸쳐 발달하기 때문이다. 그러므로 우리는 그 여섯 살 소년이 인격이 있는지 없는지 쉽게 이야기할 수 없다. 그보다는 여섯 살 정도의 아이가 보통 얼마만큼의 인격발달이 이루어져 있는지 이야기하는 것이 낫다. 그 소년을 보통의 발달상황과 비교하는 것이다. 명심할 것은 각자 발달속도는 다르다는 것이다. 예를 들어 소년이 다른 사람을 총으로 쏜 후 아무런 후회나 죄책감이 없다면, 다른 사람들이 자기가 갖는 기분과 다르다는 것을 느끼지 못한다면, 아니면 다른 사람들이 자신을 어떻게 생각하는지 모르는 것 같다면 우리는 그 소년이 그 나이에 가져야 하는 도덕적 측면이 발달하지 못했다는 것을 알 수 있다.

이러한 시각에서 볼 때 인격이라는 것은 태어날 때부터 혹은 그 전부터 이미 형성된다고 하는 것이 옳을 것이다. 왜냐하면 유전학적 인격발달의 증거가 있기 때문이다. 또 다른 증거로 부모들은 아이가 태어나기 전부터 감정적으로 유대감을 갖고, 그 유대감은 아이의 발달에 중요한 요소라는 것을 우리는 안다. 그러한 것들은 이 장에서 다루기 어려운 구성요소들의 순차적인 발달이므로 대신 나는 각 단계를 유아, 아동, 그리고 사춘기로 나누어서 설명하겠다.[7)]

유아 : 걸음마 단계의 인격발달

성장이 빠른 사람들의 눈에 띄는 특징으로는 (1) 감정이입, (2) 사람에 대한 개념의 형성, (3) 애착관계의 형성이다. 이러한 특징은 한 살 정도에 시작된다.

동정심은 자기 인식, 자기와 타인의 구분, 관점채택, 그리고 다른 사람의 불쾌에 대한 추론 등을 포함한다. 호프만(Martin Hoffman)은 동정심의 발달 4단계를 설명했다. 첫째 단계는 한 살 시기 동안, 둘째 단계는 9–10개월에 시작된다. 첫 단계는 다른 사람의 울음에 대한 응답으로 운다. 처음에는 단지 반응하기만 할 뿐이다. (역시 6개월쯤 아이들은 "다르다"는 것에 대해서 처음으로 인식한다.) 두 번째 단계에서 아이들은 다른 사람들의 불쾌를 관찰하는 데 시간을 보내고, 능동적으로 그들에게 불쾌감을 주는 감정이입 상황을 줄이려고 한다(손가락 빨기 등으로). 이러한 자기 위로 행동은 이 단계에서 아직 감정이입이

7) 더 세부적인 구분은 데이몬(Damon)을 보면 알 수 있다. W. Damon, *The Moral Child*(New York : Free Press, 1988).

덜 성숙되었다는 것을 보여준다. 아직도 자신에게만 관심이 있는 것이다. 그럼에도 불구하고 자기에게 관심을 갖는 이것이야말로 성숙된 감정이입의 기본이고 성숙한 도덕성이 있게 하는 중요한 역할을 하는 것이다.

사람들의 개념 속에는 자신과 다른 사람이 다르다는 것이 전제되어 있다. 즉 너와 내가 다른 존재이고, 따로 존재한다는 것을 인식한다. 이러한 것은 한 살 내지 두 살쯤에 시작된다. 인격의 구성요소인 관점채택, 도덕적 추론, 부끄러움, 협동 등은 나와 다른 사람이 다르다는 것을 인지한 다음의 일이다. 세상에 다른 사람도 있다는 것을 알지 못하고서는 도덕적인 사람이 될 수 없다.

아이와 아이를 돌보는 사람, 주로 엄마 사이의 역동적이고 감정적인 관계를 가능하게 하는 애착관계(attachment bond)는 인격발달에 있어서 중요한 단계를 차지한다. 애착관계의 발달은 대개 6개월이 지나면서부터 시작되고, 살아가는 동안 진화한다. 더 중요한 것은 그것이 나중에 갖게 되는 관계들의 자유성에 큰 영향을 미친다는 것이다. 애착관계는 인격의 다른 요소들, 예를 들어 동료끼리의 협동, 어른들에의 순종, 그리고 이타주의 같은 요소들과 관련지어져 왔다. 사실 적극적 관계를 갖고 싶어하는 마음이 없는 것은 정신병리학의 한 부분이라고 미국의 정신과협회는 말한다. 어린 시절 확고한 유대를 형성하지 못하는 것은 아마 아이들의 반사회적 행동의 큰 이유일 것이다.

여기에 소개되어 있지 않아도 이러한 다양한 견해들은 나중에 성숙한 인격발달의 기본이고 또 인격형성의 첫 단계이다.

아동의 인격발달

많은 인격특징들이 이 시기에 발달하기 때문에 예를 들기가 어렵지만 세 가지를 고르면 자기 통제, 죄책감, 관점채택이다.

자기 통제는 걸음마 단계에서부터 시작되는 것 같지만 충동을 다스리기 위해서는 5–7살 정도에서 많은 진전이 있어야 한다. 그 결과 아이들은 만족을 자제할 수도, 충동이나 공격적인 서두름, 즉각적인 행동을 늦출 수도 있다. 바움메이스터(Roy Baumeister)는 자기 통제가 다른 요소들의 기본이라고 한다.

양심이 형성되지 않은 아이의 문제에서 보듯이 죄책감은 인격발달을 이해하는 데 있어 중요하다. 죄책감은 대개 “스스로의 위반에 대한 비판적인 감정의 응답”으로 설명되어진다. 리코나는 “건설적인 죄책감과 파괴적인 죄책감을 다르다”고 하였다. 인격의 발달에 있어 우리는 건설적인 죄책감에 주의를 기울여야 한다. 코찬스카(Grazyna Kochanska)는 죄책감이 두 살에서 세네 살 정도에 가장 많이 발달하고, 18개월에서 24개월 정도에 처음으로 나타난다고 하였다.

관점채택은 취학 전부터 초등학교 기간 동안 발달하고 청소년기도 거친다. 24개월의 아이가 기본적인 관점채택이 되어 있다는 증거가 있다. 하지만 다른 사람의 의견을 이해할 수 있는 관점채택의 시기는 주로 서너 살에서 열두 살까지 일어난다. 도덕적 기능은 다른 사람의 관심 간에 균형을 맞추는 능력이 필요하기 때문에 관점채택은 인격의 중요한 요소이다.

이와 같이 인격의 중요한 요소들은 주로 아동기에 발달하고, 이

발달이 아이들을 성숙한 사회적 · 도덕적 객체로 발달하게 한다.

청소년기의 발달

이 시기의 발달은 대부분 유아, 아동기에 시작된 발달의 연장이다. 나는 도덕적 추론과 도덕적 자아형성을 설명하고자 한다.

도덕적 추론은 어떤 문제가 옳고 그른지를 판단하도록 하는 인지능력의 발달이고, 도덕적 판단과 결정을 가능하게 한다. 도덕적 추론은 평생 발달하는 것으로 알려져 있고, 세 살에서 네 살 정도에 발달이 시작된다. 하지만 청소년기가 시작되는 11, 12살이 되어서야 도덕적 추론이 비로소 사회적이 되기 시작한다. 청소년기가 되면 옳고 그름을 분별하는 그들의 기준이 자기에 관계된 결과만을 생각하는 자기 중심적 경향에서 점차 벗어나 그들의 행동이 다른 사람에게 미치는 영향, 관계에 미치는 영향, 그리고 그들이 속한 조직에 미치는 영향까지 생각하는 것으로 변화한다. 옳고 그른 것을 판단하는 능력은 사람들이 모호한 문제나 딜레마에 직면할 때 결정적인 역할을 한다. 게다가 도덕적 추론은 도덕적인, 그리고 비도덕적인 문제(이타주의, 속임수, 비행, 마약이나 섹스와 같은 위험한 행동)들과 밀접한 관련이 있다.

정체성은 스스로를 만드는 감정이다. 청소년기의 관심은 정체성 개념이 많이 바뀐다는 것이다. 청소년기는 자아를 형성하기에 좋은 시기이다. 그러므로 자아형성과 도덕적 객체의 형성은 동시에 일어나는 것 같다.

인격의 원천

만일 과학이 인격이 무엇이고 어떻게 발달하는지 설명할 수 있다면 우리에게 어른과 사회가 아동들의 인격발달을 위해 무엇을 할 수 있다고 할까? 결국 어른과 사회가 아이들이 그들 스스로나 사회를 위해 충분히 도덕적인 성인이 될 수 있는 기회를 제공해 주어야 한다.

가족(특히 부모)은 아이의 인격형성에 큰 영향을 미치는 것으로 생각된다. 덧붙이자면 학교, 친구, 사회(미디어 포함), 종교, 그리고 환경 등이 그 요인이다.

부모가 아이들을 어떻게 기르는지가 아이들의 인격형성에 지대한 영향을 미치는 것은 명백하다. 부모의 애정, 언행일치, 아이들의 신호에 반응하기, 모델링, 가치표현, 아이들에 대한 존경, 아이들과의 열린 토론 등이 영향을 미칠 수 있다. 아이들의 인격은 이런 것들이나 또 다른 양육조건들에 영향을 받는다.

학교는 부모의 영향 다음이다. 왜냐하면 (1) 부모가 아이의 최초 시기에 더 감정적으로 두드러진 영향을 미치고, (2) 대부분의 아이들은 세 살, 네 살이 될 때까지 학교의 경험을 갖지 못하고 그 이전에 많은 요소들의 발달이 진행되고 있다. 학교는 아이들의 자아 개념, 사회적 기술(친구들과의 기술), 가치, 도덕적 추론의 성숙, 사회지향적 사고와 행동, 도덕에 관한 지식, 가치 등에 영향을 미친다.

친구들의 영향은, 특히 유치원에 다닐 때부터 시작되지만 아동기 전체에 걸쳐 발달하고, 청소년기에 절정기를 맞는다. 친구들은 자아 개념과 사회적 기술(갈등 해결, 친구를 만들고 관계 유지), 도덕적 추론의 발달, 위험한 행동에 연관되는 것 등에 영향을 미친다.

사회는 주로 미디어에 대한 노출, 이웃의 특징, 문화의 가치 등에 영향을 미친다. 미디어는 명백하게 편견을 형성하고(인종, 성, 나이) 공격성, 방어 등에 영향을 미친다. 종교는 행동위험은 낮지만 정신적 건강에 크게 영향을 미친다. 생물학적인 관점에 대한 증거는 아직도 의견이 분분하다. 어떤 사람들은 인격의 유전적 요소(이타심, 위험감수)에 주의를 기울이고 그렇지 않은 사람도 있다. 생물학적 요소들도 자궁 안에서의 기형에 대한 노출(술, 마약)과 여러 병의 원인들 등으로 많은 영향을 미친다.

부모 되기와 인격발달

심리학의 발달은 아이들의 인격발달에 학교를 포함하여 무엇보다 부모의 양육이 큰 영향을 미칠 수 있음을 말해준다. 그러한 이유로 그리치(John Grych)와 나는 부모의 영향이 아이의 발달에 어떤 영향을 미치는지의 연구들을 조사했다. 발견한 것은 (1) 이미 관계된 많은 연구가 있었다는 것이며, (2) 아이들을 발달시키는 다양한 부모의 양육은 경험적인 토대로도 확인되어질 수 있다는 것이며, 또한 (3) 다양한 부모의 양육이 교사의 행동이나 인격교육에도 적용될 수 있다는 것이다.

우리는 발달심리학에서 다루는 여덟 가지 요소들을 밝혀냈다. 이는 사회적인 유대, 자기 통제, 적응, 자기 존중, 감정이입, 양심, 도덕적 추론, 그리고 이타주의 등이다. 그동안의 설명으로 이 중 몇 가지는 익숙할 것이다. 우리는 이전의 연구들이 위의 여덟 가지 영역 중에서 어떠한 것들을 밝혔는지 조사했다. 적어도 여덟 가지 중 두 영역과 관련이 깊은 다섯 가지 양육방법을 발견했다. 아이들의 신호에 반응하는 양육은 감정이입과 자기 통제를 제외한 여섯 가지와 연관이 있었다. 아이들의 신호나 요구에 잘 반응하고 따뜻하고 사랑의 관계를 맺고 있는 부모의 아이들은 강하고 다면적인 인격을 지녔다. 민주적인 토의나 의견수립 그리고 문제해결을 하는 가정은 다섯 가지(감정이입, 자기 통제, 사회적 유대 제외) 항목을 지닌 아이들을 양육할 수 있었다. 귀납법(칭찬이나 가르칠 때 아이들의 행동이 다른 사람의 기분에 어떤 영향을 미칠 것인가를 설명하는 것)을 사용하는 부모들은 상대적으로 더욱 감정이입, 양심적 · 이타적 · 도덕적 추론능력이 뛰어난 아이들을 길러냈다. 또 실질적으로 도달할 수 있고 도움을 줄 수 있는 것들에 대해 기대감이 높은 부모의 아이들은 높은 자기 통제, 이타심, 자기 존중을 가졌다. 자기 통제와 이타심에 대해서 모델링을 하는 부모의 아이들은 역시 자기 통제와 이타심에서 뛰어났다. 부가적인 연구들이 이러한 항목들을 더욱 더 늘려나갈 것이다.

우리는 많은 인격발달과 영향을 더 많이 이해하기 위해 수많은 경험적 발달심리 연구들을 조사할 수 있다. 또 우리는 자녀양육이 인격에 어떤 영향을 미치고 이러한 지식들이 학교, 특히 교사의 행동에 어떻게 적용되어야 하는지도 알 수 있다.

학교는 무엇을 해야 할까?

인격교육에 대한 몇몇 접근은 이미 널리 조사되었다. 그 중 하나인 가치명료화는 과학적 증거가 충분하지 못하여 많이 약화되었다. 교실에서의 딜레마 토론은 도덕적 추론능력 발달에 많은 기여를 한다고 입증되었고, 어떻게 작동하는지도 많이 알려졌다. 정의공동체 학교(Just Community School)의 세부 연구는 도덕적 추론과 긍정적 학교문화, 사회적 기준 발달에 영향을 준다고 밝혀졌다. 스스로 문제 해결하기(I-Can-problem-Solve) 방법은 아이들에게 충동적이고 금지된 행동을 줄이는 방법이라고 여러 차례 밝혀졌다.

인격교육에 대한 연구 중 가장 과학적인 것으로 여겨지는 것은 아동발달 프로젝트(Child Development Project)이다. 이 프로젝트는 캘리포니아 주 오클랜드에 있는 발달연구센터의 프로그램이다.[8] 이 초등학교 개혁 프로그램은 친사회적 행동은 늘리고, 위험한 행동을 줄이며, 학구적인 동기부여 강화, 긍정적인 학교공동체 건설, 높은 점수의 성적 지속, 민주적인 가치 부양 등을 가져왔다. 더욱이 이 프로그램은 인격교육의 효과성에 있어서 중요한 매개요소로서 학교를 배려공동체 발달로 인식하게 하였다.

다른 많은 교육 프로그램 등이 개별적인 효과가 있는 것으로 보고되었지만 대부분은 재조명되지 않거나 발표되어지지 않는다. 그 좋

8) 역자 주 : www.devstu.org

은 예가 '서로 반응하는 교실(Responsive Classroom)', '제2단계(Second Step)', '적극적 행동(Positive Action)', '창조적 갈등문제 해결(Resolving Conflict Creativity Program)'이다.

솔로몬(Solomon), 왓슨(Watson)과 바티쉬티크(Battistich)는 위 연구들과 인격교육에 효과가 있는 활동들에 대해 연구하였다.[9] 그들은 네 가지 활동이 실제적인 인격발달에 도움을 준다는 결론에 이르렀다. (1) 학생들의 자율성과 영향을 추구한다. (2) 학생들의 참여, 토론, 협동, (3) 사회적 기술의 훈련, (4) 봉사활동의 경험 등이다. 그리고 덧붙일 수 있는 중요한 변인은 도덕적인 분위기이다. 아동발달 연구에서는 "도덕적 분위기" 용어를 사용하여 교실과 학교 전체에 적용시켰다. 학생들은 학교가 학생들의 인격발달에 관심을 갖고 있는 만큼 학교를 돌봐주는 집단으로 직접적으로 인식하였다. 정의공동체 학교(Just Community School)는 변인들을 조금은 다르게 정의했지만, 학교에서의 도덕적 분위기가 학생들의 도덕적 추론 발달에 직접적으로 연관되어 있다는 것과 이것이 보편적인 현상이라는 것을 밝혔다. 인격교육에의 과학적 토대를 형성하는 실제적(경험적)인 요소들의 결핍을 메우는 방법은 인격교육과 관련된 과학적 증거를 위해 다른 분야를 조사해 보는 것이다.

조사해 볼 만한 분야로는 위험-예방이다. 국립약물남용연구소 소장인 레쉬너(Alan Leschner)는 최근 위험-예방은 일반적인 것이고, 원

9) D. Solomon, M. S. Watson and V. A. Battistich, "Teaching and Schooling Effects on Moral/Pro-social Development," in V. Richardson, ed., *Handbook of Research Teaching*, 4th ed(Washington, D.C. : Association for Supervision and Curriculum Evelopment, 2001).

하지 않는 위험한 일이 일어나지 않도록 위험요소를 예방하는 요인들을 인지하는 것까지 포함한다고 주장하였다. 이 분야의 다른 사람들도 이런 주장을 종종 언급한다. 약물남용 예방 관련 조사자들은 인격에 기본을 둔 개입과 교육이 효과적으로 약물남용을 막을 수 있음을 인식하였다. 인격교육에서 모범이 효과가 있는 것처럼 또 효과 있는 여러 폭력예방 프로그램 중 '제2단계(Second Step)'와 '창조적 갈등해결(Resolving Conflict Creatively)'이 인격교육에서 효과적인 모범으로 알려졌다. 동시에 가장 효과적인 아동발달 프로젝트(Child Evelopment Project)는 폭력을 예방하는 모델 프로그램으로 알려졌다. 또 인격교육의 한 분야로 성교육을 말하는 사람들도 있다. 게다가 이러한 관련 연구들의 조사는 일정한 부분에서 비슷한 효과가 있는 것으로 나타난다.

인격발달을 위한 역할에 대한 요약

어떤 것이 효과 있고 없는지를 알기 위하여 더 많은 연구가 필요하겠지만 지금까지의 정보로도 우리는 일정 정도의 결론을 이끌어 낼 수 있다. 다음에 제시되는 7가지 실용적인 교육방법은 연구조사에 바탕을 둔 것들이다.

첫째, 아이들의 인격에 가장 먼저 영향을 끼치는 것은 확실히 '사람들이 아이들을 어떻게 대하는지'에 달려 있다. 학교가 사친회 홍보, 포스터, 특별 집회와 같은 모임이나 교육과정과 같은 교수방법을 형식적으로 만들어 놓으면서 전시효과만 노린다면 그 학교들은 실패하기 쉽다. 중요한 것은 가정이나 학교에서 사람들이 아이들을 어떻게 대하는지에 관심을 기울이는 것이다. 학교에서 아이는 하루에 어떤 경험을 할까? 학생들은 자비심과 존중을 받을까 아니면 무시당할까? 아이들은 학교와 교실에서 양육되고 도움을 주고 받는 곳으로, 아니면 신체 · 정신적으로 스트레스 받는 곳으로 인식할까? 인격발달에 있어 "관계"는 중요하므로 학교에서의 관계의 질에 중요성을 두어야 한다. 이것은 어른–아동, 아동–아동의 관계를 포함한다. 우리는 부모의 양육의 예를 어른과 학생의 관계에도 적용시킬 수 있다. 이러한 관계들은 배려나 도와주며 베푸는 것, 정직과 수용의 실제적인 것, 포용력 있고 학생들의 말에 가치를 두는 존경심이 서로 우러러 나오는 것, 그리고 일관되고 예상할 수 있는 지속적인 것에서 생겨난다. 최근 학교에서 일어난 무시무시한 사건들은 학교폭력에서 대부분 원인을 찾을 수 있다. 질적으로 좋은 인격교육은 사회적인 관계와 좋은 학교나 교실을 만들 수 있다.

둘째, 또 인격발달은 아이들이 학습하고 그들이 관찰하는 것에서 영향을 받는다. 그러므로 두 번째 중요한 교육방법은 아이들이 보는 앞에서 사람들끼리 어떻게 대하냐는 것이다. 사이저 부부(Theodore & Nancy Sizer)는 그들이 저술한 『학생들이 관찰하고 있다(*The Students are Watching*)』라는 책에서 이 문제를 다루었다. 부모들은 아이들이 학교에서 선생님이나 다른 어른들을 관찰하는 것을 잘 알고 있다. 이처럼 교사들도 아이들이 아무리 어릴지라도 학교에서도 가정에서처럼 행동하는 것을 알아야 한다. 두 경우 모두 어른들은 알지도 못하는 행동들이 관찰되고, 또 때로는 알려지지 않는 것이 더 나은 그런 행동들도 있다는 것을 알아야 한다. 학생들은 진지하게 관찰하고 있다. 더욱 나쁜 것은 아이들이 그들이 관찰한 것을 무비판적으로 모방한다는 것이다. 교사들은 나에게 어떤 종류의 교사인지를 알려면 단순히 학생들이 학교에서 어떻게 생활하는지 보면 된다고 했다. 이타심이나 감정이입 같이 긍정적인 행동들도 모방되고, 폭력이나 속임수 같은 부정적인 행동들 역시 모방된다. 어른들이 존경스럽지 못하고 책임감 없는데 아이들에게 그런 것을 바라는 것은 무의미한 일이다. 많은 교육자들은 종종 그들이 인격교육자가 아니며 되고 싶지도 않다고 얘기하지만 아이들과 혹은 아이들 주위에서 일하는 사람이라면 당신은 인격교육자가 되지 않을 수가 없다. 절제는 선택이 아니다. 교사의 행동이 아이들의 발달에 좋은 쪽, 나쁜 쪽으로 영향을 미친다. 말과 행동을 조심하는 것이 효과적인 인격교육을 위해서 필요하다.

셋째, 학교는 모든 아이들에게 좋은 인격을 기대해야 한다. 다시 말해 학교의 우선순위는 좋은 인격이어야 하고, 학교는 좋은 인격을 요구해야 한다. 기대는 단순하고 명백하다. 높은 수준 그러나 도달할 수 있는 수준이어야 하고, 학생들이 이러한 기대에 도달하도록 체계적인 지원이 필요하다. 이런 기대는 여러 곳에서 생길 수 있지만 무엇보다도 전체적인 학교환경에서 생기는 것이 중요하다. 직접적으로 관련이 없는 사람이라도 적어도 이런 기대를 일반화하고 인정하는데 대한 생각을 가질 필요가 있다.

위에서 간곡한 훈계가 가장 효과적인 방법은 아니라고 서술했다. 하지만 어느 정도 긍정적 인격을 위한 효과는 있다. 이는 두 가지 효과를 제공하는데, 첫째는 학생들이 배우는 것, 보는 것, 다른 사람들로부터 어떻게 대하여지는지를 강화할 수 있다. 둘째는, 행동의 불명확한 의미를 확실히 알 수 있다. 양육이라 불리는 강력한 도덕적 보살핌은 설명과 가치 있는 행동(칭찬, 벌)을 동반하기 때문에 효과가 크다. 그래서 리코나도 말하는 것을 행동으로 보여주여야 하며, 보여주는 것과 말하는 것 두 가지 모두를 강조했다.

아이들은 또 좋은 인격을 연습할 기회를 가져야 한다. 학교는 학생의 자율성을 촉진시키고 영향을 끼쳐야 한다. 그들은 관점채택, 비판적 사고, 갈등해결, 인격을 가진 사람에 대한 필요성 등을 가질 기회를 제공해야 한다. 또 좋은 행동을 할 기회 역시 필요하다. 학교는 다양한 인격을 발전시키기 위해 봉사활동을 강조한다. 또래 동료화해(peer meditation), 학생 자치, 자선활동 등이 그 예이다.

도덕적 사고 능력을 발달시키기 위해 학생들은 도덕적 문제에 대한 논쟁, 판단, 반성이 필요하다. 이것은 다른 사람의 의견이 나와 다를 때에도 수용할 수 있는 기회를 제공한다. 이런 것들은 교육과정 안에서 수업 혹은 기술적인 면으로 사회나 문학 또는 과학, 철학 등의 시간에 친구들 간의 토론을 통해 이루어질 수 있다. 아니면 개별적 수업이나 프로그램으로 인격문제나 도덕성에 중점을 둘 수 있다. 중요한 것은 학생들이 토론할 때 솔직하고 정확하게 참여해도 사회적으로 안전하다는 분위기를 만들어 주는 것이다. 교육자들은 그런 분위기를 만드는 조력자 역할을 해야 하지만 그런 것들은 주로 학교의 몫이다.

마지막으로 부모가 학교의 인격교육 노력에 능동적이고 긍정적이라면 더욱 좋다는 것이다. 뚜렷한 과학적 증거는 없지만 다른 예를 볼 때 부모가 아이들의 인격발달에 가장 큰 영향을 미친다는 것을 쉽게 알 수 있다. 인격교육은 학교와 부모가 협력할 때 더욱 효과적이다.

청소년기 이후의 인격교육

지금까지 분석해 온 것은 초등학교나 중등학교, 말하자면 6세부터 18세 정도나 유치원부터 고등학교 시기로 국한된 것들이었다. 대학 역시 우리 사회의 미래 시민들 사이 인격형성이 되도록 하는 데 흥미를 두고 있다. 1999년 미 공군에서 쿨스(Holland H. Coors) 대사 기금으로 조성된 인격발달 담당교수 취임 연설을 할 기회를 가졌을 때, 나는 중등학교 이후 교육도 학생들의 인격발달을 위해 제공되어야 한다는 것에 흥미를 가졌다. 퇴역한 육군 대령 출신 페쿨라(Michael J. Fekula)와 나는 중등학교 졸업 이후 인격교육의 중요한 내용에 대해 세부적으로 논문을 쓴 바 있다. 그 내용은 다음과 같다.

- 도덕, 윤리 등 인격에 관한 교수법
- 정책을 통해서 개인적으로나 제도적으로 인격이나 성격 드러내기
- 인격적으로 요구하기
- 실습, 학교 관리, 공동체 봉사, 경험학습을 통해 인격에 대해 훈련하기
- 말이나 글 등을 통해 인격에 대해 반성하기

독자들은 이미 우리가 논의했던 이러한 많은 내용을 인식하게 될 것이다. 하지만 사관학교와 같은 기관이나 종교단체가 운영하는 대

학들이 제공하는 교재들은 인격교육에 대해 일관되고 더 좋은 지원과 공동체를 잘 이루고 있다.[10] 학교에서나 다른 곳에서도 매우 가치 있는 인격을 증진할 가치 있는 공동체가 될 수 있는 것이다.

지금부터 우리는 무엇을 해야 하는가?

처음 단계에서 시도한 새로운 "인격교육의 과학"에는 아직 풀지 못한 문제들이 많이 남아 있다.

- 인격교육의 장기적인 효과는 무엇인가?
- 종합적인 인격교육의 모델이 될 어떤 내용이 어떤 인격에 영향을 미치는가?
- 효과적인 인격교육에 가장 중요한 내용은 무엇인가?
- 효과적인 인격교육이 초등학교부터 중 · 고등학교까지 어떻게 다양화하는가?
- 효과적인 인격교육과 학교에 기반을 둔 예방이나 봉사활동에서 중첩되는 부분들은 무엇인가?
- 우리는 인격을 어떻게 효과적으로 측정할 수 있는가?
- 효과적인 인격교육을 위한 '적절한 반응'은 얼마만큼인가? 다

10) 나는 밀워키에 있는 예수회 단체의 마퀴트(Marquette) 대학에 20년간 재직한 바 있다.

시 말해 차별화할 수 있는 것이 어느 정도인가?
- 인격을 증진하는 데 어떤 장애요소들이 있는가?
- 인격교육은 학교 수준이어야 하는가, 아니면 교실 수준에서 효과적으로 강화될 수 있는 것인가?

위의 문제 이외에 인격교육학자들이 답해야 할 해결되지 않은 문제는 답하기 어려운 문제들이다. 더 연구가 진행될수록 많은 문제들이 새로이 나타날 것이다. 하지만 우리가 진정한 인격교육의 과학적 발전에 노력하고 경험을 바탕으로 한 이해와 발달에 기여하는 매개체들에 기반을 두고 인격발달을 시키려 한다면 우리는 아이들뿐만 아니라 그들이 살고 있는 세계에 중요한 기여를 하도록 잘 준비시킬 수 있을 것이다.

4 도덕적 모범

워커 Lawrence J. Walker

도덕심리학과 도덕교육 분야는 개념의 오용과 지배적 모델의 편중으로 인하여 침체되어 있는 듯이 보인다. 이러한 모델 등은 도덕기능에 대한 진부한 개념과 아동들의 도덕적 발달을 증진시키기 위한 비효율적 수단들을 제공한다. 나의 주요 관심사는 두 가지이다. 첫째 관심사는 도덕심리학과 도덕교육 분야가 과도하게 도덕적 이성에 초점을 맞추어 왔다는 것이다. 그것은 도덕철학에서 형식주의 전통과 인성이 도덕이성의 순수성을 타락시키는 것으로 간주되어 인성의 구성요소에 대해 기피하는 도덕심리학에서의 인지발달 이론의 영향력 때문이다. 두 번째 관심사는 도덕심리학과 도덕교육 분야가 상호관계를 규정하는 도덕성의 개인 상호 간 측면에만 편중되어 있는 반면, 보다 근본적 가치인 생활양식, 정체성, 인격을 포함하는 개인의 내적 측면은 무시하고 있다는 것이다. 여기서 나는 도덕적 인성, 인격, 그리고 덕의 발달을 강조하는 도덕심리학과 도덕교육의 새로운 분야를 옹호한다. 그리고 이 새로운 방향을 도덕적 모범 연구를 통해 계속하여 설명할 것이다.

오늘날 연구의 근본에는 도덕성이 의미하는 것에 관한 이해를 공유하고 있다. 여기에서 나는 도덕성의 정의를 제안할 것이고, 그렇게 함으로써 나의 가정과 이해를 분명히 하고자 한다. 나는 그런 정의에 관해 도덕철학에서 반복되고 있는 논쟁을 잘 알고 있고, 어떤 해결책을 주장하는 것은 아니다. 단지 나는 출발점을 분명하게 하고자 의도하는 것일 뿐이다. 정의는 의도적으로 협소하기보다는 광범위하여 지나치게 포괄적이라는 오류를 지니고 있다. 내 생각에 도덕성은 개인 상호 간 및 개인 내적 요소를 지닌 근본적인 것으로 모든 면에 인간적으로 기능한다. 보다 구체적으로 이야기하자면 도덕성은 최소한 사회적이고, 개인 상호 간 의미를 어느 정도 지니고 있으며, 또 개인 내면의 인지적이고 감정적 메커니즘에 의해 지배되는 자발적 행동에 근거한다.

이런 잠정적 정의에 관해 몇 가지를 언급하고자 한다. 첫째, 도덕성은 사람들의 상호작용을 규정하고, 다른 사람의 권리와 복지에 대해 영향을 미치는 우리의 행동과 연관된 갈등을 판결하므로 분명히 개인 상호 간의 문제이다. 그런 도덕성은 근본적 가치, 삶의 양식, 정체성과 연관된, 어떻게 살 것인가 하는 본질적 문제가 통합된 것이므로 개인의 내적 문제이기도 하다. 이와 같은 도덕적 기능의 개인 내적 측면은 가치와 도덕적 인격이 다른 사람과의 관계에서 작용하므로 개인 상호 간 작용에 간접적으로 함축된 의미를 지니고 있다. 도덕적 기능의 개인 상호 간의 측면은 오늘날 도덕심리학과 도덕교육에 잘 반영되어 왔으나 개인의 내적 측면은 그렇지 못하다. 도덕심리학의 지배적인 이론들은 다소 선택적으로 그 영역을 정의하고, 자아와 개인적 가치의 발달과 같은 개인적 도덕성이라 이름붙인 것들을 무시하고 있다.

이러한 도덕성의 정의에 관한 두 번째 문제는 도덕적 기능이 사고, 감정, 행동의 역동적인 상호작용을 포함하는 다면적이라는 것이다. 죄의식이나 감정이입과 같은 도덕적 감정은 항상 어느 정도의 인식을 동반하고 있고, 개인의 가치나 다른 사람과의 상호작용에 관한 사고는 언제나 어느 정도 감정이 뒤따르며, 자발적 행동은 언제나 도덕적 자질을 결정하는 의도에 어느 정도 토대를 두고 있다. 도덕적 기능의 상호작용적 본성은 도덕심리학과 도덕교육 분야에서의 주요 이론적 전통에 의해 심하게 약화되어 왔고, 각각의 이론적 전통은 도덕성의 핵심을 나타내는 것으로서 상이한 심리학적 기능의 측면을 언급하는 것으로 간주되어 왔다. 즉 사회학습 이론은 학습원리를 통한 도덕적 행동의 습득을 강조해 왔고, 정신분석 이론에서의 동일시와 내면화는 부모와의 동일시라는 역학관계를 통한 도덕적 감정과 방어기제의 작동을 강조해 왔으며, 인지발달 이론은 의미의 개인적 구조화를 통한 도덕판단의 발달을 강조해 왔다. 도덕심리학에서 경쟁하는 주요 이론을 대표하는 이런 인위적 삼분법은 도덕이 기능하는 데 있어서 사고, 감정, 행동이 상호 의존적임을 모호하게 하고, 이것들을 분할하는 바람에 사라져 버린 도덕성의 특정 요소에만 배타적으로 초점을 두게 만들어 통합적 도덕성에 대한 우리의 이해를 대수롭지 않은 것으로 만든다. 이와 같이 도덕성의 상이한 측면들이 어떻게 상호 연관되어 있는가에 관한 포괄적이고 전체적인 보다 많은 이해는 도덕심리학의 당면 목표이다.

도덕심리학에서의 이런 경쟁적 관점들은 의미 있게 통합되지 못했고, 상당부분 균형을 상실했다. 시적으로 표현하자면 오늘날의 도덕 심리학은 소위 '이성 중심 증후증', 즉 길을 잃고 방황하는 상태, 도덕적 이성의 중력에 의해 적절한 행성의 배열이 흐트러진 상태라고 할 수 있다. 사회과학 등 과학 내의 많은 여러 학문분야들과 마찬가지로 도덕심리학은 도덕적 이해의 이성적 토대를 마련하고자 하는 것과 윤리적 상대주의의 곤혹스러움을 극복하려는 신념에 관심을 둔 계몽주의의 유산에 의해 과도하게 영향을 받아왔다. 도덕성의 이성적 토대의 이런 선입관은 아리스토텔레스 윤리이론에서 비롯된 도덕적 덕과 인격에 관한 여러 세기에 걸친 오랜 윤리적 관심, 아마도 도덕적 삶의 상식적 관념과 보다 더 잘 조화를 이룰 것 같은 윤리적 관심을 밀어냈다.

도덕심리학과 도덕교육을 둘러싼 지배적인 철학적 관점은 칸트에 의해 가장 잘 예시된, 그 가정이 개인주의, 정의, 권리, 그리고 의무를 강조하는 형식주의였다. 칸트는 인간 본성에 대해 이원론적 관점—이성과 열정—을 취했다. 즉 인간의 본성을 도덕적 기능의 핵심을 형성하는 이성과 사람들이 자율적인 도덕적 이성의 표준에 도달하고자 할 경우, 극복해야 할 타락한 편견인 관상학적 요소[1])로 보았다.

이와 마찬가지로 도덕심리학에서 지배적인 심리학적 틀은 구조

1) 역자 주 : 관상학적 요소란 냉철한 이성과 달리 외적인 감정, 욕망 등에 영향을 받는 요소를 지칭.

주의인 인지발달론이었다. 이 이론은 도덕추론 능력에서의 인지발달 단계를 강조하는 가정을 하고 있는데, 콜버그(Lawrence Kohlberg)에 의해 가장 잘 예시되었다. 구조주의 이론만 인지를 강조한 것은 아니었다. 일반적으로 심리학은 정신분석학 및 행동주의 이론들이 제2차 세계대전 이후에 일어난 자유주의적 낙관주의를 반영한 인지와 정보처리 과정 접근법에 의해 잠식되면서 검증된 인지이론에 종속되어 왔다. 콜버그는 도덕성에 관한 초기 연구의 철학적 순진함의 상당 부분을 극복하고 또 심리학적 탐구의 적합한 분야로 도덕발달 분야를 수립하였다.[2] 그의 모델은 거의 30년 동안 도덕심리학을 지배하였다. 그의 도덕심리학의 개념적 · 경험적 · 실용적 기여는 획기적이었다. 그의 주장에 대해 이의가 거의 없었고, 콜버그의 이론을 반대하는 사람들조차도 자주 자신의 이론을 돋보이게 하고자 콜버그의 이론을 활용했다. 그들의 반응은 때때로 콜버그의 지대한 영향력을 예시하는, 콜버그 모델의 토대를 이루는 근본적 가정의 틀을 형성했다. 콜버그를 따르는 형식주의자와 구조주의자의 유산은 도덕적 추론의 발달에 초점을 두게끔 했고, 도덕적 딜레마를 해결하기 위한 개인의 해결방안을 평가하게 했다. 그는 이성의 발달에 의해 정의된 도덕발달을 설명하고자, 그리고 발달과정을 해명하고자 노력했다. 그는 도덕적 갈등은 정의원리를 통해 가장 잘 해결될 수 있고, 그런 도덕적 추론은 도덕적 행동을 강제하는 데 충분한 동기를 자동적으로 부여한다고 주장했다. 여기서 콜버그는 "덕은 하나인데, 그것은 바로 정의

---

2) Kohlberg, *Essays on moral Development, Vol. 1, The Philosophical moral Development* (San Francisco : Harper & Row, 1981) and *Vol 2, The Philosophy Og Moral Development*(San Francisco : Harper & Row, 1984).

이다"와 "선을 아는 것은 선을 행하는 것이다"라는 플라톤의 두 가지 명제를 채택한다.

그러나 이런 가정들은 도전을 받았다. 정의 이외의 경쟁하는 선의 개념, 즉 배려, 공동체 등과 같은 것들이 옹호되었고, 도덕판단에 근거한 행동의 예측가능성은 도덕적 삶에 있어 결함이 있는 것으로 지적되었다. 도덕적 성숙에 대한 콜버그의 견해는 원리화된 도덕판단에 초점을 두었다. 그 판단은 보편화 가능한 도덕적 원리들에 의해 서술된 것을 추종하기 위해 자신의 개성과 이익으로부터 자신을 분리시킨 추상적 공정성을 요구하는 이상적인 윤리적 입장이고, 심리학적으로 내용이 빈약하고 의문의 여지가 있는 관점이다. 콜버그 모델에 내재된 철학적 제한점들과 심리학적 강조점들은 도덕적 작용에 대해 협의의 관점을 취하게 하는 관점의 제한과 개념적 왜곡을 불가피하게 초래했다. 콜버그는 도덕적 이성과 정의를 강조하는 그의 모델의 제한점을 전혀 모른 것은 아니었다. 그는 자신의 이론에 충실한 한도 내에서 여러 가지 방법으로 이론을 부각시키고자 노력했다. 그러나 그의 모델은 도덕성과 도덕발달, 도덕의 작용 등을 상당히 왜곡하였고, 인지와 정의에 관한 핵심적 강조만 남았다.

도덕심리학 분야에서 영향력 있는 다른 학자들[3]도 이성이라는

---

3) N. Eisenberg, "Prosocial Development : A Multifaceted Model," in W. M. Kurtines and J. L. Gewritz, eds., *Moral Development : An Introduction* (Boston : Allyn & Bacon, 1995) ; C. Gilligan, *In a Different Voice : Psychological Theory and Women's Development*(Cambridge, Mass : Harvard University Press, 1982) ; J. R. Rest, D. Narvaez, M. J. Bebeau, and S. J. Thoma, *Postconventional Moral Thinking : A Neo–Kohlbergian Approach*(Mahwah, N.J. : Erlbaum, 1999) ; R. A. Shweder, M. Mahapatra, and J. G. Miller, "Culture and Moral Development," in J. Kagan and S. Lamb, eds., *The Emergence of Morality in Young Children*(Chicago : University of Chicago

현대성의 목표를 분명하게 가정하며 도덕적 이성을 강조하여 비슷하게 이를 치장하였고, 도덕적 인성, 인격, 직관에는 최소한의 주의를 기울였다.[4] 즉 일반적으로 도덕심리학 분야에서는 개인 사이의 상호작용에서 기능하는 도덕적 이성의 강조에만 치중해 왔다.

만연한 도덕적 이성의 강조가 도덕적 작용의 다른 측면에 주의를 기울이는 것을 소홀히 해왔고, 도덕적 삶의 복합성에 대해 오해를 하게끔 했다. 도덕적 이성에 관한 이런 강조의 위험은 사람들로 하여금 자신의 삶과 도덕을 분리하게끔 만들었고, 도덕적 인간이 되고자 하는 동기를 파괴하는 위험을 초래했다. 즉 도덕적 정신분열증이라고 지칭할 만한 상황을 초래했다.[5] 이런 우려를 분명하게 하는 또 다른 상이한 방식은 도덕적 작용(정의, 권리, 복지, 배려)의 개인 간 상호작용의 측면에 있어 도덕심리학의 선입관과 선한 사람과 선한 삶(근본가치들, 정체성, 인격)의 특징들을 포함하는 개인 내적 측면에 대한 상대적 경시를 지적하는 것이다. 비슷하게 플래나건(Flanagan)도 철학에서 도덕적 인격의 극단화를 비판했고, 우리 같은 피조물에게 가능한 도덕적 작용과 도덕적 이상에 대해 보다 더 현실적인 개념을 확신

Press, 1987) ; 1–83 ; E. Turiel, *The Development of Social Knowledge : Morality and Convention* (Cambridge, England : Cambridge University Press, 1983).

4) R. L. Campbell and J. C. Christoper, "Moral Development Theory : A Critiqie of Its Presuppositions," *Developmental Review* 16 (1996) : 1–47 ; J. Haidt, "The Emotional Dog and Its Rational Tail : A Social Intuitionist Approach to Moral Judgement," *Psychological Review* (in Press) ; D. K. Lapsley, *Moral Psychology* (Boulder, Colo. : Westview Press, 1966) and "An Outline of a Social–Cognitive Theory of Moral Character," *Journal of Research in Education* 8 (1988) : 25–32.

5) M. Stocker, "The Moral Schizophrenia of Modern Ethical Theories," *Journal of Philosophy* 73 (1976) : 453–66.

있게 주장했다. 플래나건은 현재의 윤리적 틀은 평범한 사람들이 결코 도달할 수 없는 심리학적 작용을 가정하고 있기 때문에 이를 도덕적 행동에 대한 정보를 주는 유용한 것으로 간주하지 않는다.

> 어떠한 도덕이론도 다음과 같은 사실을 인정해야 한다. 특정한 개인의 프로젝트와 관여는 개인의 삶에 대해 무엇이든지 간에 의미를 부여한다. 그리고 모든 사람들, 심지어 편파적인 사람들조차 자신의 프로젝트에 관해서는 공평하다. 그것은 어떤 윤리적 개념도 보편적인 심리학적 양상의 기저에 깔린 제한점을 무시하는 비인격성, 추상화, 공정성의 형태를 요구하지 않는다는 것이다.[6)]

인성과 인격의 인지를 통합하고, 그래서 도덕적 작용에 관한 보다 더 전체적인 이해를 제공하며, 동시에 도덕발달을 증진시킬 효과적 수단들을 제공하여 도덕발달의 심리학적 연구과제를 풍부하게 하자는 요청을 자주 듣는다. 오늘날 도덕심리학의 이성에로의 편향에 대해 비판하는 것은 도덕심리학에서 도덕적 이성이 차지하는 핵심적 역할을 부인하고자 함이 아니다. 오히려 비판을 통해 도덕적 인성과 인격을 포함하는 보다 더 전체적이고 균형잡힌 설명을 제공하려는 것이다.

---

6) O. Flanagan, *Varieties of Moral Personality Realism*(Cambridge, Mass : Harvard University Press, 1991) : 100–101.

도덕심리학의 새로운 방향 : 인성과 인격

도덕발달 심리학의 새로운 방향은 도덕적 인성과 인격의 연구로서 인지적 · 정의적 및 행동적 요소뿐만 아니라 도덕적 작용의 개인 상호 간 및 개인 내적 측면 양쪽을 포함하는 접근법이다. 마찬가지로 도덕적 작용의 심리학적 과정뿐만 아니라, 사람들이 일반적으로 도덕성을 어떻게 이해하는지에 관한 경험적 설명에 윤리적 이론을 제한하려는 요구들이 도덕철학자들 사이에서도 새롭게 인식되기 시작했다.[7)]

나의 경험연구에서 내가 옹호하고 추구하는 것은 도덕적 작용의 그와 같은 통합적 설명에 관해 두 가지로 접근하는 것이다. 첫째 접근법은 도덕적 작용과 도덕적 탁월성에 대한 사람들의 관념과 일상생활의 언어와 상식적 이해에 스며든 관념, 도덕적 덕, 인격, 참여 등에 있어 솔선수범자로서의 삶을 산 것으로 알려진 도덕적 모범인물들의 심리작용을 심리학적 관점에서 조사하는 것이다. 이런 상이한 경험적 연구 전략은 일상생활의 삶에서 작동하는 도덕적 작용의 측면에 관해 수렴적 증거를 제공할 수 있어야 하고, 도덕발달 이론과 도덕교육 및 사회화의 접근법과 통합되어야 한다.

---

7) M. L. Johnson, "How Mpral Psychology Changes moral Theory," in L. May, M. Friedman, and A. Clark, eds., *Minds and Morals : Essays on Cognitive Science and Ethics* (Cambridge, Mass : MIT Press, 1996) : 45–68.

도덕적 탁월성의 개념

도덕적 탁월성에 관한 사람들의 개념을 조사하게 된 이유의 부분적 설명은 도덕심리학의 지배적 모델들이 다양한 편견과 선입견을 지니고 있다는 것, 즉 왜곡되었다는 데서 찾을 수 있다. 철학적 관점은 원래부터 한계를 지닐 수밖에 없으므로 상식과 직관에 의한 경험적 증거에 어긋나는 것부터 점검할 필요가 있다. 이때에 도덕심리학과 도덕교육은 엄격한 철학적 개념화에 의하기보다는 매일 매일 사람들이 어떻게 도덕성을 경험하는가를 공통의 영역으로 하여 더욱 가까워질 필요가 있다. 도덕적 작용에 관한 광범위한 조사연구는 철학적 및 방법론적 맹신자의 방해로 인하여 오늘날 도덕심리학에서 소외되었던 몇 가지 중요한 이해를 밝힐 수 있다.

도덕심리학 조사연구의 새로운 방향은 사람들이 도덕적 탁월성을 어떻게 이해하는지에 관해 연구한 최근의 프로젝트에서 발견한 사실들에 예시되어 있다.[8] 도덕발달 대부분의 이론들이 도덕적 모범의 정의에서 거의 주의를 기울이지 않았음에도 불구하고 콜버그는 정의 원리를 기준으로 딜레마를 해결하는 과정을 통해 도달하는 도덕적 성숙에 대해 분명한 관점을 지녔다. 그러나 이전에 살펴본 바와 같이 이 관점은 도덕적 이성에만 초점을 두었기에 내용이 빈약하고 심리학적으로 무력하다. 도달하기 어려운 도덕발달의 6단계(보편

---

8) L. J. Walker and R. C. Pitts, "Naturalistic Conceptions of Moral Maturity," *Developmental Psychology* 34(1998) : 403–19.

적 · 윤리적 원리 단계)의 경험적 증거는 희박하다. 우리는 도덕적 탁월성의 완전한 개념을 추구할 필요가 있다. 내가 행한 도덕적 탁월성의 개념에 관한 조사연구는 3가지 연구, 즉 자유반응형, 등급법, 유사분류법에 의해 수행되었고, 도덕성에 대한 분명한 개념과 도덕성의 유형을 제공하려 했다. 분석결과 사람들의 도덕적 성숙에 대한 이해는 두 가지 차원이 있음이 확인되었다. 자아-타아 차원과 외적-내적 차원이다. 자아-타아 차원은 개인 간 행동을 이해하는 데 있어 토대가 되는 지배와 배려(또는 매개체와 친교)의 역동적 관념을 통합하고, 도덕적 작용에 있어 개인으로서의 매개체와 친교 개념 사이의 긴장을 설명한다. 외적-내적 차원은 외적인 도덕적 기준과 개인의 양심 사이의 긴장을 반영한다. 이것은 도덕적 성숙은 공유하는 도덕적 규범에 얼마나 민감한가 하는 것과 자율적인 도덕적 가치와 기준의 발달이라는 두 가지 모두를 필요로 함을 의미한다.

분석결과 사람들의 도덕적 성숙의 이해에는 다양한 속성이나 주제들이 있음이 확인되었다. 원리-이상의 목록은 소유한 가치와 원리의 범위의 목록이 중요하다는 것, 그리고 높은 기준과 이상을 유지하는 것, 즉 도덕성의 악에 대한 민감성을 반영하고 있다. 올바른 목록은 정의, 도덕적 탁월성이라는 콜버그의 개념을 반영한 이성을 수반한다. 그래서 자연스러운 도덕성의 개념은 도덕성의 이런 요소를 포함한다. 의존적-헌신적 차원의 목록과 배려-신뢰 차원의 목록은 개인 상호 간 민감성과 온화함의 주제들과 공명한다. 그래서 공정과 상호 의존을 통해 관계를 돈독하게 하는 것과 마찬가지로 도우며 숙고하는 행위를 수반하는 타인지향적 열정과 배려는 도덕적 작용에 있어 중요한 개념이다. 자긍심의 목록은 도덕적 목표를 추구하는 데 있어 행위자 자질이 중요하다는 데 근거를 두고 있다. 자아와 매개체에 관한 강한 인식과 결부되어 있는 원리-이상의 목록 차원에 속한 도덕적 가치와 준거의 강력한 실천은 인격 목록의 차원에 속한 도덕적 성숙의 본질로 간주되는 인격에 공헌한다. 도덕적인 사람은 원리, 가치, 이상에 근거하여 행동하고, 그렇게 행하고자 하는 불굴의 의지를 지니고 있다.

여기에서 강조되는 도덕적 덕 중에는 배려, 연민, 사려, 숙고뿐만 아니라 정직, 진리, 신뢰도 있다. 또 덕과 유사한 두드러진 다른 인격 특성에는 상호 의존, 헌신, 양심이 있다. 도덕적 인격의 이런 측면은 개인 상호 간 관계를 형성하는 데, 그리고 사회가 작동하는 데 있어 근본적인 것이나 도덕심리학에서 거의 주목받지 못해왔거나 또는 미성숙한 착한 소년소녀의 심적 상태에 해당되는 것으로 격하되어 왔다. 마지막으로 성실은 도덕적 탁월성을 묘사하는 데 있어 핵심이다. 성실은 사고와 행위 사이를 연결시켜 주나 도덕적 작용에 있어 이성적 모델과 행동적 모델 모두는 자신들의 변수를 벗어나지 못했고, 그래서 성실이라는 개념은 도덕심리학을 이해하고 도덕성 발달을 추구하려는 시도, 이 두 가지 모두에 근본적인 것인 되어야 함에도 불구하고 쓸모없는 것이 되었다.

그럼에도 불구하고 성실의 관념과 도덕적 자아의 발달은 도덕심리학과 도덕철학 분야에서 점점 주목받고 있다.[9] 블라시(Blasi)는 사

---

9) A. Blasi, "Moral Understanding and the Moral Personality : The Process of Moral Integration," in W. M. Kurtines and J. L. Gewritz, eds., *Moral Development : An Introduction* (Boston : Allyn & Bacon, 1995) ; 229–53 ; C. G. Noam and T. E. Wren, eds., *The Moral Self*(Cambridge, Mass : MIT Press, 1993) ; V. A. Punzo,

람들이 도덕영역을 어떻게 반영하는가 하는 도덕적 자아의 관념과 도덕성이 자아 개념과 정체성에 있어서 매우 중요한 것임을 주장하고 있다. 도덕적 모범인물에 대한 조사연구는 개인과 도덕적 목표를 거의 구분하지 않고,[10] 도덕적 인성의 특성과 목표를 포함하는 자아 속성이 담긴 자신들의 삶 속에서 탁월한 자아와 도덕성의 통합을 이야기한다.[11] 또 블라시의 모델에는 도덕적 행동과 자아의 일관성 내지는 성실에 대한 개인적 책임의 관념이 있다. 명백하게, 도덕심리학은 도덕적 작용의 인지적 측면과 정의적 측면의 행동과의 연계가 가능해짐에 따라 도덕적 작용에 있어 자아 역할의 체계적이고도 경험적인 검증을 요구한다. 그런 연구의 한 예가 때때로 자신의 행동 맥락 속에서 작동하지 않는 자아 효능감의 과정에 관한 반두라(Bandura)의 조사연구이다.[12] 자신을 도덕적이라고 생각하고자 하는 사람들의 강한 욕구는 선천적이라며 반두라는 도덕적 자아를 보존하기 위해 자신의 행동을 정당한 것처럼 합리화라는 미명 하에 위장하는 타락한 힘에 대해 이야기한다. 다른 탓으로 돌리기, 완곡하게 이

"After Koglberg : Virtue Ethics and the Recovery of Moral Self," *Philosophical Psychology* 9(1996) : 7–23 ; L. J. Walker and K. H. Hennig, "Moral Development in the Broader Context of Personality," in S. Hala, ed., *The Development of Social Cognition* (East Sussex, England : Psychology Press, 1997) : 297–327.

10) A. Colby and W. Damon, *Some Do Care :Contemporary Lives of Moral Commitment* (New York : Free Press, 1992).

11) D. Hart and S. Fegley, "Prosocial Behavior and Caring in Adolescence : Relations to Self-Understanding and Social Judgement," *Child Development* 66(1995) : 1346–59.

12) A. Bandura, "Social Cognitive Theory of Moral Thought and Action," in W. M. Kurtines and J. L. Gewritz, eds., *Handbook of Moral Behavior and Development Vol. 1* (Hillsdale, N.J. : Erlbaum, 1991) : 45–103.

름붙이기, 비교해서 훨씬 이익이라고 말하기, 책임 전가하기 등으로 합리화하는 것이다. 도덕적으로 성숙하여 자아를 자각하고 자아의 일관성이 클수록 사람들은 그런 비도덕적 행동을 수행하지 않도록 자신을 제재한다.

일반적으로 덕윤리학과 관련하여 학문의 연구분야가 이 새로운 방향으로 이동함에 따라 드러난 것과 핵심을 보존하려는 요구로 야기되는 몇 가지 문제가 있다. 예를 들면, 이 연구에서 수행된 것과 같은 도덕적 덕들의 목록을 정하는 것은 어떤 사람이 구현하는 것이 정말로 불가능한 인격의 결합을 나타내는 것이 될 수 있다. 지금까지 우리는 심리학적 작용에 있어 도덕적 인격의 이런 국면들이 어떻게 상호작용하는지에 대한 이해가 거의 없다. 랩슬리(Lapsley)는 모든 덕들이 조화를 이룰 필요는 없다고 지적한다. "어떤 인격적 덕에 대한 무지는 또 다른 영역의 개인의 삶에 있어 탁월성을 함양하기 위해 지불하는 대가일 수도 있다."[13] 이런 설명은 도덕적 대의를 실천한 사람으로 널리 알려진 도덕적 모범인물, 즉 사회적 활동가들에 관한 콜비(Colby)와 데이몬(Damon)의 연구에서 알 수 있다.[14] 많은 도덕적 모범인물들은 부모들이 사회적 대의를 추구하느라 때때로 제대로 돌보아 주지 못했던 자녀들과의 관계를 바르게 맺지 못했다고 후회했다.

주제와 관련하여 때때로 덕들은 그것들을 표현함에 있어 부적응적이고, 또는 최소한 도덕적으로 의문의 여지가 있다는 것을 인식할

---

13) Lapsley, 1998 : 32.

14) Colby and Damon, 1992.

필요가 있다. 헨닝(Hennig)과 워커(Walker)는 인성평가의 기법으로 윤리-관심영역의 지도를 그려 표시하는 기법을 활용하곤 했다.[15] 우리는 배려하는 사람이나 배려받는 사람 모두에게 제대로 기능하지 않았던 실패한 배려의 덕에 초점을 두었다. 자기 희생은 다른 사람의 삶에 대한 과도한 관여와 자아에의 무관심으로 정당화할 수 있고, 그래서 배려 수행에 있어 타협을 한다. 또 다른 부적응 행동의 유형으로 알려진 것은 순응적 배려로서, 이는 다른 사람에 대한 배려가 부정적 평가의 두려움에 대한 걱정에서 동기화된 것이고, 자기 표현이 다른 사람의 평판에 의해 좌절되고 금지된다. 다른 말로 말하면, 배려의 덕은 권위적 양상을 띨 수 있다. 이것은 대부분의 덕들에 대해 진실이라고 가정될 수 있고, 도덕심리학은 다른 도덕적 인격특성에 대해 개념적 및 경험적 분석을 사려 깊게 잘 수행할 수 있다.

도덕적 성숙이나 인격의 이상적 모습이 한 가지 원형뿐만이 아니라는 것은 명백하다. 도덕적 모범과 탁월성은 실로 많은 유형들이 있다. 최근 조사연구에서 나는 도덕적 성숙이 명시적으로 드러나는 근본적인 덕들뿐만 아니라 상이한 형태로 연관된 덕의 목록들에 포함된 도덕적 탁월성의 개념을 탐구하고 있다. 도덕적 모범의 많은 여러 유형이 있다는 것은 도덕적 모범을 확인하고 자신들의 선택을 정당화하도록 요청받은 연구 참가자들이 발견한 사실로 입증되었다.[16]

---

15) K. H. Hennig and L. J. Walker, *Mapping the Care Domain : A structure and Substantive Analysis*. Manuscript submitted for publication, University of Columbia, 2001.

16) L. J. Walker, R. C. Pitts, K. H. Hennig, and M. K. Matsuba, "Reasoning about Morality and Real-Life moral Problems," in M. Killen and D. Hart, eds., *Morality in Everyday Life : Developmental Perspective*(Cambridge : Cambridge University Press, 1995) : 371-407.

넓은 범위의 도덕적 모범이 확인되었는데, 여기에는 휴머니스트, 혁명가, 사회활동가, 종교지도자, 정치가 등이 포함되어 있었다. 그러나 대부분의 카테고리에는 가족구성원과 친구들이 있었다. 많은 참가자들은 자신들이 친숙하게 알고 있고 더 잘 평가할 수 있는 사람들을 선호하고, 대중에게 알려진 역사적 인물에 대해서는 분명하게 불신을 표현했다. 몇 가지 특이한 사항이 있다. 첫째, 도덕적 모범의 엄청난 다양성이 확인되었다. 둘째, 많은 도덕적 모범은 유명한 것으로 간주되지 않았다. 이런 도덕적 모범의 지명도에 대한 정당화를 분석한 결과 현실적인 도덕적 모범은 완전한 도덕적 덕들을 성취한 것보다는 작은 덕들을 실천하는 것처럼 보였다. 오스카 쉰들러, 마르틴 루터 킹, 테레사 수녀를 생각해 보라. 그리고 우리에게 도덕적 인격의 이와 같은 면들의 복잡한 상호 관계와 그리고 그것들이 어떻게 표현되는지를 보다 더 잘 이해해야 할 필요성이 있음을 시사하고 있다. 물론 이와 같은 도덕적 성숙에 대한 자연스런 개념들은 실제적 도덕적 모범이 심리학적으로 어떻게 기능하는지에 대한 분석을 통해 점검되어야 할 필요가 있다. 진정한 도덕적 모범이 지닌 속성의 범위에 대한 실질적 증거가 자연스러운 언어 개념으로 도출되어야 하는가? 그것은 지금 우리가 되돌아갈 조사연구에서 보완해야 할 것이다.

도덕적 모범의 심리학적 기능

도덕적 인격과 인성발달을 조사하는 또 다른 방법은 도덕적 모범의 삶을 주도적으로 산 것으로 확인된 사람들의 심리적 기능을 철저하게 포괄적으로 분석하는 것이다. 어떤 면에서 우리 조사연구의 틀을 확립한 이정표가 되는 연구는 콜비와 데이몬의 연구이다.[17] 그들은 시대를 초월한 도덕적 이상과 대의명분을 위해 특별한 활동을 한 것으로 확인된 사람들의 사례를 연구했다. 그들의 사례연구 분석은 이러한 모범인물들이 원리적 도덕추론의 관점에서 특별하게 뛰어나지 않은 것으로 드러나서 또 다시 도덕성 발달의 형식주의 이론에서 이야기하는 도덕적 성숙에 대해 의문을 갖게 되었다. 즉 도덕적 인성의 다양한 면을 암시하는 많은 과정들로 특징짓는 도덕적 성숙, 그런데 여기에는 (a) 점진적인 사회적 영향력의 능동적 수용과 지속적인 변화능력, (b) 도덕적 원리들과 엄정한 진리추구와 독단을 배제한 열린 마음에 의해 균형 잡힌 가치들에 관한 상당한 확실성, (c) 적극성, 낙관주의, 도덕적 용기를 부인하는 겸손함, 모든 사람을 향한 사랑, 용서의 능력, 그리고 기저에 깔려 있는 신앙이나 영성, (d) 도덕적 자아에 관한 논의에서 앞서 이야기했던 것처럼 삶에 있어서 개인적인, 그리고 도덕적인 측면을 융합하는 정체성이 반영된 자아와 도덕성의 특별한 결합 등이 포함된다. 그들은 매일의 사건 속에서 도덕적 문제를 보았고, 이러한 문제들과 자신이 연관이 있으며, 그리고 행동할 책임이 있다고 보았다. 이러한 가치 있는 통찰력에도 불구하고 그들의 연구는 비교집단이 없는 소수의 사례를 선택하여 수행되었고, 연구방법은 심리학적 기능을 측정하는 표준척도가 없는 자전적 면접을 사용했으며, 분석은 오로지 질적으로 수행되었다.

도덕적 인성과 인격발달의 밑바탕에 깔린 과정을 암시하는 도덕적 모범인물들의 심리학적 기능에 관한 분석의 가치는 최근의 또 다

---

17) Colby and Damon, 1992.

른 연구, 즉 우리들이 도덕적 모범의 보다 복합적 평가를 제공한다고 믿는 연구에서 발견한 것들에 의해 더 잘 뒷받침될 수 있다.[18] 40명의 젊은 성인들로 이루어진 실험집단은 자원봉사자로서 특별한 도덕적 봉사에 참여했기 때문에 사회봉사 대리인으로 임명되었다. 그리고 대응 비교집단도 임명되었다. 참석자들은 여러 개의 질문지들에 대해 답을 했고, 자신의 삶에 대한 내러티브 면접을 오랫동안 받았다. 개인의 심리학적 기능작용을 복합적으로 평가하기 위해 인성을 평가하는 3수준, 즉 (a) 성향의 인격특성, (b) 발달과업과 개인적 추구와 같은 맥락적 관심사, (c) 자아에 관한 통합적 내러티브 등으로 구성된 맥아담스(McAdams)의 검사지가 반영된 선택지를 사용했다.[19] 성향의 인격특성 관점에서 연구 참가자들은 인성의 밑바탕에 있는 다섯 가지 근본적 요소들이 반영된 인격특성을 평가하는 질문지에 대해 답을 했다. 다섯 개의 요소 중에는 호감을 주는 것과 양심이 인격의 고전적 차원 요소로 간주되었고, 그래서 여기에서도 가장 타당한 것으로 간주되었다. 당연히 실험집단이 인성의 인격특성이 도덕적 행동과 관련 있다는 확신에서 비교집단보다 훨씬 더 호감을 주는 것으로 드러났다.

인성이 기능하는 것을 이해하는 데 있어서 맥락적 관심사의 중간 수준을 평가하기 위해 우리는 발달과업과 개인적 추구를 측정하기

---

18) M. K. Matusba and L. J. Walker, *Caring for Their Community : Study of Moral Exemplars in Transition to Adulthood. Manuscript in preparation* (University of British Columbia, 2001).

19) D. P. McAdams, "What Do We Know When We Know a Person?" *Journal of Personality* 63 (1995) : 365–96.

위한 다양한 척도를 포함시켰다. 비교집단과 비교하여 실험집단은 더 강하게 가치를 실현하고 더 많은 안정성을 반영하는 성숙한 정체성을 지녔다. 실험집단의 사람들은 삶에 의미를 부여하는 과정이 반영된 성숙한 신앙발달을 확신할 수 있었고, 그들은 도덕적 기능이 작동하는 데 있어 결정적 역할을 확신하며 진보된 도덕적 추론을 사용하곤 했다.

인성평가의 제3수준에 있어 우리는 개인적 삶의 내러티브에서 주제들을 조사했다. 우리의 평가는 도덕적 모범인물의 삶의 내러티브는 비교집단의 사람들보다 매개자와 친교의 주제로 특징지어졌다. 우리의 예측은 도덕적 모범인물의 삶의 이야기 속에서 더 오래된 주제들이 발견되어 부분적으로 뒷받침되었다. 이런 발견은 도덕적 탁월성을 이해하는 데 있어 개인을 매개자로 확인하는 이전 연구결과와 일치한다.[20]

도덕적 모범에 관한 우리의 조사연구를 요약하며 우리는 인성평가의 세 수준을 지시하는 변수들을 인구통계학적 변수들과 대응시켰음에도 불구하고 비교집단 개인보다 도덕적 모범인물들이 도덕적으로 탁월한 것을 알 수 있었다. 그러나 우리는 도덕적 성숙은 다양한 방법으로 예시될 수 있다는 것과 도덕적 기능을 이해하는 데 있어 공통의 핵심이 무엇인가 하는 것뿐만 아니라, 도덕적 모범의 구별되는 특징이 무엇인가를 결정하는 것도 중요하다는 것을 유념해야 할 필요가 있다. 지금까지 우리는 이런 노선을 견지하며 연구를 수행하고 있다. 일단 현장연구가 도덕적 모범들의 심리학적 기능에 대한 이

---

20) Walker and Pitts, 1998.

해를 드러내자 조사연구 일정은 그런 도덕적 인격의 발달을 형성하는 요인에 초점을 둘 수도 있게 되었다.

적용과 결론

이 장에서의 나의 전제는 도덕심리학과 도덕교육에서의 발전이 정체되어 있다는 것이다. 그것은 도덕이성에 초점을 두고 도덕성의 요소를 회피하는, 그리고 도덕성이 어떻게 기능하는지에 대해 심리학적으로 무지한 학문분야가 지배하는 도덕성 발달이론의 개념적 왜곡 때문이다. 더 나아가 그들이 강조하는 것은 도덕성의 개인 상호 간 측면인 반면 근본적 가치, 생활양식, 정체성, 인격 등에 속한 개인 내적 측면을 무시해 왔다.

여기에서 옹호하는 새로운 방향은 이런 잘못을 교정하고 도덕적 인성, 인격, 그리고 덕의 발달과 도덕적 모범연구를 통해 아마도 가장 좋은 사례를 제시할 수 있는 새로운 방향을 강조하는 것일 것이다. 이 접근법은 도덕성의 개인 상호 간 및 개인 내적 측면 모두를 포함한다. 왜냐하면 도덕적 인격과 덕들은 관계에 반영되어 있기 때문이다. 그것은 또한 도덕성이 기능하는 데 있어 인지적 · 정의적 · 행동적 요소를 통합한다. 왜냐하면 도덕적 인격의 관념은 이런 심리학적 삼분법을 따르지 않을 뿐만 아니라, 그것을 표현함에 있어 모두를 연관시키고 있기 때문이다. 이 새로운 방향은 능동적인 인간 특성들의 최근 연구와 일치하고 그런 행동을 증진시키기 위한 경험, 즉 능동적

심리학 경향과 일치한다.[21)]

도덕적 모범의 연구에 있어 두 가지 경험적 접근법이 서술되고 예시되었다. 한 접근법은 일상생활의 언어와 상식적 이해에 뿌리를 둔, 도덕적 덕들과 이상들에 대한 광범위한 이해로서 도덕적 탁월성 개념을 검토하는 것이다. 또 다른 접근법은 가장 타당한 모델과 인간 발달의 수단들을 사용하여 개인의 실제적인 심리학적 기능을 도덕적 모범으로 확인하는 것이다. 두 가지 접근법은 도덕적 기능과 이상들에 관해 수렴적 증거를 산출할 것으로 기대된다. 다양성은 우리들의 관념을 어느 정도는 다시 고려해 볼 것을 요구할 것이다. 이런 선상에 놓인 연구의 시작은 아동과 청년의 도덕교육 수행에 함축된 의미를 제공할 것이다. 아마도 요점은 도덕영역의 폭에 관해, 그리고 도덕적 가치, 선택, 행동의 도덕적 의미에 대해 아동들이 민감해질 필요가 있다는 것이다. 도덕성은 일상생활의 모든 면에 들어 있는 것으로 간주되어야 하고, 우리 사고의 전면과 중심에 위치해야 한다. 도덕영역에 관해 아동들이 더 많이 의식하도록 하는 것은 도덕적 관심이 삶에서 이루어지는 대부분의 일과 관련된 아동 정체성의 발달을 도울 것이다.

도덕교육 분야에서는 도덕적 덕에 대한 비판적 토론도 있어야 한다. 단순히 교실 벽에 덕에 관한 표어를 게시하는 것으로 선한 도덕적 인격을 함양할 수도 없다. 아동들은 정직, 배려와 같은 많은 덕들의 복합성과 아마도 있을 수 있는 부정적 측면에 관해 이해할 필요가

---

21) M. E. P. Seligman and M. Csikszentmihalyi, "Positive Psychology : An Introduction," *American Psychologist* 55 (2000) : 5–14.

있고, 이러한 덕들을 어떻게 실천할 것인가 매일 씨름해야 할 필요가 있다. 몇 가지 설명들이 많은 덕들의 복합성과 부정적 측면에 관한 나의 논점을 예증하는 데 도움을 줄 수도 있다. 정직이란 덕은 다른 사람에게 상처주는 것을 피하기 위한 심사숙고에 의해 조절되어야 할 필요가 있다. 예를 들면 할머니가 짜준 스웨터가 정말로 옛날 스타일지라도 마음에 드는지의 여부를 할머니가 물었을 때 어떻게 반응해야 바른 것인지를 숙고하는 것이다. 마찬가지로 배려의 덕은 다른 사람을 지나치게 배려하는 것은 자기 비하와 자기 부정에 토대를 둔, 그리고 단순히 타인에 대한 의무에 대해 갖는 분노의 결과로서 부정적인 것이 될 수 있다. 적절한 배려는 건전한 자아 이해에 의존하는 것임을 아동들이 이해해야 할 것이다. 또한 다른 덕들은 가끔 충돌을 일으킬 수 있고, 그런 상황들을 조심스럽게 숙고해야 할 것이다. 예를 들면, 친구에 대한 우정이 교실에서의 부정행위에 관한 교사의 심문에 의해 도전받는다. 도덕적 모범의 관념은 그런 도덕적 모범이 어느 정도 경쟁할 만한 가치가 있는 것임을 인식하는 것을 의미한다. 아동들은 도덕적 모범의 삶의 범위를 탐구해야 할 필요가 있다. 확실히 어떤 잘 알려진 역사적이고 대중적인, 눈으로 확인할 수 있는 도덕적 모범은 검토할 필요가 있다. 그런데 도덕적 모범에는 지역의 인물과 개인이 존경하는 영웅도 포함되어야만 한다. 모든 것, 즉 영웅들의 이야기나 행위뿐만 아니라 그들의 인격의 복합성, 그들이 생활해 온 과정, 그들의 약점과 투쟁 등이 검토되는 것이 중요하다. 아동들이 도덕적 모범의 다양성을 인식하는 것과 개인적 영웅을 확인하는 것은 중요하다. 아동들은 도덕적 모범에 대해 단순히 지적으로 학습하는 것뿐만 아니라 도덕적 행동의 실천까지 권고되어야 한다. 의미 있는 지역공동체 봉사에 관한 최근의 강조는 이런 생각을 반영하고 있다.

마지막으로 아동들은 우리의 초기 조사연구에서 서술한 바와 같이 도덕적 기능의 밑바탕에 깔려 있는 긴장들을 다루기 위해 심사숙고해야 한다. 예를 들면, 도덕성의 밑바탕에 깔려 있는 관념의 한 차원은 매개자와 친교의 관념을 포함한 자아-타아의 차원이다. 개인 상호 간에 대한 감수성의 능력을 발달시켜 균형을 이룰 필요가 있다. 때때로 많은 도덕적 상황에서 숙고의 과정을 거쳐 평형을 유지해야 한다. 도덕적 가치를 실천하려는 것과 도덕적 행동을 하려는 자발적 의지의 발달은 아동들에게 있어 새로운 아이디어에 대한 개방성과 다른 사람의 관점과 상황에 대한 민감성에 의해 균형을 이루어야 한다. 개인적 매개자라는 그런 인식과 자신의 도덕적 목표를 추구하면서 다른 사람을 마구 짓밟는 도덕적 확신을 우리가 아동에게 주입시킬 수 있는 위험이 있다. 도덕성 관념의 밑바탕에 깔려 있는 또 다른 차원은 공유하고 있는 도덕적 규범과 자율적 도덕원리 사이의 잦은 긴장을 반영하는 외적-내적 차원이다. 여기서 또 다시 아동들은 개인이 속한 공동체의 도덕적 가치의 존중과 사려 깊게 숙고한 개인적인 도덕적 이상과 원리를 추종하고자 하는 욕구 사이에서 발생한 긴장을 이해할 필요가 있다. 틀림없이 우리가 도덕심리학과 도덕교육에서 새로운 방향을 계획하는 데 있어서 숙고하고 평가할 많은 가능성들이 있다.

5 스토아 철학의 군인교육

셔만 Nancy Sherman

당시 해군 선임 조종사였던 스톡데일(James B. Stockdale)은 베트남전에서 추락했었는데, 낙하산을 타고 떨어져 적군에게 사로잡히는 순간 미래를 내다보며 "최소한 여기에서 5년은 있겠군. 나는 과학기술의 세계에서 뒤처지고 있는 중이고, 에픽테토스(Epiktētos)[1]의 세계로 들어가고 있는 중이군"이라고 혼자 중얼거렸다.[2] 에픽테토스의

---

1) 역자 주 : 에픽테토스(Epictetus, 원어명 : Epiktētos), 이탈리아 로마제정시대의 스토아 철학자. 로마 노예 신분이면서 스토아 철학을 배웠다. 그는 "우리들의 것과 우리들의 것이 아닌 것이 있다"고 주장하였다. 또, 자연이란 신의 의지의 실현이며, 철학하는 것은 '신의 종'이 되는 것이라고 설파하였다. 그는 같은 스토아의 마르쿠스 아우렐리우스, 기독교의 교부(敎父)들, 파스칼과 그 밖의 근세의 사람들에 이르기까지 큰 영향을 주었다.

2) From James B. Stockdale, *Courage Under Fire : Testing Epictetus's Doctrines in a Lab Of Human Behavior*(Stanford : Hoover Institution Press, 1994).

유명한 소책자 『제요(提要)』는 스톡데일이 1960년대 중반 베트남전쟁 당시 승선한 항공모함이 베트남 바다를 순항할 때 선실에서 잠자리에 들면서 읽는 책이었다. 스토아 철학[3]은 스톡데일의 기질과 직업에 부합했다. 그는 에픽테토스의 함축성 있는 말들을 많이 외웠다. 그는 1965년 9월 9일에 격추되리라고, 그리고 스토아 철학의 경구들이 6년간의 포로생활에서 생존의 열쇠가 되리라고는 전혀 예상하지 못했다. 그가 포로들의 선임 장교로서 지도력을 행사하는 중추적인 근거가 그런 경구들이었다. 일종의 스토아 철학 현인으로서 포로 생존자를 상상하는 것은 어려운 일이 아니다. 왜냐하면 포로생활의 도전, 즉 육체와 영혼의 거의 모든 자양분을 박탈당했을 때 품위를 유지하는 것은 스토아 철학에 대해 도전하는 것과 같다. 스토아 철학은 수용하는 철학으로 방어의 철학이다. 꼼꼼하게 읽으면 스토아 철학은 개인의 통제 밖에 있는 사물의 내재적 선을 부인함으로써 취약성을 최소화하는 것을 알 수 있다. 신병훈련소에서는 풋내기 사병에게 스토이즘에 관해 여러 가지 방식으로 조기교육을 수행한다. 일반적으로 남녀 군인을 스토아 철학을 따르는 사람으로 이해하는 것이 편하다. 군대에서 쓰는 말로 이는 통제받고, 훈육되어지고, 쉽게 선동되거나 감정이 흔들리지 않는 것을 뜻한다. 군 장교들은 이러한 인격특성을 함양하는 경향이 있다. 분명히 그들은 실천적 스토아 철학에서 위

---

3) 역자 주 : 스토아 철학은 우주 자연의 일부로서 인간은 로고스의 분신인 이성을 갖고 태어나므로 현자의 유덕한 삶이란 인간 이성에 좇아 자연과 일치하는 삶을 사는 것이라고 주장한다. 즉 이성적 극기와 금욕에 의하여 감정과 욕구를 억누른 부동심의 상태를 아파테이아(apatheia)라고 하고, 이것인 인간의 최고선이며 덕의 근본이라고 보았다.

로를 얻는다. 이 글에서 나는 고대 스토아 철학의 가르침으로 돌아가서 군인에 있어서의 도덕교육의 한 면을 살피려 한다.

나는 1994년 1월의 이슬비 내리는 어느 날부터 군대에서 일하게 되었다. 한 해군 군목이 133명의 해군사관 생도가 연루된 전자공학 부정행위 스캔들의 도덕적 해결방안을 모색하기 위하여 고급장교들의 브레인스토밍에 나를 초대했다. 그 군목은 내가 해군과 관련이 없다는 것을 알았고, 그는 내가 사관학교 윤리학자로 취임하기를 원했다. 해군 용어로 나는 미국과 유럽 대학에서 원래 윤리학 강좌 101[4]로 가르쳐 왔던 것을 가르치기 위해 승선했다. 그들은 해군사관학교와 마찬가지로 엔지니어 학교에서 윤리학개론을 이수했다. 지도자 과정은 경영과 동기유발 심리학을 혼합한 표준과정이었다. 윤리학의 아주 오랜 주제를 가르치는 것은 신기한, 그리고 아마도 타고난 것일 수밖에 없는 것을 감히 가르치려는 정통 학문을 어느 정도 이탈한 강좌로 보였다. 나는 군인을 위한 윤리학을 가르쳐야 했다. 그것은 계약이었다. 이에 앞서 정리되지 못한 것은 군대가 나를 가르치는 것이었다. 그들은 나에게 내 세대 중 많은 사람들이 베트남전쟁에 의해 분리되었던, 그리고 그 이후로 일반적으로 난공불락인 상태로 남아 있던 세계로 들어오는 것을 허락했다. 그리고 그들은 내가 예전에 교과서에서만 배웠던 스토아 철학 원리들의 생생한 예를 제공해 주었다.

스토아 철학의 매력은 학기의 어떤 시점에 이를 때마다 분명해졌다. 내가 가르친 강좌는 아리스토텔레스, 아퀴나스, 존 스튜어트 밀,

---

4) 역자 주 : 101은 윤리학 강좌 교과목 번호로 앞자리 숫자 1은 가장 낮은 수준의 강좌임을 표시하고 있음.

임마누엘 칸트와 스토아 철학자의 대표로 에픽테토스와 같은 역사적 인물들의 저술을 정직, 자유, 덕과 정의를 위한 전쟁의 주요 주제들과 결부시킨 것들에 걸쳐 있었다. 우리가 에픽테토스를 다루면 많은 사람들이 집에 온 것처럼 느꼈다. 스톡데일이 매일 밤 에픽테토스를 읽으면서 공감했던 것들을 그들도 공감했다.

> 우리들의 통제 안에 있는 것들도 있고, 우리들의 통제를 넘어서는 것들도 있다. 우리들의 통제 안에 있는 것은 의견, 목표, 욕망, 혐오, 한마디로 말해서 그것이 무엇이든지 간에 우리 자신의 것들이다. 우리들의 통제를 넘어서는 것은 신체, 재산, 명성, 공직, 한마디로 말해서 그것이 무엇이든지 간에 우리 자신의 것이 아닌 것들이다.
>
> … 다음과 같은 사실을 기억하라. 만약 자유를 자연의존적 사물의 탓으로 돌리고 다른 사람의 소유를 네 자신을 위하여 취한다면 너는 방해를 받을 것이고, 한탄하게 될 것이며, 신과 사람들에게 책망을 받을 것이다. … 우리의 통제를 넘어서는 그 무엇을 걱정한다면 그것은 너와 아무런 상관이 없다고 말할 준비를 하라.[5]

에픽테토스는 우리의 의견, 욕망, 그리고 감정은 우리의 통제 안에 있고, 즉시 우리가 그것들을 우리의 의지로 산출할 수 있다는 급진적 견해를 취하지 않고 간접적으로 그것들을 형성하는 일들을 할 수 있다고 생각했다. 그가 스토아 철학 전반에서 자아와 타아에 관한 우리의 의견이 욕망과 감정에 영향을 미칠 수 있다고 생각한 것은 옳

---

5) *Enchiridion*, Hackett, trans.(Indianaplois : N. White, 1983) : 11.

다. 우리들이 어느 정도 통제할 수 있는 이런 것들과는 대조적으로 우리는 결코 어떤 것들은 통제할 수 없다. 해군은 피할 방도가 없는 우군의 화기에 의해 죽을 수도 있고, 해군 병사 혼자서는 변화시킬 수 없는 성에 대한 편견으로 인하여 이것들이 무시된 채 훈장을 받고 승진할 수도 있으며, 주식에 신중하게 투자했음에도 불구하고 주가는 곤두박질할 수도 있다. 에픽테토스와 같은 스토아 철학자는 우리들의 통제 안과 통제 밖을 구분하도록, 그리고 만약 우리가 전혀 지배할 수 없는 사물들에 우리의 행복을 너무 의존한다면 비참하게 될 것이라고 우리들에게 상기시킨다. 스토아 철학이 우리에게 권하고 있는 것은 안전이라는 협소한 테두리 안에 머물든지 또는 그 안으로 물러서라는 것은 아니다. 우리는 계속해서 도전에 맞설 것이고, 이해에 도달하고자 모험을 할 것이다. 우리는 목표에 도달하기 위해 최선의 노력을 계속하여 기울일 것이며, 우리가 단순하게 변화시키지 못하는 것에 맞서는 가운데 보다 더 큰 힘을 습득할 것이다.

용맹스러운 신스토아 철학(New Stoicism)

군대가 모델로 삼으며 소개하고 있는 스토아 철학자는 누구인가? 지금까지 에픽테토스가 언급되어 왔는데, 우리는 역사적 맥락에서 그의 글들을 고찰할 필요가 있다. 간략히 말하자면, 고대 스토아 철학은 기원전 300년에서 기원후 200년까지의 기간에 걸친다. 그것은 아리스토텔레스 이후의, 그리고 스토아 철학에 덧붙여 회의주의와 에

피쿠로스주의를 포함하는 광범위한 헬레니즘 철학의 한 부분이다. 구스토아 철학으로 알려진 초기 그리스 스토아 철학은 물리학과 논리학과 윤리학이 함께 어우러진 체계적 철학사상에 관심을 두었다. 스토아 철학은 스토아(stoa) 또는 교사들이 앞뒤로 오가며 거닐었던, 아테네의 중앙 광장 근처에 있는 열지어 늘어선 채색한 기둥에서 스토아 철학이란 이름을 취했다. 제논,[6] 클리안테스,[7] 크리시포스[8]와 같은 학파 창시자들의 저술은 후대의 저술가들에 의해 인용된 부분만 남아 있다. 실제로 스토아 철학에 관해 우리가 알고 있는 것의 대부분은 키케로,[9] 세네카,[10] 에픽테토스와 마르쿠스 아우렐리우스[11]와 같은 로마시대의 편집자들의 저술에서 비롯되었다. 에픽테토스와 마르쿠스 아우렐리우스는 그리스어로 저술을 했고 세네카와 키케로

---

6) 역자 주 : 제논(Zeno, 원어명 : Zēnōn ho Kyprios) 고대 그리스의 스토아 철학의 창시자. 그의 철학은 절욕(節慾)과 견인(堅忍)을 가르치는 것으로 윤리학이 중심이었다. 인생의 목표인 행복은 우주를 지배하는 신의 이성 즉 로고스를 따르는 일, 자연과 합치된 삶이었다.

7) 역자 주 : 클리안테스(Cleanthes, 원어명 : Kleanthes,), 고대 그리스의 스토아 철학자로 제논의 제자이다. 제논의 유업을 전승한 스토아 철학의 태두였다. 그는 특히 의지력을 중시하였고 그것을 모든 덕(德)의 원천으로 삼았다.

8) 역자 주 : 크리시포스(Chrysippus, 원어명 : Chrysippos), 클레안테스의 제자로 스토아 철학을 처음으로 체계화하였다. "크리시포스가 없었더라면 스토아 철학의 존재는 없었을 것이다"라는 평을 들었다.

9) 역자 주 : 키케로(Cicero, 원어명 : Marcus Tullius Cicero), 고대 로마의 철학자이자 정치가이다. 시이저와 반목하여 정계에서 쫓겨나 문필에 종사했는데, 수사학의 대가이자 고전 라틴 산문의 창조자이기도하다.

10) 역자 주 : 세네카(Seneca, 원어명 : Lucius Annaeus Seneca), 이탈리아 고대 로마 제정기의 스토아 철학자이다. 그는 스스로 세속에 물들면서도 끝내 인간이 인간다운 까닭은 올바른 이성 때문이라는 것과 유일한 선(善)인 덕(德)을 목적으로 행동하기 때문이라는 스토아주의를 역설하였다.

11) 역자 주 : 마르쿠스 아우렐리우스(본명 : Caesar Marcus Aurelius Antoninus Augustus), 로마제국의 제16대 황제(재위 161–180)이자 후기 스토아 철학자로 『명상록』을 썼다.

는 라틴어로 저술을 했는데, 이러한 로마시대의 편집자들은 자신들을 민중 삶의 중앙에 있는 민중 철학자로 보았다.

잘 알려진 로마 정치인이자 웅변가이며 집정관인 폼페이우스의 친구였던 키케로(106–43 B.C.)는 자신이 폭군살해로 보았던 시이저 암살 이후 자신의 생활경력 끝무렵에 특별한 철학적 저술을 내놓았다. 그러면서 그는 자신의 미래 암살자, 안토니와 다른 세 집정관 중의 한 사람으로부터 숨어 있었다. 그는 스토아 철학자가 아니었음에도 불구하고 오히려 신학파 또는 회의주의 학파로 확인되었는데, 그는 스토아 철학의 관점에서 저술을 하였다. 그의 저서, 특별히 『목적들에 관하여(*On Ends*)』와 『의무들에 관하여(*On Duties*)』는 르네상스와 계몽주의 시기 내내 스토아 철학 관점의 저술로 매우 영향력 있었다. 1세기 중반에 저술한 세네카는 젊은 황제 네로의 가정교사이자 정치적 조언자였다. 그는 열정에 관해 두꺼운 책을 썼다. 또 집착과 행운뿐만 아니라 분노, 증오, 시기를 이해하지 못하고 적절하게 다루지 못하면 그것들이 어떻게 지배자를 파멸시키고 공화국을 파괴하는지에 관해 글을 썼다. 그리고 이들의 변화에 취약하지 않게 되는 법을 어떻게 배울 수 있는가에 관해서도 글을 썼다. 그리스의 노예에서 철학자가 된, 네로 시대에 저술활동을 한 에픽테토스는 마르쿠스 아우렐리우스에게 큰 영향을 미쳤다. 에픽테토스의 경구적인 글들은 대중적 핸드북에 요약되었는데, 노예상태에 있을지라도 통달과 성취에 이르는 길을 발견하는 마음과 상상력의 능력에 관해 가르치고 있다.

로마의 황제이자 군인인 마르쿠스 아우렐리우스는 독일 원정 전쟁을 수행하면서 조용한 시간을 틈타 기원 172년에 『명상록(*Meditations*)』을 저술했다. 가끔 다른 사람에게 말을 건네는 방식인 세네카의 저술과 대조적으로 마르쿠스의 『명상록』은 세계 시민으로서의 그의 위치, 인류공동체, 이성과 자연법칙을 통해 연계된 신에 관하여 자신에게 훈계하는 방식으로 되어 있다. 그는 지위나 재물, 또는 쾌락 탐닉의 유혹에 의해 어떻게 이성이 꼬임을 받는지, 어떻게 질투가 행복을 망가뜨리는지를 경고하고 있다. 반복되는 주제는 우리가 헤라클레스의 변화하는 세계에 살고 있다는 것이다. 행복을 발견하기 위해서 우리는 변화하는 것과 우리의 통제를 넘어서는 것을 너무 꽉 잡아서는 안 된다.

스토아 철학은 자기 만족과 우리를 취약하게 만드는 재화에의 의존에서 벗어나는 것의 중요성을 가르친다. 유사한 방식으로 우리들의 통제를 넘어서는 사물들에 관해 집착하는 감정으로부터 벗어날 것을 주장한다. 전쟁을 준비하는 병사들에게 그런 충고에 주의를 기울이게 한다. 내가 사관학교에서 가르쳤던 어떤 해군 조종사가 임무수행을 나가기 전 "구분하라, 구분하라, 구분하라"는 진언을 중얼거림으로써 자신의 감정을 통제한다고 내게 말했다. 물론 요령은 언제 구분할지 안 할지를 아는 것이다. 임무수행 준비는 그것을 요구하는 것처럼 보인다. 그러나 상실감뿐만 아니라 소속감을 스토아 철학적으로 완전하게 분리시키면 군인들도 너무 큰 대가를 치를 수 있다. 자신을 추방한 고향 도시에 등을 돌린 기원전 5세기의 전설적 전사 코리올라누스를 생각해 보라. 그는 셰익스피어에 의해 스토아 철학 전사의 모범으로 묘사되었다. 그는 육체적으로 강인하고 부인과 아들보다 더 전쟁터 안에 있는 가정을 구분하였는데, 그는 탁월한 군인 그 자체였다. 그는 두려움이 없었고, 결코 눈물을 흘리지 않았다. 그러나 극중에서의 전환은 코리올라누스가 어떻게 눈물을 흘리며 우는지를 기억할 때 일어났다. 그는 "내 눈이 연민의 눈물을 흘리는 것은 결코 하찮은 일이 아니었다"라고 인정한다. 그의 영혼을 다시 깨운 것은 코리올라누스의 어머니 볼룸니아이다. 그녀의 간청으로 인해 그는 로마의 포위를 풀었고, 평화가 회복되었다. 우는 것 속에서 코리올라누스는 인간의 존엄을 발견했다.

코리올라누스는 어머니의 눈물에 의해서만 마음이 움직이는 고독한 사람이었고, 정말 마마보이였을 수도 있다. 그러나 대부분의 군인들에게는 전투 그 자체가 어린 시절의 가족관계와 유사한 우애를 갖게 한다. 『일리아드(*Iliad*)』[12)]한가운데 나오는 아킬레스와 패트로클루스의 우정은 항상 팔장을 끼고 있는 형제애를 상징한다. 우리는 그런 순수한 결속력을 이해하지 않고서는 패트로클루스를 향한 아킬레스의 자살하고자 하는 슬픈 마음의 애도를 이해하지 못한다. 더욱이 많은 독자들이 그러했던 것처럼 둘 사이의 우정이 열정적이어서 성관계를 가졌음에 틀림없다고, 단지 전사들 사이의 사랑만이 패트로클루스를 위해 아킬레스가 슬퍼했던 것처럼 슬퍼할 수 있다고 생각한다면 이는 오해이다.[13)] 성관계 대상자의 여부가 패트로클루스를 위한 아킬레스의 슬픔을 크게 한 것은 아니었다. 모든 그리스 문

---

12) 역자 주 : 호메로스의 전쟁 서사시로 대략적 줄거리는 다음과 같다. 스파르타 왕 메넬라오스의 왕비로 절세의 미인인 헬레네를 트로이의 왕자 파리스가 유혹해 간다. 이에 그리스인들은 총사령관 아가멤논의 지휘로 트로이를 공격하나 성(城)을 함락시키지 못했다. 전쟁 중에 아가멤논에게 모욕을 당한 그리스 최고 영웅 아킬레우스가 싸움에서 손을 뗀다. 그리스군의 패배로 이를 보다 못한 아킬레스의 친구 패트로클루스가 출전하나 트로이의 장수 헥토르에게 살해된다. 이에 아킬레스가 복수를 위해 출전하여 헥토르를 살해한다.

13) 이를 위한 훌륭한 토론을 위해서는 다음을 참고하시오. Jonathan Shay, *Achilles in Vietnam*(New York : Simon & Schuster, 1994).

화와 마찬가지로 『일리아드』는 모든 열정과 함께 했던 여행과 더불어 우정, 즉 우정에서 비롯된 결속을 기리고 죽음과 이별로 파괴되는 결속에서 비롯되는 고뇌의 장엄함을 인식하고 있다.

오늘날의 전쟁에서도 군인들이 서로를 방어하기 위해 위험에 처한 곳에서, 해병들이 죽은 자나 숨이 거의 끊어지려고 하는 전우들을 구출하기 위해 목숨을 거는 곳에서도 끈끈한 형제애와 동지애는 희생을 줄인다. 오늘날 전쟁터의 병사들은 언제나 슬퍼할 겨를이 없다. 전투가 거의 쉬지 않고 계속되는 임무수행 중인 곳에서, 항공모함에서 발진한 조종사들이 단지 수초 후에 자신들보다 앞서 출격한 조종사들이 결코 귀환하지 못할 것이라는 것을 알게 되는 곳에서, 베트남 전쟁에서 참전용사들이 동료들과 함께 하지 못하고 마치 우리 아버지가 제2차 세계대전 때에 개조한 퀸 메리 호를 타고 생환했던 것처럼 민간 항공기를 타고 한두 명씩 귀국하는 곳에서 연민의 눈물을 흘릴 시간이나 장소는 없다. 그러나 슬픔을 표현하는 것이 지연됨으로 인하여 지불해야 할 심리적 대가는 아주 커지고 있다.

『베트남에서의 아킬레스(*Achilles in Vietnam*)』라는 책에서 조나단 셰이(Jonathan Shay)가 예리하게 논란거리를 제공했다. 베트남 참전용사의 정신과의사로서 그는 만약 우리가 병사들이 전쟁 후의 상처로 인해 살아 있으되 죽은 자와 같이 되지 않게끔 도와야 한다면, 『일리아드』의 고대 세계에서 행했던 것처럼 공동체에서 슬픔을 표시하는 일을 반드시 해야 한다고 촉구한다. 그의 많은 환자들이 "나는 베트남에서 죽었다"라고 말한다. 패트로클루스의 죽음에서 아킬레스와 같이 그들은 이미 죽은 자로, 아리스토텔레스가 말한 "또 다른 자아"인 친한 친구를 잃어버림으로 인해 죽은 자로 자신을 간주한다.

물론, 정통 스토아 철학에서는 우리의 노력과 덕으로 우리가 통제할 수 없는 밖에 위치하고 있으므로 상실은 정말로 상실이 아니라고 말할 수도 있다. 우리는 상실이 창조하는 잘못된 애착대로 내버려 두기보다는 애착의 습관을 변화시키는 것이 더 낫다. 그러나 우리는 엄격한 문자 그대로 적용하지 않고서도 스토아 철학으로부터 배울 수 있다. 우리가 슬픔 속에서 배울 수 있는 것은 우리는 여전히 우리를 뒷받침하는 친교와 감정이입을 지닌 사람들과 연계된 세상 속에 가정을 가지고 있다는 것이고, 우리가 넘어지는 것에 대항하여 굳건하게 서도록 해주는 내적 자원들을 지녔다는 것이다. 스토아 철학의 이런 인간적 측면은 우리들의 인간성을 상실하지 않고서도 우리를 강인하게 한다. 여기서 나는 강인한 얼굴을 지닌 해병 대령이 생각난다. 어느 날 밤 그는 내게 전쟁에서 가장 힘들었던 경험은 전쟁터가 아니라 일 년 반 된 첫째 아이를 뒤에 남겨두고 떠날 때였다고 고백했다. 단독 임무 수행을 위해 비행기를 타면서 사기가 저하되었다. "글자 그대로 위가 뒤틀리면서 내내 구토를 했다. 나는 비행 내내 매우 아팠다."

또 다른 동료가 내게 비행기를 타는 것은 쉽다고 말했다. 그는 자신이 좋아하는 것을 행하기 위해 지불해야 하는 것에 대해 놀랐다고 말했다. 고통스러운 것은 부인과 아이들을 뒤에 남겨두고 떠나야 한다는 것이었다. 아무 것도 이런 마음을 편하게 해줄 수 없었다. 아무 것도. 이런 사람들이 강인한 전사, 스토아 철학을 지닌 전사이다. 그러나 그들은 인간이다. 그들은 연민의 눈물을 흘린다. 그들은 사랑하는 사람들을 남겨놓고 떠나면서 끙끙 배앓이를 한다. 스토아 철학 이전과 이후의 다른 철학적 전통은 시작부터 인간적 노선을 따른 유연한 철학을 제시한다. 그래서 아리스토텔레스는 자신의 윤리학적 · 정치적 저술들을 통해 우정은 선한 삶의 중요한 부분이고, 사랑하는 사람을 잃는 것은 행복의 부분을 상실하는 것이라고 강조한다. 개인의 선은 차이를 보상할 수 없고, 완성을 위해 다른 사람의 선에 의존해야 할 필요가 있다. 유사하게 유대-기독교 전통은 사랑과 연민의 치유력을 강조한다. 출애굽기 15장 26절[14]에서 하나님은 두려운 분과 경외할 분으로, 또한 성경의 최초의 서술에서는 이스라엘 민족을 질병으로부터 기꺼이 보호하시는 치유자로서, 그리고 그들에게 광야에서의 주야 40일 여정 동안 물과 식량을 공급하시는 분으로 묘사되었다.

스토아 학파의 철학자들은 자신이 지닌 모든 감정을 다스리기 위해 씨름하기도 하나 세계 시민으로서의 지위를 깊게 인식하고, 군사교육에서 심오한 방법으로 세계 시민에게 요구되는 존중과 감정이입을 강조한다. 세네카는 『노여움에 대하여(*On Anger*)』에서 그의 대화상대자인 노바투스(Novatus)에게 그가 자신의 조국이 아닌, 우주의 보편적 왕국인 보다 더 큰 도시의 시민인 것을 상기시킨다.[15] 우리 각자는 세계 시민이며, 스토아 철학자들은 글자 그대로 우주의 시민이라는 의미인 코스모폴리테스(kosmopolitês)로서의 인간이라는 견유학파의 관념을 지닌 디오게네스(Diogenes)[16]를 따를 것을 강조한다.[17]

---

14) 역자 주 : 가라사대 너희가 너희 하나님 나 여호와의 말을 청종하고 나의 보기에 의를 행하며 내 계명에 귀를 기울이며 내 모든 규례를 지키면 내가 애굽 사람에게 내린 모든 질병의 하나도 너희에게 내리지 아니하리니 나는 너희를 치료하는 여호와임이니라.

15) Seneca, "On Anger," II. 31, in *Seneca : Moral and Political Essay*, John M. Cooper and J. F. Procop, eds. (Cambridge, Cambridge University Press, 1995).

우리 한 사람 한 사람은 확대된 공화국의 구성원이며, 공동체로부터 우리를 분리시킬 경우 개인적 인격이 위험에 처한다. 마르쿠스 아우렐리우스는 유기체로서의 몸에 관해 스토아 철학적 관점에서 자주 쓰이는 비유를 활용하여 사실적으로 서술하고 있다.

> 만약 네가 몸통에서 떨어져 나와 널려 있는 잘려진 머리나 손, 발을 예전에 본 적이 있었다면, 스스로 자신을 이웃과 분리시켜 이웃에게 적대적 행위를 할 경우, 자신이 어떤 일을 저지르고 있는지를 상상할 수 있다. 왜냐하면 자신이 세계의 한 부분임에도 불구하고 자신을 스스로 이웃과 세계로부터 분리시키고 있기 때문이다.[18)]

그래서 스토아 철학의 관점에서는 우리 스스로를 세계 공동체에서 분리시킬 경우, 우리 스스로의 수족을 절단하고 있는 것처럼 본다. 확장된 세계 시민의 관념은 내가 가르치는 해군생도들이 세계의 이국 땅 한 구석에서 자신들의 생명을 무릅쓰는 모험을 하며 다국적군으로 복무할 준비를 하기 때문에 그들에게 적절한 것이 되었다. 많은 생도들은 조국과 조국의 지도자, 그리고 동맹국과 동맹국의 지도자

---

16) 역자 주 : 디오게네스(Diogenes), 견유학파의 철학자로 알렉산더 대왕이 찾아와 소원을 물었더니 아무 것도 필요 없고 단지 햇빛을 가리지 말고 옆으로 비켜달라고 하였다는 일화는 유명하다.

17) As noted Diogenes Laertius, *Lives of Eminent Philosophers*, R. D. Hicks, trans. (Cambridge, Mass : Harvard University Press, 1972) : 6.63. See also Epictetus, Discoures, W. A. Oldfather, trans. (Cambridge, Mass : Harvard University Press, 1925) : 2.10.3, I.9.2.

18) Marcus Aurelius, *Meditations*, A. S. L. Farquharson, trans. (Oxford : Oxford University Press, 1989) : 8.34.

에 대한 충성에 관해 자신들이 이해한 여러 견해들을 적극적으로 고찰한다. 나는 자신이 배속된 다국적군의 외국인 지휘관의 명령에 정말로 복종해야 하는지에 관하여 질문을 던진 한 생도를 기억한다. 그는 자신의 최종적 충성은 미국 헌법에 근거해야 하므로 미국 사령관의 명령계통을 통해 이루어져야 한다고 주장했다. 미국 헌법을 준수하겠다는 맹세에서 그는 분명하게 나토(NATO)나 다른 국제적 연합군에서 복무하겠다고 맹세하지 않았다. 이 학생 홀로 이런 회의에 빠진 것은 아니다. 많은 해군사관 생도들이 임관하며 집단적으로 미국 헌법을 준수하겠다는 맹세를 하면서 보다 넓은 세계 시민으로서 맹세하고 있다는 것을 거의 인식하지 못하고 있다. 회의주의에 대한 생도들의 강요적인 듯한 대부분의 논거는 페르시아 만 사태나 보스니아 사태 당시 그곳에서 연합군의 일원으로 복무한 사관학교 교관들에게서 나왔다. 많은 사람들이 연합군의 결속력을 다지기 위해 그들을 훈련시키는 일에 종사했다. 대부분의 사람들은 조국에 대한 애국심이 보다 넓은 범위의 공동체에 대한 충성을 훼손하지 않는다고 암묵적으로 이해했다. 조국에 대해 뜨거운 애국심을 지닌 사람은 또한 동시에 넓은 범위의 다국적 연합군의 일원인 외국 장교 아래 복무하거나 그들에게 명령을 내릴 수 있다. 군대를 지휘하며 저술활동을 한 마르쿠스 아우렐리우스는 협소한 의미의 민족주의가 요구하는 애국심에 대항하였다. 왜냐하면 민족의 연합에서 민족과 군대를 이간시키는 것은 자신의 신체를 스스로 절단하는 것이고, 전체 몸통에서 손과 발을 잘라내는 것이기 때문이다.

스토아 철학자 히에로클레스(Hierocles)는 기원 1세기의 글에서 세계 시민주의의 의미에 관해 다음과 같이 이야기하고 있다 : "우리

각자는 작은 원, 큰 다른 원 등 수많은 원으로 완전히 둘러싸여 있다 … 첫째 원에는 부모, 친척, 아내, 자식들이 들어 있다." 바깥 원으로 이동하면서 우리는 조부모, 이웃, 이웃 부족 사람들과 시민들, 궁극적으로 인류 전체를 지나친다. 그는 우리 각자는 "중앙의 원을 향해 함께 원을 그리고 있는", 내적 원과 마찬가지로 외적 원의 사람들도 존중해야 하는 상호 의존적이라고 주장한다. 우리는 "폐쇄된 원에 있는 폐쇄된 사람들을 열정적으로 옮김으로써" 멀리 있는 것을 가까이 옮기는 것, "각 사람 사이의 관계의 거리를 줄이기 위한 것"을 해야 한다.[19]

히에로클레스 자신은 우리에게 심리학적으로 어떻게 외적 원의 사람과 내적 원의 사람을 동일시할 것인지, 그래서 그들이 처한 상황을 인식할 수 있는지를 정확하게 말해주지 않을 뿐만 아니라, 그는 우리가 외적 원으로 이동하면서 그 원 안에 있는 사람들에게 의무, 군사 또는 그 밖의 다른 어떤 관점에서 존경을 표해야 하는지 탐구하지도 않는다. 스토아 철학의 영향을 받은 이후의 철학자들이 심리학적 해명을 하고 있다. 우리가 18세기 스코틀랜드의 계몽주의 저술가 아담 스미스(Adam Smith)에게 주의를 기울이는 것보다 더 나은 일은 없다. 공감은 스미스의 주장으로는 인지적 이동, 또 다른 존재가 되는 인지적 계기이다. 그의 말로 그것은 한 사람의 마음에서 다른 사람의 마음으로의 적극적 이동, 시뮬레이션, 또는 다른 사람의 상황 속에서 다른 사람이 되는 역할놀이를 요구하는 "환상 속에서의 장소의 이동"

19) A. A. Long and D. N. Sedley, *The Hellenistic Philosophers, Vol. 1* (Cambridge, Cambridge University Press, 1987) : 349.

을 포함한다. 다른 사람의 심정에 박자를 맞추기 위해서는 다른 사람의 경우를 상상함으로써 상황을 투사시킬 수 있는 능력이 필요하다.

> 다른 사람이 느끼는 것을 즉각적으로 경험하지 않는다면 우리는 그들이 받은 영향을 태도 속에서 알 수 없고, 유사 상황 속에서 우리 자신이 느껴야 한다고 생각하는 것을 안다. 내 형제가 선반 위에 있음에도 불구하고 우리가 편안함을 느끼는 한, 우리는 결코 그가 겪는 고통을 알 수 없을 것이다. 결코 우리 자신이 이해하고 느끼는 것 이상을 넘어설 수 없다. 오로지 그의 느낌을 상상함으로써만 알 수 있다 … 그것은 그의 것이 아니라 우리 상상력이 복사한 우리들의 감각 인상이다. 상상력에 의해 우리는 그의 처지가 되어 똑같은 고통을 겪는 우리 자신을 상상한다. 말하자면 우리는 그의 몸으로 들어가서 어느 정도 그가 된다. 그래서 비록 미약하지만 그가 느끼는 것을 알고 그처럼 느낀다.[20]

이러한 설명은 오늘날 정신을 이야기하는 철학자와 인지심리학자들이 다른 사람과 동일시하는, 그리고 어느 정도 그들의 마음을 읽는 시뮬레이션 과정으로 언급하는 것의 전조가 된다. 또 다시 우리가 미래 또는 과거로 되돌아갈 수 있다면 이와 같은 과정을 더 잘 밝혀낼 수 있다. 스미스는 계몽주의 시대의 대부분의 철학자들처럼 키케로의 열렬한 독자였다. 다른 사람의 입장이 되어 본다는 생각은, 만약 우리들이 취한 상이한 사람들에 대해 『의무에 관하여(*On Duties*)』에

---

20) Adam Smith, *The Theory of Moral Sentiments*(Indianapolis : Liberty Classics, 1976 [1759]) : 47–48.

나오는 키케로의 생각을 우리가 지닌다면 훨씬 명료해질 것이다.[21] 다른 사람의 마음을 읽기 위해서 상상력에 의해 우리 모두가 공유한 사람은 이성적 인간 존재일 뿐만 아니라 우리가 사람 사람에 따라 다르게 취했던 사람이라고 키케로가 지적했던 바와 같이, 자신을 다른 사람의 입장에 위치시켜야만 한다. 다른 사람이나 단순히 다른 사람을 이해하는 것을 강조하기 위해서는 우리는 다른 사람의 상황과 환경과 삶 속에서 선택하는 삶을 사는, 독특한 기질과 재능을 지닌 다른 사람이 되는 것이 무엇과 같은 것인지를 상상해 보아야 한다. 그것은 우리가 환경을 변화시키는 것은 아니다. 그러한 환경 속에서 있는 우리가 변한다. 그래서 우리는 단순하게 다른 사람의 입장이 되는 것은 아니다. 우리는 자신의 입장에 있는 다른 사람인 것처럼 우리 자신을 상상한다. 때때로 거의 무의식적으로 그렇게 한다. 그러나 다른 경우에는 히에로클레스의 말처럼 우리는 다른 사람의 입장이 되고자 열렬하게 애써야 한다.

우리는 오늘날의 군인을 이런 종류의 세계 시민처럼 생각하지 않는 경향이 있다. 그러나 이것이 고대 스토아 철학 가르침의 핵심 부분이고, 외국에서 다국적연합군 및 오랜 기간 평화유지군으로 임무를 요청받는 기회가 점증하기에 오늘날 군인에게 필요한 것이다. 이것이 지구촌 시민으로서의 요청이 더더욱 현실이 됨에 따라 우리 모

---

21) M. T. Griffin and E. M. Atkins, eds., *On Duties*(Cambridge, Cambridge University Press, 1991) : I.96ff. 다음 주석을 참조하면 도움이 됨. Christopher Gill, "Personhood and Personality : The Four-*Personae* Theory in Cicero, *De Officiis* I" in *Oxford Studies in Ancient Philosophy, Vol. VI* (Oxford : Oxford University Press, 1988).

두가 진심으로 취해야 할 필요가 있는 관념이다.

건강한 신체와 건전한 정신

군대 내에서의 스토아 철학은 또 다른 고대 그리스의 교육학적 주제, 건전한 신체와 마음은 함께 함양되어야 한다는 믿음을 부활시켰다. 군인 수용소에서 다리가 부러져 다리에 보족구를 찼음에도 불구하고 짐 스톡데일은 매일 아침 앉았다 일어서기를 100회 이상씩 했다. 혹독한 고문과 궁핍 속에서 자신의 육체를 다스리는 것이 생존하는 방법이었으며, 돌아버리지 않는 길이었다. 그는 노력, 인내, 내적 덕이 인간 선의 주요 요소라는 스토아 철학의 원리에 의지해 숨쉬고 살았다. 속박상태에서도 스스로 참아낼 수 있었기에 자신의 육체를 다시 다스릴 수 있게 되었다.

소비와 소비재, 그리고 에피쿠로스파의 새로움을 향한 갈망에 사로잡힌, 그러나 지방으로 인한 주름으로 피곤한 대중들에게는 군인다운 인내와 훈육의 엄격한 삶은 매력적인 강장제이다. 18살이든 50살이든 군 장교들은 매일 육체적 훈육의 한 부분으로 음식을 조절한다. 그것은 강철같이 힘찬 악수, 하루의 시작과 마무리 때 행하는 음식조절, 군사기록의 한 부분인 체력 테스트와 체중관리로 드러난다. 내 강의를 듣는 모든 사관생도들은 매일 학과 수업 후에 운동경기에 참가한다. 대부분 부차적으로 음식조절 연습을 한다. 나와 가깝게 지냈던 퇴임 장교들은 훈련과 운동으로 다져진 젊은 시절의 육체들을

60대 후반까지 유지했다. 나의 사무실 동료였던 퇴임한 전직 조종사이자 애틀랜타 북부지역의 사령관이었던 애드니(Edney) 장군은 퇴임 이후 가족과 함께 계속해서 자전거와 스키를 타면서 그의 부인과 함께 매우 바쁘게 살고 있다. 나의 해군사관학교 근무 시절 해군사관학교의 4성 장군이었던 라슨(Larson) 장군은 매일 아침 6시 이전에 시작하는 가정에서의 운동시간 계획을 갖고 있었다. 한때 잠수함에 승선하여 단조로운 일을 반복했던 다른 사람들은 궂은 날씨에도 불구하고 밖에서 달리기를 하겠다고 맹세하였다.

군인에게 있어 강인한 신체는 임무수행에 결정적이다. 군대는 전쟁터에서 견딜 수 있는 힘과 인간의 한계를 시험하는 스태미너를 갖도록 병사들을 훈련한다. 해병대 신병훈련소가 이런 목표의 전형이다. 12주간의 정신무장과 육체훈련은 혹독한 환경조건에서 장애물코스가 뒤따르는, 이틀 동안 밤샘과 굶기, 극기훈련에서 정점에 도달한다. 생존은 집단 생존이다. 목표는 다른 사람의 등에 업혀서라도 팀으로서 귀환하는 팀 그 자체이다.

강인한 신체가 임무수행에 결정적이지 않을 경우 통과해야 할 정글, 견뎌야 할 30마일의 행군, 탄약, 사람, 안전하게 운반해야 할 시신이 없는 경우, 민간인으로서 육체적 강건함을 어떻게 바라보아야 하는가? 대부분의 화이트 칼라 전문가에게 있어 강건한 신체는 직무수행에서 요구되지 않는다. 즉 강철 다리와 무쇠 팔의 요구는 어디서도 찾아보기 어렵다. 직업에서 성공하기 위해 옷차림이 얼마나 미묘한 문제인가 하는 것은 사실이다. 그러나 그것은 어디에서나 군복에서 좋은 인상을 주도록 군인에게 요구되는 것과 다르다.

이것은 분명 핵심을 놓친다. 민간인의 신체적 강건함은 건강한 삶에 필요한 정도에서 임무수행에 결정적이다. 아동과 성인 비만의 과도한 증가에 관한 현재의 걱정들도 충분히 주목받을 만한 것이다. 우리는 생명유지에 결정적인 신체기관들을 과도하게 혹사하지 않도록 충분한 산소를 공급하도록 박동하는 강인한 심장, 생명을 유지하게 하고 기분을 좋게 하는 엔돌핀, 세로토닌, 그리고 다른 호르몬의 적절한 분비, 우리 몸무게를 지탱하기에 충분한 강도를 지닌 뼈 등을 고려해야 한다.

고대 그리스와 로마 사상은 학문의 중요한 토대이다. 스토아 철학보다 앞선 위대한 그리스 철학자였던 플라톤과 아리스토텔레스에게는 덕은 다른 사람뿐만 아니라 자신을 향한 성향과 같은 것이었고, 자아 배려에는 우리가 어떻게 우리 몸을 돌볼 것인가 하는 것이 포함되어 있었다. 아리스토텔레스에게 있어 중용은 더 이상 과도한 육체적 욕망을 가지지 않는, 많은 내적 갈등 없이 중용에 따라 행동할 수 있는 일종의 내적 통제였다. 요약하면, 우리는 탐닉과 충동을 다스리는 데 있어서 다른 사람의 말처럼 그 밖의 무엇을 행할 유혹에 이끌리지 않게 된다. 앞선 발달단계는 자아통제나 절제인 에크라테이아(egkrateia, 자아통제 : 역자)이다. 유혹에 대한 적극적 투쟁과 절제로 욕망을 다스린다. 이러한 형태의 통제를 지나면 글자 그대로 통제나 미약한 의지조차 없는 아크라틱(akrtic, 통제, 의지가 없는 : 역자)에 도달한다. 무엇이 가장 좋은 것인지 알 때 욕망은 보다 더 나은 판단을 낳지만 아는 것과 반대로 행동한다. 우리는 눈길을 돌린다. 때때로 아리스토텔레스는, 그에 앞서 소크라테스도 의지의 연약함은 일종의 무지라고 했다.[22] 우리는 그것을 동기화된 무지로 생각할 수 있다. 우리는 가장 좋은 것이 무엇인지 아는 것을 기억하기 원하지 않는다는 의미에서만 무지하다.

『공화국(*The Repiblic*)』에 나오는 플라톤의 대화는 음악뿐만 아니라 체육을 포함한 조기교육을 옹호하는데, 서구 문화에 오랫동안 영향을 미쳤다. 그러나 플라톤은 최상의 교육에서 "체육의 연습과 땀"은 단순히 "근육을 만드는 수단"만이 아니다.[23] 음악과 마찬가지로 근육질의 몸매를 가꾸는 것은 영혼을 형성하는 길이다. 그것은 정신적 훈육과 영적인 것을 구축하는 길이고, 근육 기억과 마찬가지로 전반적인 습관과 마음의 통제절차를 저장하는 길이다. 체육을 통해 익힌 것은 만약 요점이 오로지 신체를 근육질로 만들고 민첩하게 만드는 것이라면 소멸된다고 플라톤은 주장한다. 나는 운동선수가 되기보다는 규율과 자기 통제의 엄격함을 내면화하는 개인이 되도록 청년들에게 스포츠를 하라고 권장하는 대학 체육 코치에게서 유사한 말을 들었다. 키케로의 말처럼 영혼의 강건함은 "힘과 체력, 신체의 효율성"을 닮는다.[24]

오늘날의 군대는 중용과 신체적 강건함을 평가하고 기록을 유지하는, 만약 신체적 · 정신적 저하가 있다면 해군이나 해병대에서 탈락시키는 권한을 지닌 외부의 심판관에 의해 감시당하고 있다. 그런 감시자 중의 어떤 사람은 가혹하고, 때때로 개인과 성별 차이에 대해 무감각하다. 여성의 신체는 남자들보다 천성적으로 더 지방질이 많

---

22) *Nicomachean Ethics*, VII. 3, Davis Ross, trans.(Oxford : Oxford University Press, 1998) : VII.3.

23) Plato's Republic, G. Grube, trans.(Indianapolis : Hackett, 1974) : Book III.

24) J. E. King, trans. *Tusculan Disputations*(Cambridge, Mass : Harvard University Press, 1927) : IV.13.30.

아서 군대 내에서 체지방을 측정할 때 어려움을 겪는다. 해군사관학교를 떠난지 얼마 되지 않아 윤리학 논문에서 우수상을 수상한 모범생도인 한 여성이 자신의 키에 비해 체지방이 적절한 표준을 초과했다는 이유로 마침내 사관학교에서 퇴교당했다. 남성과 여성이 차트에는 차이가 있지만, 특별히 단결과 결속에 긍지를 부여하는 남성문화의 위험은 여성을 남성의 틀에 맞추는 구두주걱으로 만드는 것이다. 수년간 군대는 여성에게 주어진 중력과 힘의 상이한 중심, 즉 여성에게 부과되는 신체적 강건함이 무엇인지를 놓고 씨름했다. 이제 정해진 기준은 합리적으로 성차를 반영하나 여전히 여자들은 너무 쉽게 자제력을 잃어버린다고 일부 남자들은 불만을 표출하고 있다. 이러한 불평에 대한 대답은 한때 해군사관학교에 있었던 내 대학 동료 교수 중 한 사람이 대답한 것인데, 이는 지극히 간단하다. 여성의 기준에 반대하는 사람에게 벽에 걸린 여성 차트에 그가 수용할 수 있는 여성 몸무게의 범위를 질문하는 것이다. 일반적으로 이에 대해 아무 대답도 하지 못한다.

민간인의 세계에서 신체적 강건함과 육체적 건강은 보다 더 개인적인 덕에 속한 문제이다. 의사들은 항상 몸무게와 키의 기록을 갖고, 최근 수년 동안의 환자의 흡연, 다이어트, 운동, 술 소비 등에 관해 의견을 교환한다. 그들의 영향력은 요구보다는 전형적으로 권고 수준에 그친다. 점차로 개인이 자신의 몸을 절제 있게 돌보는 것은 개인 자신 어깨의 짐이다. 대부분의 도덕영역이 법적 권한 바깥에 위치한 것과 마찬가지로 그것은 개인 자신의 문제이다. 이것은 당연히 그래야 하는 것이다. 두 사람 중 한 사람의 미국인이 과체중이지만 절제의 덕은 선택적인 것으로 간주되는 개인적인 덕이다. "어떤 쾌락의 경우 야생동물이 인간보다 더 탐닉한다 할지라도 자기 방종은 인간의 조건이다"라고 세네카가 서술하고 있다.[25] 대부분의 덕들처럼 절제는 이 경우 한편으로 과도한 욕망의 경향이고, 다른 한편으로 육체를 소홀히 하는 경향으로 인간의 조건을 교정한다. 우리는 절제가 또한 과도한 통제를 바로 잡는다고 덧붙일 수 있다.

만약 스토아 철학자들이 영감을 주려 했다면, 그렇다면 기려야 할 교훈은 과도한 것의 인간적 통제가 아니라 중용이다. 스토아 철학자들은 그것이 육체적 · 도덕적 · 감정적 영역 안에 있든지 간에 처음 생각대로 우리가 지배할 수도 있는 것보다 어떻게 지배하고 있는지에 관해 계속해서 우리에게 상기시킨다. 그러나 어떤 스토아 철학도 우리들이 지닌 덕을 넘어서서 우리가 무제한으로 지닐 수 있다고 이야기하지는 않는다.

좋은 매너, 좋은 도덕

강인한 인격과 신체뿐만 아니라 매너 역시 군의 일각에서 호소력이 있다. 매너가 도덕을 구축한다고 믿는 사람들에게 있어 군대는 확실하게 실례를 제공한다. 해군사관학교의 식사시간에 방문객들은 매일 빳빳하게 다린 제복을 입고 엄격하게 몸을 곧바로 세운 군인들을

25) J. M. Cooper and J. F. Procop, eds., "On Anger" in *Seneca : Moral and Political Essays* (Cambridge : Cambridge University Press, 1995) : I. 3.

보기 위해 줄을 선다. 장교와 사관생도들은 일반적으로 고정된 눈의 응시, 단호한 악수, "sir" 또는 "ma'am"[26]이라는 존칭으로 민간인에게 인사한다. 그들은 도움을 주며, 예의 바르고, 정중하고, 공손하다. 윤리학자인 나를 성가시게 하는 문제는 "겉으로 드러나는 표면적 행동이 얼마나 깊이 의식의 변화를 가져오는가?" 하는 것이다. 매너가 도덕으로 인도되고 에티켓이 윤리학이 되는가? 공공 생활에서 공손함의 약화로 인하여 좌절하는 민간인의 세계는 군대문화에서의 예의바름의 역할에 보다 더 관심을 지녀야만 하는가? 선한 행동은 좋은 인격의 한 부분인가? 여기서 회의적이 되기 쉽다. 행동규정들은 매우 지역적이다. 한 집단에서 존중의 표현인 것이 다른 집단에서는 지나치게 형식적이거나 당혹하게 하는 것일 수 있다. 문화마다 주어진 행동규정들이 다양한데, 어떻게 특정 문화의 행동이 도덕적으로 중요한 핵심이 될 수 있는가? 더욱이 군인들이 하는 행동의 대부분은 명령계통의 상급자에 대한 두려움에 의해 동기화되어 의식 없이 반복하고 순종하는 것이다. 명문화된 처벌에 의한 동기는 여전히 개인의 내적 덕의 성취에 도움이 될 수 있는가?

이와 같이 적절한 관심들은 쉽게 해소되지 않는다. 이런 것들은 나를 포함한 대부분의 민간인들이 군대문화에 이야기하는 비판이다. 그러나 나는 매너가 중요하다고 생각하는 군대가 옳다고 설득하기 시작했다. 도와주거나 구조하거나 용기나 관용을 보여주는 것과 같은 도덕적 행동과 마찬가지로 도덕적 매너 역시 다른 사람에 대한 관

---

26) 역자 주 : 일반적으로 성인 남성은 "sir", 성인 여성은 "ma'am"이라 불러 존경을 표한다.

심과 존중을 표현하는 일상적 방식이다. 눈을 내리 깔지 않고 다른 사람과 눈을 맞추는 것, 끼어들지 않고 경청하는 것, 공격하고, 모욕을 주고, 부끄럽게 하지 않을까 조심하는 것은 많은 문화권에서 다른 사람을 존중할 만한 대상으로 인정하는 단순한 방식이다. 진실로 어떤 매너는 다른 것보다 더 지역적일 수 있으나 에티켓 규정은 문화적으로 다양하고, 어떤 규정은 도덕적으로 문제가 있다는 사실이 일반적으로 에티켓의 좋은 규정과 도덕성과의 연계를 비난하는 근거가 되지 않는다.[27)]

스토아 철학적 가르침은 여기서 또 다시 교훈적이다. 세네카는 어떻게 호의를 베풀고 받는지의 주제에 관하여 7권 분량의 긴 논고를 썼다. 그것은 언뜻 보기에 미스 매너(Miss Manner)와 그녀의 독자의 관심에나 어울리는 주제라고 생각할 수도 있다. 그러나 『호의에 관하여(*On Favors*)』를 읽으면 세네카는 우리에게 그 문제가 어떻게 도덕성의 핵심이 되고 인간 교제에 있어 결정적인지 보여주고 있다. 심지어 일한 만큼의 보답을 못 받는 성실과 자아 의존의 덕에 열중한 스토아 철학자마저 은혜로 선물을 주고받을 의무를 지니고 있다 : "우리가 선물을 받기로 결심하였을 때, 우리는 기쁘게 그렇게 해야 한다. 우리에게 선물을 준 사람에게 분명하게 우리의 기쁨을 표현해야 한다. 우리는 단지 그의 면전에서 뿐만 아니라 어느 곳에서나 우리의 감정을 쏟아 내고 증거하면서 우리의 감사를 표현해야 한다."[28)] 이러한 태도

---

27) 활발한 토론은 다음을 참조. Sarah Buss, Appearing Respectful : The Moral Significance of Etiquette," in *Philosophy and Public Affairs* (1999).

28) J. M. Cooper and J. F. Procop, eds.,"On Favours" in *Seneca : Moral and Political Essays* (Cambridge : Cambridge University Press, 1995) : II. 22.

들이 다른 사람을 어떻게 배려하는지, 우리가 배려받았을 때 어떻게 감사를 표현해야 하는지 하는 것이다. 유사하게 『의무에 관하여(*On Duties*)』에서 키케로는 "서 있기, 걷기, 앉기, 기대기, 용모, 눈, 손동작" 등 모두가 바깥으로 드러나는 우리의 인격의 표현이라며 매우 상세하게 묘사하고 있다.[29] 더욱이 스토아 철학자들은 도덕적 덕은 바른 행동의 규칙에 부합하고 외적으로 조화를 이루기 때문에 행동을 하는 것에서부터 덕 그 자체에 의해 동기화되기 때문에 옳은 행동을 하는 것으로의 발전을 요구한다고 주장한다. 한 사람에게 있어 선한 행동은 그 동기 때문에 다른 사람에 있어서도 도덕적으로 가치 있는 행동이 될 수 있다.

만약 우리가 좋은 매너의 좋은 도덕에의 공헌을 인정한다 할지라도 우리는 여전히 군대문화가 올바른 모델인지의 여부에 대해 의심을 떨쳐버릴 수 없다. 영화 「위대한 산티니(The Great Santini)」에서 경력 장교의 역할을 맡았던 로버트 두발(Robert Duval)에 대해 생각해보자. 그는 고통스럽게 가정에서 품행을 상실할 위험 속에서만 아내와 아이들에게 군인 대령이 될 수 있음을 깨닫는다. 그는 존경을 받을 다른 방법이 없음을 알기 때문에 도박을 한다. 유사하게 사관생도 한 명이 추수감사절 휴가에서 돌아온 후, 나에게 집에서 어떻게 부모님께 말을 걸어야 할지 혼란스러웠다고 말했다. 그는 상관에게 하듯이 부모님을 "sir" 또는 "ma' am"이라고 불러야 하는가? 그는 전에 했던 것처럼 그냥 "엄마와 아빠"로 불러야 하는가? 존경의 적합한 형

---

29) M. T. Griffin and E. M. Atkins, eds., "On Duties" useing *Ciecero : On Duties* (Cambridge : Cambridge University Press, 1991) : I. 128.

태가 그의 마음에 혼란을 일으켰다.

군인은 개인이 아니라 명령계통에 있는 상급자의 군복에 대해 경례를 한다는 생각에 사로잡혀 있으므로 존중에 대한 산티니의 생각은 위계와 계급에 기초한다. 그 장면은 생도들이 운동장에서 만나는 장교들에게 거의 기계적으로 팔을 올려 경례를 하므로 해군사관학교에서는 흔한 것이다. 군대 밖에서 존중은 보다 민주적인 관념이다. 부모와 노인들은 특별한 대우를 받을 수 있으나 단순히 개인으로서 모든 사람은 기본적으로 존중을 받을 가치가 있다. 더욱이 민간세계에서 존중은 가끔 다른 사람들의 감정에 대한 배려를 전하므로 사람의 존엄을 손상하는 그런 태도를 행하지 않도록, 즉 망신을 주거나 모욕을 하거나 경멸하지 않아야 한다. 이것은 분명히 세네카의 책 『호의에 관하여』의 밑바탕에 깔린 주제이나 감정을 손상하거나 자아를 파괴하는 뉘앙스에 관해 심각하게 걱정하는 지휘관은 드물다. 대부분의 장교들은 적당하게 자아를 깍아내리는 것은 강한 단결력과 임무 달성에 필요하다고 주장한다. 마지막으로 용모의 성가신 문제가 있는데, 군대로 보아서는 매우 중요한 문제이다. 존경스럽게 보이는 것도 중요하다. 그러나 왜 가식적이고 책략적인 행동을 그렇게 강조해야 하는가? 왜 위선자나 본심을 속이는 사람일 수도 있는 사람이 보상을 받아야 하는가? 더욱이 어떻게 몸을 꼿꼿하게 세운 사람이나 제 위치에 완벽하게 머리핀을 꽂은 것이 실제로 영혼의 선함이 반영된 것이라 할 수 있는가? 해군사관학교의 여성 화장실에서 나는 핀으로 제 위치에 머리카락을 고정시키고, 규정에 따라 어깨 위로 머리카락이 흘러내리지 않도록 스프레이를 뿌리는 여성을 보았다. 그들은 분명히 장교로서 잘 다듬은 용모에 신경을 쓰고 있었다.

용모에 그처럼 신경을 쓰는 것의 밑바탕에는 다른 사람을 기쁘게 하려는 욕망 이상의 그 무엇이 있는가? 키케로와 세네카 두 사람은 지나친 단정함은 다른 사람을 기쁘게 하며, 다른 사람의 평판을 얻으려는 욕망이 그 밑바탕에 깔려 있다고 주장한다.[30] 그들은 분명하게 이런 입장을 옹호하지는 않지만, 어떻게 보일 것인가 하는 것에 대한 관심의 어느 정도는 다른 사람에 대한 존중과 밀접하게 연관되어 있다고 넌지시 암시한다. 다른 사람의 감정을 상하게 하거나 경멸하거나 무시하지 않고 호감을 얻으려는 욕망은 부분적으로 다른 사람을 진지하게 대접하는 것을 포함한다. 우리는 일을 하면서 우리 자신을 비굴하게 만들거나 또는 다른 사람의 감정을 상하지 않게 하기 위해 도덕적으로 옳다고 여기는 것을 어겨서는 안 된다. 이러한 충동이 없는 경우, 감정의 수준에서 다른 사람에 대한 관심과 형식을 갖춘 동작은 그들에 대한 도덕적 존중의 한 부분인 것처럼 보인다. 이런 이유로 매너는 중요하다.

18세기 독일의 계몽주의 철학자이며 의무에 관해서 엄격한 스토아 철학적 입장을 취하는 것으로 유명한 임마누엘 칸트조차도 의무는 내적 덕일 뿐만 아니라 매너와 감정의 문제라고 주장한다.

> 정제된 인간성의 이와 같은 법칙들이 얼마나 무의미하게 보이는 지 하는 것과 상관없이, 특별히 순수 도덕법칙과 비교하면, 사회성을 증진하는 그 무엇은, 그것이 단지 (다른 사람을) 기쁘게 하는 격언과 매너를 구성할지라도 덕이 유익이 되게끔 옷을 입히는 의상이고, 더 진지한 존중 가운데 덕을 추천

30) 다음의 예 참조. Seneca, "On Favours," II. 1–2, II. 13 ; "On Duties," I. 93–124.

하게 하는 의상이다.[31)]

분노와 격노 다스리기

분노는 용기의 약점이고, 그것은 우리로 하여금 싸우도록 만들며, 우리는 분노의 불길이 전사가 되는 촛불을 밝히도록 유지해야 할 필요가 있다고 때때로 말한다. 키케로는 그 견해에 대해 자세히 이야기한다 : "어떤 엄격한 명령이라도 분노의 날카로운 날을 세우지 않고 전쟁터에 있든 전쟁터 밖에 있든 우리나 다른 사람들을 불러모을 수 없다." "분노는 용맹을 자극한다."[32)] 키케로와 세네카 두 사람은 이런 주장을 부인한다. 실로, 스토아 철학자는 분노와 격노는 선보다도 더 많은 손상을 입히는 사악한 감정이라고 단호하게 주장한다. 세네카는 그의 유명한 책 『분노에 관하여』에서 "어떤 질병도 인류에게 더 많은 대가를 치르게 하지 않는다"라고 말한다. 진실한 스토아 철학 전사는 전쟁터에서 싸우기 위해 분노에 의존하지 않는다.

분노의 한 부분의 문제는 스토아 철학에 의하면 쉽게 중용을 찾지 못한다는 것, 일단 치밀어 오르면 쉽게 수그러들지 않는다는 것이다. 스토아 철학자는 "그것은 미꾸라지 같이 빠져나가는 열정으로, 그 걸음은 이성의 명령을 앞지른다"라고 말한다. "그것은 모든 감정

---

31) *Anthropology from a Pragmatic Point of View*, Mary J. Gregor, trans.(The Hague : Nijiof, 1974) : 282.

32) *Tusculan Disputations* IV.19.21.

중에서 가장 열광적이고 제어할 수 없다"라고 세네카는 말한다.[33] 그것은 심신을 나쁜 길로 이끌고, 글자 그대로 표현하면 얼굴을 이지러지게 한다. 세네카는 분노를 생생하게 묘사하고 있다.

> 분노를 지닌 사람들은 눈이 불타오르고 번득이며, 급소의 피가 끓어오르는 것처럼 얼굴 전체가 벌겋게 되고, 입술을 떨고, 이를 악물고, 머리 끝을 세우고, 숨을 씩씩거리고, 가슴이 벌렁거리며, 복부에서 신음소리를 내고 … 자아의 격하로 퉁퉁 부어오른 무서운 얼굴을 감추고—너는 악을 증오스럽다고 불러야 할지 또는 추하다고 불러야 할지를 결코 알 수 없다.[34]

세네카는 우리가 이런 숨겨진 광기를 조절할 수 있다고, 그리고 대담한 직선적 방법으로, 즉 위협받았을 때 우리를 분노하게 하는 명예, 평판, 승리, 또는 부에 부속된 것을 내버려 두는 방법으로 우리들에게서 분노의 부식효과를 제거해야 한다고 주장한다. 그는 고대 스토아 철학의 원리를 따라 이런 것들은 실제로 존재하는 선들이 아니라고 가르친다. 스토아 철학자들은 그것들은 우리가 지니기를 원할 수도 있는, 우리가 선호할 수도 있는 일종의 선이나 그것을 가진다고 하여 우리 행복이 실제로 증진되는 것은 아니라고 가르친다. 소크라테스의 가르침을 전적으로 추종하는 스토아 철학의 견해로 보면 그것은 행복의 순수한 부분이 아니라 단지 내적 덕의 기능이다. 행복의 증진은 부, 운, 다른 사람의 의견이 아니라 덕의 증진이다.

---

33) "On Anger," III.16.

34) Ibid., 1.2.

완전한 스토아 철학관은 내 것으로 삼기 어려울 수도 있다. 우리는 우리에 대한 다른 사람의 의견에 의존하고 공동체 내에서의 우리 평판을 중요하게 생각한다. 만약 우리가 다른 사람의 칭찬과 비난, 찬사와 무시에 무관심하게 된다면 우리는 더욱 더 비사회적이 되어 공동체와 무관하게 되며, 공동체와의 친교라는 스토아 철학적 목표 그 자체를 달성하기 어렵게 되어 지금과 다른 존재가 될 수 있다. 우리는 부모의 칭찬과 꾸지람 없이 아이를 양육할 수 없다. 그러나 분노와 같은 특정한 감정을 유지하는 것은 잘못 취한 가치이다. 스토아 철학자들은 감정은 세상을 판단하는 방식으로 그 자체가 평가이거나 칭찬인 보다 근본적인 그 무엇, 보다 실체를 드러나게 하는 그 무엇이라고 미리 가정한다. 아리스토텔레스는 그러한 함축적 의미가 체계적으로 허위도 아니고 우리를 잘못 인도하는 것도 아니라는 입장에서 감정은 세상에 관한 함축적 의미를 포함한다는 입장을 취했다.[35] 그것들은 정확하고 지혜롭게 세상을 아는 한 부분이다. 그런데 이는 오늘날 인지심리학자들에 의해 재사용되고 있는 견해이다. 그런 견해에 의하면 감정은 그 무엇을 요망하는 반응을 이끄는 환경에 대한 인지적 평가를 포함한다. 그래서 슬픔은 내가 상처를 받았다는 평가를, 그가 매력적이라는 생각을 좋아하는 것을, 누군가 부당하게 고통을 겪고 있다는 생각에 동정하는 것을 포함한다. 스토아 철학자들은 감정은 신념에 불과하고, 그래서 우리는 신념을 바꿈으로써 감정을 통째로 바꿀 수 있다는 것을 그대로 받아들인다. 우리는 감정변화의 방법으로 철저한 인지적 치료법을 그들이 최초로 주장했다고

---

35) *Rhetoric* II에서 감정의 설명에 관한 예를 참조.

말할 수 있다. 그들의 지지 아래 인지적 치료법이 취한 특별한 형태가 철학적 변증법이다. 키케로는 만약 영혼을 변화시키려 한다면 "변증법의 노를 저어라"라고 말하고 있다.[36)]

우리들 중 아무도 감정은 신념에 지나지 않으며, 바로 잡을 수 있다는 스토아 철학자의 견해를 취하지 않는다. 우리는 감정이 포함하는 일종의 신념이 이미 앞서서 허위 가치들을 구체화하고 있다는 스토아 철학의 주장을 지지하지 않는다. 오히려 우리 대부분은 아리스토텔레스와 오늘날 인지심리학자들과 마찬가지로 감정은 가끔 세계의 진실된 모습을 때때로 과장되거나 장엄하게 우리에게 알려준다고 생각한다. 우리는 감정을 장식하는 욕망과 심리적인 감정 표현이 신체와 마음과의 관계와 같은 상태를 만들고, 그래서 의지의 순수한 행동이 감정을 포기하지 못하게 한다고 생각한다. 우리 중 아무도 우리 영혼의 순수한 선한 이상인 모든 선들이 우리에게 있어 완전히 무심한 문제여야 하고, 의미 있는 삶을 추구하기 위해 우리가 완전히 구분할 수 있는 사물들이어야 한다는 스토아 철학의 주장을 기꺼이 전적으로 수용하지 않는다. 스토아 철학의 관점이 다소 거칠기는 하지만 스토아 철학은 우리가 꽤 공감할 것 같은 견해, 즉 감정이 세상에 관하여 평가하고 사고하는 방식을 어느 정도는 구체화한다는 견해를 제시한다. 감정은 세상을 평가하고, 우리가 미묘하게 사고하는 방식을 바꾸면(예를 들면 그 어떤 것이 모욕, 손실, 상처 또는 매력이라고 생각하기를 그친다면) 우리 감정상태를 바꿀 수 있다. 우리 대부분이

36) Cicero, *Tusculan Disputations*, J. E. King, trans.(Cambridge, Mass : Harvard University Press, 1945).

논쟁하는 것은 인지적 변화 그 자체가 충분히 감정변화를 가져온다는 것, 즉 감정은 신념으로 축소될 수 있다는 것이다.

이제 우리는 분노가 근절시킬 필요가 있는 감정이라는 스토아 철학의 원래 주장으로 되돌아갈 필요가 있다. 모든 분노를 근절한 스토아 철학자는 사람을 죽이도록 훈련될 수 있는가? 스토아 철학 교육의 이런 면은 군인에게 합당한가? 더 어려운 개념적 문제는 분노가 없는 군인이 아니라 모든 분노를 벗어난 덕 있는 개인의 가능성을 숙고하는 것이다. 원리를 방어하고, 임무수행 규칙을 준수하고, 바른 전쟁의 제한점과 지상전쟁 법규(Law of Land warfare)나 제네바 협약(Geneva Conventions)과 같은 문서들에 구체화된 전쟁에서의 바른 행동을 인식하는 군인이 되기 위해서는 전쟁수행에서 원리를 준수할 것이 요구된다. 광란이나 격분하여 행동하는 것, 즉 적군을 향한 분노가 가끔 지휘관이 휘하 군인들을 피의 복수에 갈급하도록 만들고, 조종사에게 비행금지 구역에 냉담하게끔 하여 전쟁터의 행복한 존재가 되게 요구하는 방식으로 적군을 비인간화하는 것은 전쟁의 도덕적 기본틀과 충돌할 위험을 무릅쓰는 것이다. 침략과 경쟁에서 아드레날린이 분비되지 않고 싸우는 사람은 아무도 없으며, 훈련병들에게 그러한 감정을 밀어붙이는 것은 훈련교관의 일이다. 그러나 심리학적 흥분은 성을 내는 것과 격노의 밑에 있는, 세네카가 주장하는, 일종의 판단에 의해 뒷받침되는 것은 아니다.

분노보다 원리 때문에 최선을 다해 싸우는 군인을 상상할 경우 우리는 분노, 도덕적 분개, 격노의 감각을 뒤로 한 덕 있는 사람을 상상할 수 있는가? 베트남의 마이 라이(My Lai) 민간인 대학살에서 영웅으로 불렸던 퇴역한 준사관 휴 톰슨(Hugh Thompson)을 생각해 보자.[37] 1968년 3월 16일, 그는 정찰 헬리콥터를 타고 비행 중에 여러 명의 부상당한 사람과 부상당하고 비무장인 20세쯤 되는 여성에게 한 미군집단이 도랑으로 접근하는 것을 관측했다. 후에 한 장교가 여성을 발로 차고 죽였다. 몇 분 후 톰슨은 경련을 일으키고 있는 것으로 보아 몇몇은 살아 있는, 관개수로 안의 12명의 시신을 보았다. 관개수로 옆에 있는 미군 보병은 잠깐 동안 철모를 벗은 채 전쟁터에서 담배를 피우며 휴식을 취하고 있었다. 몇 분 후 그는 하사관 중의 한 명이 관개수로 안에 있는 사람에게 총을 쏘는 것을 보았다. 그는 최악의 두려운 일이 실제로 일어났음을 확신했다. 톰슨 옆 측면의 기관총사수인 래리 콜번(Larry Colburn)과 그의 상관 글렌 안드레오타(Glenn Andreotta)와 더불어 톰슨도 헬리콥터를 착륙시켰다. 그러면서 그의 상관은 만약 톰슨이 이 사건에서 의의를 달면 톰슨을 향해 사격을 하라며, 콜번에게 톰슨을 사격해서 날려버리라고 말했다.

침묵의 30여 년이 지난 후 육군은 뒤늦게 톰슨에게 마이 라이 민간인 대학살 당일날 보여준 그의 용맹에 대한 감사로 명예훈장을 수여했다. 공중 연설을 하기 위해 애너폴리스(Annapolis)를 방문한 직후 나는 그와 함께 얼마 동안 이야기를 나누었다. 나는 그에게 마이 라이와 같은 대학살을 목도한 순간 무엇을 느꼈는지를 물었다. 조심스럽게 말을 삼가면서 그는 마치 유태인 대학살을 하는 동안의 나치의 행동과 같다고 생각했음을 기억해냈다. 그 순간 그는 미국 군인은 그런 식으로 행동해서는 안 된다고 생각했다. 그들이 계획적으로 대량

---

37) 나의 설명은 다음 책에 근거하고 있음. Michael Hilton and Kevin Sim, *Four Hours in My Lai* (New York : Penguin, 1992).

학살을 자행한 것은 아니었다. 톰슨은 그날 해군사관생도와 유사한 생각을 가졌고, 미군들이 무고한 사람들을 향해 총기를 난사했던 것을 회상할 때 그의 얼굴과 목소리에는 분노와 불신의 흔적이 여전히 역력했다. 그는 스스로 "도덕적 분개"란 말을 사용하지는 않았지만, 그날 그가 보았던 천인공노할 사건에 관한 그의 판단은 도덕적 분노가 깃든 판단이었다. 30년이 지난 후 마이 라이 촌락 대학살 사건 기념식에 참석하면서 그는 학살에서 살아남은 촌락 여성 중 한 명을 만났다. 그녀는 이제 연약하고 나이 든 노파였다. 그녀는 톰슨의 소매자락을 잡아당기며 한탄을 했다. "왜 미국 군인들이 내 가족을 죽였나요? 왜? 왜 그들은 당신과 같지 않은가요?" 그는 눈물을 흘리며 대답했다. "저도 모릅니다. 그것은 내가 교육받은 행동방식이 아닙니다."[38]

만약 우리가 세네카를 따른다면 분노나 고뇌를 유발하지 않는 일종의 스토아 철학적 냉담인, 덤덤하고 무관심하게 마이 라이의 미군들의 행동을 바라보도록 톰슨에게 강요하는 교육을 지지할 수 있는가? 우리는 톰슨이 지닌 덕과 인간성의 핵심을 근절시킬 수 있는가? 세네카 자신은 이 점에서 논리적으로 일관성을 지니지 않는다. 분노는 그의 글에서 분명한 적이지만 다음과 같은 권고로 자신의 글을 마무리한다. "우리가 여전히 숨을 쉬는 한, 우리가 여전히 인간들 사이에서 존재하는 한, 우리의 인간성을 가꾸어야 한다."[39] 인간성을 함양하고 인간으로서 교제해야 하는 스토아 철학은 사실 모든 인간적 분

---

38) 나는 CBS 방송의 60분 토론에서 이 대화가 나온 것으로 기억하고 있다.
39) "On Anger," III. 43. "On Anger"에 관한 통찰력 있는 토론은 다음의 책 참조. Martha Nussbaum, *The Therapy of Desire*(Princeton University Press, 1994) : 10장과 11장.

노를 제거할 수 없다. 분노의 폭발과 마찬가지로 맹목적 광기는 격노가 초래할 수 있는 것과 마찬가지로 비인간화를 초래하고, 올바른 때에 올바른 방식으로 표출된 분노는 인간됨의 확실한 표시이다. 스토아 철학자들과 달리 아리스토텔레스는 분노는 도덕적으로 정제되고 칭찬받을 만하다고 했는데, 이 주장은 옳다. 만약 스토아 철학자들이 아리스토텔레스의 주장을 더 발전시켰다면 우리들이 생각하는 것보다 더 자주 감정은 책임의 문제라는 것을 우리에게 상기시킨다. 스토아 철학자들은 감정은 의지의 상태라고 주장한다. 우리가 감정으로 인해 고통을 겪을 때, 감정에 의해 영향을 받는 것이 아니라 그러한 감정에 함축된 어떤 판단을 내리거나 판단에 동의한다고 스토아 철학자는 주장한다.[40] 우리가 자발적으로 감정의 관념을 수용하기를 꺼릴지라도 우리가 감정적으로 어떻게 반응할 것인가를 상당 부분 우리가 결정할 수 있다는 것은 부인할 수 없다. 우리는 분노를 포함한 인간성을 어떻게 함양할 것인가에 대해 책임을 지고 있다.

결론

스토아 철학자들은 민간인뿐만 아니라 군대를 위해 중요한 교훈을 제공한다. 그들은 타인에 대한 우리의 의존이 작은 공동체뿐만 아니라 지구촌 공동체임을 인식하도록 하면서 훈육과 자기 완성의 가

---

40) Seneca, "On Anger," II. 1–4.

치를 매우 중요하게 생각하는 인격교육의 수행을 안내한다. 우리는 자기 충족과 자기 완성의 스토아 철학적 교훈이 오늘날 만연한 소비주의와 욕망의 탐닉에 대한 결정적 해독제라는 것을 알고 있다. 요점은 모든 것을 버리는 삶, 또는 노예적인 삶을 이상화하는 것이 아니라, 에픽테토스와 같은 스토아 철학자는 때때로 그렇게 한 것처럼 보이지만 강력한 유혹과 엄청난 손실에 직면하여서도 어느 정도 자제력을 지니게 하는 내적 자원과 덕들을 함양하는 것이다. 스토아 철학의 지혜는 우리가 알고 있는 것보다 더 많은 영역에서 우리가 지배력을 행사한다는 것이다. 우리들의 육체적 힘은 길러질 수 있고, 감정은 우리에게 영향을 미치지만, 그러나 우리는 또한 그들을 규제할 수 있고, 마음의 습관과 우리들의 배려를 전달하는 표현을 익힐 수 있다.

스토아 철학자들은, 적절한 감정은 우리가 열린 마음으로 수용하고 기꺼이 허용하는 판단을 형성한다고 말하면서 이성에 의해 감정을 제어할 수 있다는 주장을 지지한다. 분노 같은 감정의 경우에 있어서는 그들은 우리가 동의하고 지지하는 판단을 통제할 수 있다고 말한다. 우리는 이러한 입장이 매력과 위험을 동시에 지니고 있음을 안다. 또한 다음과 같은 사실을 안다. 즉 스토아 철학의 관점이 아니고서는 우리를 괴롭히고, 모욕하고, 감정을 상하게 할 수도 있는 것에 관한 견해를 너무 성급하게 바꾸게 하는 생각, 그리고 이와 같이 바꾼 판단들은 경우에 따라서는 비합리적 분노로부터 우리를 해방시키면서 우리가 어떻게 느끼고 있는가 하는 것을 바꾸게 하는 데 도움을 준다는 것이다. 그러나 스토아 철학자들은 분노는 독으로 오염되었고, 진실로 덕 있는 사람은 전혀 악의를 지니고 있지 않다고 주장한다. 그러나 우리는 이러한 극단적 견해에 반대한다. 분노는 도덕적 분노, 분개, 그리고 불의의 인지라는 모습을 지닐 수도 있다. 분노가 정확하게 올바른 반응일 경우 인간적이다. 그러나 그 반응에서 우리는 이성을 잃을 수도 있다. 고뇌, 연민, 사랑도 마찬가지이다. 아마도 스토아 철학의 교훈은, 우리가 분노한 후에라도, 강풍에 직면하여서도 안정감을 갖는 쾌활함과 자기를 다스리는 힘을 회복하는 많은 방법이 있을 것이라는 것이다.

스토아 철학자들은 또한 고립된 개인이나 고립된 국가가 아닌 우주 시민으로서의 세계 시민의 지위를 주장한다. 군대와 시민교육은 국가뿐만 아니라 국경을 넘어선 가치에 대한 충성도 강조해야 한다. 내가 가르친 해군사관 생도들은 명령계통의 긴박한 상황, 즉 누구의 명령을 따라야 하는가에서 광범위한 시민의식을 기억할 필요가 있다. 누구를 존중하고, 복종하고, 돕는가 하는 문제는 더욱 널리 많은 사람들에게 퍼져야 하고, 젊은 군 장교뿐만 아니라 젊은 민간인들도 도덕적 의무와 자신이 복종해야 하는 사람의 범위를 국경을 초월하여 확장하는 것을 알 필요가 있다. 적절한 방법으로 경제뿐만 아니라 도덕적 공동체도 지구적이어야 한다.

나는 스토아 철학을 탐구하는 사례연구를 군대에 제출했었고, 군대 스스로 이를 행하도록 했었다. 나와 함께 일한 많은 해군장교들은 암묵적으로나 명시적으로나 스토아 철학을 지침으로 삼고 있었다. 나는 우리가 풍부한 스토아 철학의 고전으로부터 많은 것을 수확했다고 주장한다. 그러나 또한 나는 보다 더 정통적인 스토아 철학의 주장에 당면하여 비판적 태도를 지닐 것을 촉구한다. 도덕교육자의 과업은 인간성의 면모를 지닌 스토아 철학을 갖추게 하는 것이다. 셰익스피어의 희극에 등장하는 전설적인 스토아 철학의 전사인 코리올라누스는 이를 이해하고 "내 눈에서 연민의 눈물을 흘리는 것은 결코 하찮은 일이 아니었다"라고 말했다.

6 인격교육에 대한 공동체주의의 입장

에치오니 Amitai Etzioni

지난 수십 년에 걸쳐 미국의 도덕적 · 사회적 근간이 약해졌다. 의무의 이행 노력 없이 권리만을 주장하고, 더 광범위하게 반사회적 행동이 늘어나고 있다. 우리는 모두가 공유하고 있는 가치들의 실천능력을 상실하고 있으며, 상실된 가치를 상쇄시키기 위해 새로운 가치들로 대체하려는 노력들도 거의 이루어지지 않고 있다

폭력, 약물남용, 불법행위, 성적 타락, 다른 배경을 가진 사람들에 대한 독설적 태도, 알코올 중독, 학력저하, 그 밖의 다른 사회적 일탈 등을 우리는 별개의 현상으로 보지 말아야 한다. 이러한 반도덕적 · 반사회적 행동은 여러 사회적 요인을 반영한 것이며, 그 중 가장 중요한 것은 인격의 약화 내지 부재이다. 즉 유혹을 뿌리칠 수 있는 능력의 부재, 친사회적 가치를 고수하려는 능력의 부재 등이 바로 그것

이다. 공동체주의자들은 가치들이 그 자체의 날개로 조종하지 못한다고 주장한다. 도덕적 토대를 견고히 하기 위해 우리는 가치를 뒷받침하는 사회적 제도에 관심을 기울여야 한다. 이러한 사회제도에는 가정, 학교, 공동체(자발적인 결사체, 종교단체), 사회(공동체들의 공동체) 등이 포함된다.

여기서 초점을 두어야 할 것은 학교이다. 학생들 중 88%가 공립학교에 다닌다는 것을 감안한다면 학교는 충분히 주목을 받을 만하다. 가정이 자녀에게 도덕적 가치를 소개해 주고 인격의 토대를 형성해 주는 과제를 충실히 수행한다 하더라도 학교는 그런 과제를 마무리 짓기 위해 필요하다고 본다. 최근 들어 부모들이 직면하고 있는 짐이나 도전 등을 감안한다면 학교에 훨씬 더 큰 책임이 전가되고 있다고 볼 수 있다. 학교는 훌륭한 인격발달을 학교의 중요한 책임으로 받아들여야 한다는 것이다.

인격교육을 학교의 중요한 과업으로 여기는 사람들은 최근 들어 학생들에게 주지 교과를 가르치는 데 더 많은 자원과 노력, 시간을 투입해야 한다는 압력이 증대되고 있음을 주목해야 한다. 주지 교과에 대해 새롭게 도입된 시험과 취학 전 아동들에게 책 읽기를 가르치려는 부모들의 욕심이 공립학교에서 인격교육에 대한 관심을 떨어뜨리게 하는 요인이기도 하다.

인격교육의 원리

1. 가치교육은 학교에서 육성시켜야 할 공교육의 중요한 부분이다. 그러므로 가치중립적 교육이란 있을 수 없다. 학교는 가정에서 이루어진 도덕교육을 보충해야 한다. 결손가정의 경우는 더욱 그러하다.

2. 인격형성은 부양해야 할 가치에 그 뿌리를 두고 있다. 인격교육 없이 옳음을 아는 것만으로 우리가 그것을 잘 행할 것이고, 이러한 가치를 우리의 삶 속에 내면화시킬 것이라는 보장할 수 없다. 인격발달에 있어서 중요한 것은 자기 규율과 감정이입의 두 능력이다. 자기 규율이 요구되는 이유는 그것 없이 개인들이 충동을 억제할 수 없고, 반시민적이고 반윤리적이며, 비효율적일 가능성이 있다는 것이다. 외적 통제가 어느 정도까지 요구되지만, 그 정도를 훨씬 넘어선다면 그 통제는 자기 규율의 육성을 훼손하게 된다. 다른 사람의 입장이 되어 보는 능력인 감정이입 능력도 필수적이며, 많은 가치들의 토대가 된다. 감정이입 없이는 자기 규율적인 사람도 악한 목적에 이바지할 수 있다.

3. 인격교육은 학교 교육과 경험의 전반을 통해 학생들에게 스며들어 가도록 해야 한다. 교과지식 관련 커리큘럼뿐만 아니라 인격교육 커리큘럼에 다 포함되어야 한다. 인격교육은 공민과 수

> 업에만 국한되지 않아야 하며, 교육과정의 내용에 국한되지 않아야 한다. 스포츠 활동, 점수를 부여하는 과정, 교사의 언행 등에서 도덕적 메시지가 전달되고, 인격발달에 영향을 미친다.

이상에서 살펴본 내용은 다음과 같은 특별한 논의를 촉발한다.

잠재적 교육과정의 활동들(특별히 스포츠)도 부가적인 것으로 생각하지 말아야 하며, 교육의 중요한 부분이어야 한다. 우리는 스포츠 활동과 인격발달 사이에 밀접한 관계를 유지시키기 위해 노력해야 한다. 스포츠는 건강한 신체를 위해서 중요할 뿐만 아니라, 규칙을 통해 놀이하는 방법을 배우고 우정을 돈독히 하는 방법을 배운다.

학교가 위반행위를 다루는 방법들은 인격교육을 위해서 특별히 중요하다. 복도, 식당, 주차장 등에서 경미한 폭력(싸움)이나 소란행위, 교사나 직원들을 존중하지 않는 행위 등을 무시하는 학교는 인격교육을 경시하는 일이다. 보상(특히 점수)을 너무 쉽게 부여하고, 자동적인 진급이나 졸업을 시키며, 성취도 없는데 보상을 제공하는 학교도 역시 인격교육을 경솔하게 다룬다고 볼 수 있다. 학생들에 대한 동료 멘토링, 전문가의 안내를 받는 공유공간에 대한 순찰활동 등은 인격교육을 고양하는 유효한 방법이다.

학교는 타인 존중과 진실성 등과 같은 공동체의 공유가치를 가르쳐야 한다. 핵심적인 가치를 가르치는 일은 종교학교나 사립학교에서도 반드시 필요하다. 공유가치는 있을 수 없다는 주장이나 공유가치에 대한 헌신이 고도로 추상적일 때만이 가능하다는 주장은 사실과 다르다.

공립학교도 종교의 사회적 역할과 역사적 의미를 가르쳐야 하지만 특수한 종교를 지지하지 않아야 한다. 또한 우리를 분열시키는 종교적 이슈에 대한 공동의 기반을 발견하고 이런 문제를 논의하기 위한 장을 마련하고자 한 윌리엄스버그 헌장(Williamsburg Charter)[1]의 노력을 전폭적으로 지지해야 한다.

가치중립적 성교육이란 받아들일 수 없다. 성병 감염과 원치 않는 임신을 방지할 방법에 대한 정보 없이 가족들에게 성교육 관련 가치의 전수는 위험하다. 우리는 성교육에 대한 규범적 맥락을 제공하고, 성교육 주제에 대한 나이에 적합한 특수한 정보를 담고 있는 인간 상호 간의 관계, 가정생활, 친교를 위한 교육을 필요로 한다. 학생들은 원치 않는 임신을 막기 위한 피임 정보에 대한 교육을 받음과 동시에 성관계를 늦추고 절제의 장점에 대한 가치를 배워야 한다. 성에 대한 절제와 피임은 서로를 상쇄시키지 않는다.

공동체 내의 학교

학교는 사회의 문제(질병)를 치유할 것으로 기대되지만 반대도 생각해 봐야 한다. 학교는 책무를 다하기 위한 외부의 도움을 필요로 한다. 부모, 다른 공동체 구성원 그리고 기관들도 이방인으로서라기보다는 오히려 동반자로서 간주해야 한다.

부모들도 학교 정책, 커리큘럼, 규율, 공동체 서비스, 그리고 무엇보다 가치문제 등을 책정하고 실행하는 데 적극 참여해야 한다. 교사

---

1) 역자 주 : 1988년 윌리암스 버그 헌장에 서명함으로써 종교의 자유를 보장하는 미국 헌법의 권리를 재확인하였다.

들과 다른 교육자들의 전문적인 지식이 중요하게 고려되어야 하지만, 채택된 정책이 신체적 생명에 위해를 가하지 않는 한 헌법적 범위 내에서 인격의 문제에 대해 부모와 공동체의 목소리를 우선적으로 고려해야 한다. (예를 들어 학교는 학교를 총기 없는 지역으로 바뀌는 것을 선호할 수도 있고, 학생들이 몰래 총기를 숨겨 들어오는 것을 허용하는 공동체를 반대할 수도 있다.)

학교는 연중 더 많은 달, 더 긴 시간, 그리고 심지어 주말에도 개방하도록 점차 바뀌어야만 한다. 학교를 밤새 개방할 수는 없지만 꽉 짜여진 일정에 의한 획일적 개방은 더 이상 유용하지 않다.

공동체 서비스(봉사활동)는 적절히 행해질 때 단순히 공부하여 아는 것보다 오히려 행함으로써 시민적 실천능력과 기능을 개발하는 효과적인 수단이 될 수 있다. 공동체 봉사활동이 공민과의 교과내용이 된다 할지라도 그것을 학생들에게 강요하는 것은 자원주의(volunteerism) 정신을 북돋워 주는 목적을 훼손한다.

거대한 통합이 학교와 직장 사이에서 이루어져야 한다. 교육자들은 학교 교육이 젊은이들에게 의미 있는 활동과 연계하는 방법을 모색해야 한다. 고등학교 학생들을 파트타임으로 고용하는 많은 고용주들도 교육자임을 인식해야 한다. 이러한 초기의 노동경험들은 책임 있는 습관과 태도를 강화시켜 줄 것이며, 부족한 시민윤리와 부족한 노동윤리를 보완해 주는 데 기여할 것이다. 회사나 작은 업체들도 청소년들이 인격을 형성하고 자신들의 미래를 준비시킬 고용기회를 더 잘 조직하기 위해 학교와 공동 보조를 맞추어야 한다.

학교도 초기의 공동체로서 간주되어야 한다. 학생과 교사들은 동일한 기본적인 목적을 가져야 하며, 적대적이고 형식에 얽매이는 방식으로 서로 대하지 않도록 해야 한다. 학생들의 기본적인 권리가 충분히 존중되어야 하지만, 학교에서 상호 존중감을 유지하기 위해서 학생들을 훈육할 때 상세한 청문회와 목격자에 대한 반대 심문 등을 요구하지 않아야 한다. 단순한 청문회, 제한된 어필, 중재 노력 등이 학교 환경에서 더 적합하다. 폭력적인 학생들은 교실 밖으로 추방당하기보다 오히려 더 많은 교육을 받아야 한다. 그러나 이런 노력이 실패로 돌아갈 때, 학교는 그처럼 학습환경을 망가뜨리는 사람들을 배제시키는 데 큰 어려움이 없도록 해주어야 한다.

통합 내에서 다양성

학교의 구성이나 커리큘럼에서 증대된 다양성은 우리를 풍요롭게 해준다. 그러나 종파주의나 분열주의로 나아가지 않도록 해야 한다. 다양성은 증대되어야 하지만 통합의 범주 내에서 이루어져야 한다. 만약 우리가 다른 문화와 전통에 대해 배우고 타인들에 대해 존경하는 마음을 배양해 나간다면 우리는 더욱 더 풍요로워질 것이다. 그러나 우리는 어떤 공통적인 것, 무엇보다도 민주적 정부형태의 우월적 가치, 헌법과 권리장전의 중요성, 그리고 서로에 대한 관용 등을 공유해야만 한다. "우리는 각자 다른 배를 타고 왔지만 이제 같은 배에 타고 있다"는 말의 함의를 교육자들은 유념해야 한다.

어느 수업에서도 또 다른 집단에 대한 증오를 가르치지 말아야 한다. 우리는 각각의 역사 속에서 불편하고 불행한 역사를 지니고 있다. 우리는 불행했던 역사를 반복하지 않도록 하기 위하여 과거 역사의 교훈을 잊지 않으면서도 화해하는 법을 배워야 한다.

새로 이민온 어린이들을 한정된 시간 동안 그들의 원래 언어로 가르치는 것은 과도기에는 용인할 수 있으나 인종적 · 종족적 구분에 따라 계속된 교육은 가급적 피해야 한다.

토론

인격발달은 충동을 통제할 능력과 자신의 만족 외에 그 밖의 다른 것을 위해 행동할 줄 아는 능력의 획득을 포함한다. 노동자들은 일터로 늦게 어슬렁거리며 나온다거나 물건을 아무렇게나 만들기보다는 오히려 자신들에게 맡겨진 과업에 전념하기 위하여 자기 통제 능력을 필요로 한다. 시민들과 공동체 구성원들은 세금을 제대로 내지 않고 공익에 별로 기여하지 않으면서도 훨씬 더 많은 서비스나 혜택을 요구하지 않도록 하기 위하여 자기 통제를 필요로 한다. 자기 통제는 다른 인종적 · 종족적 · 정치적 배경을 지닌 사람들에 대해 더욱 관용적으로 만들어 준다. 이러한 관용이 민주사회의 토대이기도 하다.

신생아는 충동을 통제할 능력도 없고, 만족을 유예하면서 자신의 일에 전념할 수 있는 능력이 거의 없다. 신생아들은 즉각적인 욕망에 사로잡힐 뿐이다. 교육은 내적 규제장치를 작동시킴으로써 이런 욕망을 억제시키는 것이다. 여기서 내적 규제는 각자에게 자신이 나아갈 방향을 제공하며, 인격으로 언급되기도 한다. 교육은 사회적으로 유용하고 도덕적으로 적합한 자질의 개발에 초점을 두고 있다. 만족감을 약속 이행, 과업 완수, 타인에 대한 배려 등과 관련짓고 규칙에 따라 행동함으로써 아동들은 도덕적 규칙을 지킬 능력을 획득하고 사회적 책임에 부끄럽지 않게 생활할 수 있는 능력을 습득한다.

지나치게 교육하고 또한 너무 많은 자아의 에너지를 자아 통제의 메커니즘으로 이끌려는 시도가 있을 수 있다. 이렇게 살아갈 경우 지나치게 긴장하면서 살아가게 된다. 이와 같이 자신의 일과 성취에 너무 집착하는 사람들은 스트레스를 해소할 수 없으며, 자신의 감정을 표출할 수 없게 된다. 그런 과도한 자아통제는 1960년대에 사회과학자들의 관심을 불러일으켰으며, 무제한의 자아표현을 선호하면서 더 적은 인격교육을 요구하게 되었다. 그러나 과도한 자아통제는 현재 미국인의 삶 속에서 기대하기 어렵다. 정말로 많은 학생들은 스스로 결정하고 방향을 정할 능력이 현저하게 결여된 채 학교에 온다. 많은 어린이들이 시간을 잘 지키고, 아침에 잘 일어나며, 스스로 숙제를 하고, 질서 정연하게 시간표대로 과업을 완수하는 것이 매우 어렵다는 사실은 자아통제 능력 결핍의 중요한 증거이기도 하다.

결과적으로 학교는 인격교육에 더 많은 노력을 기울여야 한다. 교육적 결손을 연구하는 여러 교육연구위원회는 상황이 점점 열악해지고 있다고 본다. 전반적으로 학생들이 과학, 외국어, 수학 등과 같은 주지 과목에 더 많은 시간을 투입하고 있다. 그러나 학생들은 정말로 배워야 할 것을 제대로 배우지 못하고 있다. 인격형성이 유능하고 책임 있는 성인으로 육성하기 위한 필수불가결한 선결조건이기도 하다.

규율, 자기 수양, 그리고 내면화

부모들과 교육자들은 인격형성과 미국의 새로운 세대들에 대한 도덕교육에서 규율의 중요성을 강조한다. 여러 여론조사에서 교사, 학교 행정가, 부모들은 학교에서 제일 심각한 문제로 규율의 문제를 꼽고 있다. 학생들이 한시도 가만히 있지 않고 참을성 없고, 무질서하고, 무례하고, 규칙과 관례가 제대로 형성되고 유지될 수 없는 교실에서 학습은 불가능하다고 그들은 정확히 인식한다.

지금까지는 괜찮았다. 불행이도 많은 사람들이 알고 있는 것처럼 규율은 권위주의적 의미를 지닌다. 잘 규율화된 환경에서 교사나 교장은 법을 규정하고, 그런 환경에서는 종종 학생들에게 말대꾸를 허락하지 않는다. 그런 환경에서 학생들은 교사들이 교실에 들어올 때 일어섬으로써 존경을 표시하고, 말하라고 할 때만 말을 한다. 아주 극소수이지만 일부 주에서는 체벌이 규율을 유지하는 효과적인 방법으로 간주되고 있다. 만약 규율이 권위주의적 수단에 의해 형성되었다면 젊은이들은 철저히 감시 감독을 받는 상황이거나 벌을 두려워하는 상황에서만 기대된 바대로 행동할 것이라고 나는 주장한다. 그러나 권위의 존재가 사라지자마자 그들은 잘못된 행동을 하게 되고, 강압적인 상황에 대한 그들의 적의나 불만을 반사회적 행동의 형태로 자신을 표현하게 된다. 이것은 규율이 옳고 그름에 대한 일반적인 의미에서라기보다는 오히려 벌과 관련을 맺고 있기 때문이다.

미래의 주인공인 학생들이 요구하는 것은 그들이 옳다고 믿는 일을 기꺼이 수행하고, 그렇게 행한 것에 대한 보상을 통해 긍정적으로 느끼는 내적 능력인 자기 규율이다. 이러한 자질은 권위의 목소리가 내면화되고 그 사람의 내적 자아의 한 부분이 될 때 형성된다. 내면화는 구조화된 환경에서 생겨나지만 권위주의적 조건 하에서는 생겨나지 않는다. 불필요한 것은 폐쇄적이고 지속적인 외적 감독관리이다. (그리고 군사학교를 생각할 때 떠오르는 강력한 규제의 환경은 확실히 아니다.) 오히려 요구되는 것은 확실한 지침을 제공해 줌으로써 학생들을 동기화하는 권위적인 인물, 규칙, 일의 조직화 등으로 이루어진 학교구조이다. 이것들은 확실히 지지되어야 하며, 합당하고 정당화되어야 한다. 그래야만이 학생들은 그런 규칙을 따르고 그런 권위를 존중할 필요성을 이해할 수 있다.

마찬가지로 교육적 요구가 확실히 진술되어야 하며, 요구와 목표 사이의 관계가 충분히 설명되어야 한다. 교육과정은 임의적인 것이 아니어야 하며, 개별 교사들의 변덕에 따라 좌지우지되지 않아야 한다. 자기 규율을 강화하기 위하여 여러 과제들이 실행 가능한 것이어야 하며, 적절히 점검되고 적절히 보상되어야 한다. 그 과제가 지나치게 과도하거나 기계적일 때(예를 들어 모든 인디언 부족 이름을 암기하라고 시킨다든지), 보상이 엉뚱한 기준에 따라 이루어진다든지(예를 들어 교사의 선호, 부모의 영향, 소수자의 지위) 한다면 그 요구는 명령이며, 포용의 원천도 아니고 책무의식을 내면화하고 자기 규율을 내면화하는 방법도 아니다.

인격과 도덕교육

비록 인격형성은 과업을 이행하고 도덕적으로 행동(충동을 억제하고 만족을 지연시킬 수 있음으로써)할 능력을 위한 심리적 토대를 이룬다 하더라도 그것은 논쟁의 여지가 있다. 즉 학생들에게 특수한 종류의 덕목이나 가치를 가르치는 것이 아니라, 비록 결과가 좋지 않다 하더라도 인격은 진리를 말하는 데 요구되는 정직성을 제공한다. 그러나 인격형성은 진리라고 믿는 가치들을 가르치지는 않는다. 인격이 형성되면 원하지 않는 파트너에게 성적 충동의 느낌을 억제할 수 있다. 그러나 그러한 것이 도덕적으로 용인될 수 없는 성폭행이라는 것을 가르쳐 주지는 않는다. 가치교육에 대한 관심 없이 인격을 발달시키고자 하는 것은 마음 속에 특별한 스포츠를 생각하지 않고 운동근육을 발달시키려는 것과 마찬가지이다. 이런 주장은 불가피하게 누구의 가치를 가르칠 것인가 하는 문제를 제기한다.

"당신은 누구의 가치를 가르칠 것인가?" 하는 문제는 우리 모두가 공유하는 많은 가치들을 가지고 우선 시작할 것이라고 답해질 수 있다. 공유가치들은 한 공동체에서 뿐만 아니라 더 다양하고 광범위한 공동체에서 수용되는 것이어야 한다. 어느 누구도 아동학대, 성폭행, 절도, 살인, 차별대우, 타인에 대한 무시 등이 도덕적이라고 생각하지 않는다.

잘 작동하는 공동체들에서 일부 가치나 하위 가치들은 상호 경쟁하게 된다. 이런 예외적인 것들은 학생들로 하여금 해당 문제의 양쪽 입장에 대해 학습하도록 하든지, 양극의 입장을 공개적으로 무시할 것인지를 결정할 수 있다. 더 나아가 이런 문제들은 우리가 도덕적 갈등의 고통, 진정한 합의 도출의 장점, 대부분의 가치들에 대한 합의 등을 보여주는 데 도움을 준다. 반대자들이 말하고 있는 바와 같이 사람들은 거의 평범한 것에 대한 애매한 일반성에만 동의한다. 그들은 다음과 같이 주장한다. 당신이 특수한 것을 접하게 될 때 합의를 이루지 못하는 일들이 비일비재할 것이다. 그러면 당신은 누구의 특수한 가치를 가르칠 것인가?

만약 우선 모든 사람들이 이런 가치들에 정말로 동의하고 특수한 적용에 대해서만 논의한다면 우리는 큰 발전을 이룰 것이라는 점을 나는 지적한다. 둘째로 우리가 특별한 것에 직면하게 될 때, 처음에 시도했던 것보다 더 많은 합의를 이룰 수 있다. 데이몬(William Damon) 교수는 우리의 주목을 받을 만한 다음과 같은 방안을 제시한다.

> 카운슬러는 부모의 편지가 날조된 것인지를 확인하기 위해서만이 사전에 양해된 결석에 대해 학생의 집에 전화한다. 한 소년이 칼로 선생님을 위협한 것 때문에 교장실에 와 있다. 세 명의 학생들이 네 번째로 인종적 모욕의 말을 퍼부은 후 그들의 수업에서 격리되었다. 한 소녀가 그녀의 사물함이 부서졌고 물건이 모두 도난당했다고 불평하고 있다. 한 무리의 소년들이 구석에 모여 마약류의 거래를 몰래 하고 있다. 운동장에서 두 소녀들이 세 번째 아이를 붙잡고 나쁜 소년과 사귄다는 이유로 배를 주먹으로 때린다.

이런 저런 행동을 교육의 기회로 활용하는 것은 확실히 교사들을 아주 바쁘게 만들 것이다. 이것은 우리가 이렇게 된 원인에 주목해야 한다는 것을 제안한다. 예를 들어 어른들 세계 내에 공동체를 재건함으로써 가능하다. 어린이들이 그런 공동체를 모방하게 되기 때문이다.

교사들은 그들의 교실 안에 포로가 된 청중일 수밖에 없는 학생들을 세뇌시킬 것이고, 교사들의 도덕적 관점을 학생들로 하여금 수용하도록 강요할 것이라는 점에 대해 그렇게 걱정할 필요는 없다. 학생들은 여러 다양한 목소리에 노출된다. 텔레비전, 잡지, 포르노 숍, 동료, 그 밖의 많은 다른 것들을 접하게 된다. 사회적 환경으로 둘러싸인 자연적 통제와 균형이 있다. 만약 어딘가에서 한 선생님이 공동체 내의 합의를 이루지 못한 도덕적 개념, 예를 들어 우리 모두 채식주의자, 양심적 병역 거부자, 또는 선종의 신자 등이 되어야 한다고 강요한다면 학생들은 선생님의 그런 가르침에 반론을 제기할 많은 자료를 제시할 것이다. 정말로 그런 일은 벌어지지 않을 것이다. 만약 전형적인 교사들이 그들의 도덕적 목소리에, 학생들이 경험했거나 들었거나 알고 있는 여러 목소리에 교사의 목소리를 덧붙이지 않는다면 학생들은 교사의 입장을 알 수 있는 기회를 놓치게 될 것이고, 자신들이 알고 있고 경험한 입장에 매몰되게 될 것이며, 공동체가 소중하게 여기는 가치들에 덜 충실하게 될 것이다.

경험의 중요성

도덕적 추론과 논쟁의 능력을 함양하는 것에 반대할 경우 도덕적 가치를 어떻게 가르칠 것인가? 사람들은 어떻게 도덕적 의무감을 형성하는가? 경험이 모든 것 중에서 가장 중요한 방법이다. 비록 교사의 내러티브가 가치로운 것이긴 하지만 경험은 강의와 교과서보다 훨씬 더 효과적인 교사이다. 이것은 잠재적 교육과정, 특히 스포츠 활동에서 분명히 드러난다. 학생을 가르치는 코치가 승리를 유일한 목적으로 강조할 때, 규칙, 팀워크, 동료애 등을 가지고 플레이하는 것을 가르치려 하지 않을 때 스포츠는 악용된다. 그러한 활동을 통해 배출된 학생들은 공동체의 공격적이고 부적응적인 구성원이 될 가능성이 있다. 그러나 만약 코치와 그 코치가 전하는 메시지가 학교의 가치교육과 잘 통합된다면, 그리고 만약 학부모가 이기기보다는 오히려 교육하기 위한 스포츠 활동의 중요성을 깨닫는다면 스포츠는 가치교육을 고양시킬 가장 효과적인 방법이 될 수 있다.

과외활동이 왜 특별한 영향력을 발휘하는가? 왜냐하면 과외활동이 효과적인 교육적 도구인 경험의 기회를 제공해 주기 때문이다. 그러므로 만약 어떤 팀이 한 무리의 개인들로 경기를 한 반면에 상대편 팀이 잘 짜여진 팀으로 경기했기 때문에 졌다면 패배한 선수들은 팀플레이의 장점을 배우게 될 것이다. 어떤 격려 연설이나 슬라이드 쇼도 스포츠 활동보다 더 잘 팀플레이의 중요성을 선수들에게 가르칠 수는 없을 것이다.

학교에서 벌어지는 다른 과외활동도 유사한 효과를 거둘 것이다. 다른 과외활동도 긍정적이든 부정적이든 심오한 교육적 영향력을 미치는 경험을 제공한다. 학교 도덕교육의 역할을 제고시키려는 첫 번째 조치는 일련의 경험을 제공하는 곳으로서 학교에 대한 인식과 분석을 증대시키는 것이다. 우리는 학교를 교사, 학생, 교실, 커리큘럼의 집합으로서 간주하지 말아야 한다. 대신 우리는 주차장을 포함할 필요가 있다. 즉 주차장은 난폭한 운전이 자행되고 학교 당국자의 감시가 미치지 않는 곳인가? 아니면 학생들이 타인의 안전에 대한 존중을 배우고 동료 학생에 의해서든 교사에 의해서든 잘 규제가 되는 곳인가? 식당도 학생들이 음식을 서로 왁자지껄하게 먹고 소음이 가득 찬 곳인가? 아니면 학생들이 점심을 먹으면서 의미 있는 대화를 나누는 문명화된 장소인가? 복도는 불량학생들이 밀치는 것을 피하려면 어느 정도의 근력과 신장이 요구되는 장소인가? 아니면 복도는 교사나 선도부 학생들이 순찰을 도는 안전한 통로인가? 예술문화에 대한 파괴행위는 처벌받지 않는가? 마약류가 공개적으로 거래되는가? 학생들은 성취된 결과 이외의 다른 준거에 따라 벌을 받기도 하고 상을 받기도 하는가?(예를 든다면 학생들이 대결을 피했기 때문에, 질문하지 않고 순종했기 때문에, 부잣집이나 사회적으로 우월한 배경 출신이기 때문에) 예술문화에 대한 파괴행위는 제지당하는가? (그런 일이 이루어졌을 때 곧 시정조치가 내려진다든지) 마약 판매가 신속하고 심각하게 다루어지는가? 학생들은 합리적인 일반 준거에 따라 대접받는가?

교실에서 경험을 유발할 수 있는 방법에 대한 좋은 예가 아이오와(Iowa) 주에서 발견된다. 1968년에 3학년 담당 교사인 엘리어트(Jane Elliot)는 마르틴 루터 킹 목사의 암살이 있은 후 곧 미국에 사는 흑인들이 처한 상황에 대해 이야기하는 대신에 학생들에게 직접 경험을 해보도록 함으로써 인종차별에 대해서 가르치기로 마음먹었다. 엘리어트는 그의 학급 학생을 눈동자의 색깔에 따라 두 개의 그룹으로 나누었다. 하나는 푸른 눈의 학생들로, 다른 하나는 갈색 눈의 학생들로 나누었다. "오늘 푸른 눈의 학생들은 교실 바닥에 앉을 것이고, 갈색 눈의 학생들은 책상 위에 앉을 것이다"라고 엘리어트는 어느 금요일에 말했다. 계속해서 그녀는 다음과 같이 말했다 : "내가 의미하는 바는 갈색 눈의 사람들이 푸른 눈의 사람들보다 더 깨끗하고 더 훌륭하며, 갈색 눈의 사람들이 푸른 눈의 사람들보다 더 문명화 되었고 더 똑똑하다는 것이다."

그 실험의 효과는 신속했고 심각했다. 엘리어트는 다음과 같이 회상했다. "정오가 되기 전에 나는 아팠다. 나는 그것을 시작하지 않았기를 희망했다. 점심시간 때쯤 나는 어린이들을 푸른 눈과 갈색 눈을 구별하여 보기 시작했다. 그들을 쳐다보기만 해도 나는 알 수 있었다. 갈색 눈의 아이들은 그들의 시대가 도래한 것처럼 행복해 보였고 기민하였다. 푸른 눈의 아이들은 비참해 보였다." 어린이들은 경험을 통해서 인종차별이 어떤 것인지에 대해 배웠으며, 그 실습을 통해 심각한 영향을 받았다.

갈색 눈의 앤더슨(Debbie Anderson)은 다음과 같이 말했다. "월요일에 그동안 푸른 눈을 선호했던 나는 미칠 것 같은 느낌이었고, 나는 더럽다고 느꼈다. 그리고 나는 금요일에 이제까지 내가 똑똑하다고 느꼈던 것처럼 지금은 똑똑하다고 생각하지 않았다." 페르진스키(Theodore Perzynski) 학생은 다음과 같이 썼다 "나는 인종차별을 싫어한다. 인종차별은 나를 슬프게 한다. 나는 내 생애동안 다른 인종을 미워하지 않을 것이다." 엘리어트가 담당하는 한 학생의 어머니는 다음과 같이 편지를 썼다.

"선생님의 인종차별 실습 이후에 우리의 삶에 엄청난 변화가 있었음을 선생님이 알았으면 한다. 나의 시어머니는 우리 집에 오랜 시간 함께 머문다. 그녀는 종종 검둥이(nigger : 흑인을 비하한 말)라는 말을 쓴다. 선생님의 수업이 있은 후 시어머니가 그 말을 처음 하는 순간 나의 딸은 할머니에게 가서 "할머니 우리 집에서는 그런 말을 사용하지 않아요. 만약 할머니가 그 말을 계속하신다면 할머니가 할머니 집으로 돌아가실 때까지 나는 집을 나갈 거예요." 우리 모두는 기뻤다. 나는 오래 전부터 시어머니에게 그런 말을 하지 말라고 말하고 싶었으나 그 말은 계속되었다. 나의 딸이 시어머니의 그런 표현(검둥이라는 말)을 중단시켰다.

그러한 경험은 강력하고 지속적인 영향을 준다. 1984년에 엘리어트의 학급 학생들은 모임을 가졌는데, 여기에 참석한 롤랜드(Susan Rolland)는 다음과 같이 말했다 : "내가 어떤 흑인을 보고 그들이 어떻게 행동했는지 보았을 때, 때때로 내가 생각하기에 흑인인 나 자신을 발견한다. 그 수업 이후 내가 말했던 것처럼 내가 그 흑인의 위치에 있었을 때를 회상하지 않았다면 흑인차별의 생각을 떨쳐버리지 못했을 것이다." 벌스(Verla Buls)도 다음과 같이 덧붙였다 : "우리는 몇 주 전에 소프트볼 게임을 하였다. 거기엔 내가 알고 있는 흑인이 있었다. 우리는 서로 안녕이라고 말하고 서로를 포옹했다. 주변 사람들이 '너 흑인과 뭐하는 거니' 라며 말하는 것처럼 쳐다보았다. 그리고 여러분은 마음 속에서 우러나온 느낌을 갖게 되었고, 흑인들은 우리와 어느 차이점도 없음을 경험으로 알았음을 다른 사람에게도 전해주기를 원한다." 다른 학생들은 자신의 직업 선택도 인종차별 실습에 영향을 받았음을 토로했다. 그 수업에 참여했던 여러 학생들이 평화봉사단(peace corps)과 해외의 다른 문화권에서 일하기로 진로를 결정했다.

수업을 받기 위한 학생들의 더 적은 이동이 더 큰 결속을 가능하게 해준다

교사들이 학생들에게 기술과 정보의 제공자 이상의 역할을 수행하고 인격을 가르치고 형성시키기를 원한다면 교사들은 많은 학교에서 지금 하는 것보다 학생들과 더 밀접한 결속이 있어야 한다. 그런 결속력은 수업시간에 학생들의 더 적은 이동을 통해 고양되어질 수 있다. 마치 교사와 학생들 사이의 결속을 최소화하려는 강력한 사회공학자의 의도가 동료 간의 결속을 키우는 데 교실의 영향을 받지 않는다는 것을 확신이라도 하듯이 많은 고등학교들이 재조직되었다. 학생들이 45분과 그리고 종이 울릴 때마다 다른 교실로 옮겨다니고 여러 과목의 담당 교사들이 한 교실에서 자리를 지키는 사실에서 이런 결과가 나타난다. 특히 큰 학교에서 학생들은 수업을 같이 받는 학생들과 결속력을 결코 배양하지 못한다. 왜냐하면 한 학기에 같이 수업을 들었던 학생들과 다음 학기에 수업을 듣는 학생들과 다르기 때문이다. 이런 이유로 도덕적인 문제에 대해 학생들에게 영향을 미치는 동료집단들은 교실상황에 영향을 받지 않고 교육과 무관한 다른 이유에 영향을 받는다. 동료집단들은 자동차 경주든 록 뮤직이든 간에 다른 이유나 가치들에 의해 영향받을 가능성이 높다. 이런 상황은 교사들이 학급 학생들의 결속을 키워주고 도덕교육을 시키는 데 장애물이 되고 있다. 동료집단은 공동체와 교육적 가치에 반대할 필요는 없다. 그러나 사회학적 연구들은 동료집단들이 공동체와 교육적 가치들에 반대하며, 전형적으로 높은 빈도의 이동식 수업학교에서 도덕교육을 지원하는 교사들에 의해 크게 도움을 받을 수 없다는 사실을 잘 보여주고 있다.

또 다른 결과는 교사들이 그들의 학생들과 결속력을 지닐 수 없다는 것이다. 왜냐하면 교사들은 학생들을 알 기회를 거의 가지고 있지 않기 때문이다. 교사들은 전형적으로 자신의 담당과목에 대해서 책임지려고 하지, 담당 학생들이나 학급에 대해서 책임지려 하지 않는다. 그러므로 고도로 특수화되고 전문화된 학교조직은 결과적으로 교사들의 결속에도 체계적인 방해를 한다. 교사들 간의 결속은 도덕교육을 위한 필수적인 선결조건이다.

고등학교는 경험에 기초한 도덕교육을 활성화할 수 있도록 재조직되어야 한다. 교사들은 동일한 학생들에게 세 개 과목(역사, 문학과 같은 가치 내용을 담고 있는 과목들)이나 두 개의 과목과 공민과목을 가르치면서 담당 학급을 책임져야 한다. 동일한 교사가 규율적인 문제를 책임지는 학급 담임교사(homeroom teacher)가 되어야 한다. 교사가 처벌하는 경찰관이 아니다. 교사는 도덕교육을 촉진하기 위해 부적절했던 행동의 예를 활용하여 규율을 지도해야 한다. 학교는 한 교사가 9학년부터 12학년까지 동일한 학생들을 가르치는 정책을 도입할 수도 있을 것이다.

그런 변화는 담당 과목을 세분화하고 특수화하지 않도록 하기 위해 교사 양성과정의 방식에 있어서 필연적으로 변화를 수반할 것이다. 인간성이나 교양을 가르치는 교사들이 광범위하게 충원되어야 한다. 어느 경우에나 더 많은 사람을 포괄하고, 광범위하고 가치 내포적인 접촉과 결속 없이는 도덕교육의 성공 가능성은 높지 않다.

7 민주적 공동체 형성 :
도덕교육에 있어서의 급진적 접근

파워 F. Clark Power

1975년 이래 나는 도덕교육에 있어서의 정의공동체 접근을 발전시키기 위해 콜버그(Lawrence Kohlberg)와 그의 학생들과 함께 연구해왔다. 이런 접근은 민주적 의사결정 과정에 학생들을 참여시킴으로써 도덕공동체를 형성하는 데 초점을 두고 있다. 비록 정의공동체 접근이 우리나라의 지고한 이상을 내포하고 있다 하더라도 정의공동체를 확산시키려는 우리의 노력은 엄청난 저항에 직면해 왔다. 도덕발달을 이루고, 민주적 기능을 함양하고, 응집력 있는 공동체를 형성하고, 규율상의 문제를 감소시키는 데 정의공동체 접근에서 드러난 효과에도 불구하고 학교의 교장들과 교사들은 정의공동체 접근을 비현실적인 것으로 간주한다. 비록 학교는 학교의 목표와 사명을 진술하는 데 민주주의와 공동체를 신봉할지라도 학교는 더 이상 민주주의적이지 않다. 교장과 교사들은 비민주적으로 학교를 운영한다. 민주주의가 존재하기는 하지만 학생들이 중요한 것, 예를 들어 학교 규율과 사회생활 등을 스스로 결정할 기회를 거의 갖지 못한다. 비록 대부분의 학교는 학생 자치의 형태를 마련해 놓고 있지만 학생 자치의 기능은 전형적으로 사회적 이벤트를 개최한다거나 기금을 조성하는 것(돈을 거두는 일)에 머물러 있다. 초등학교 이외의 학교들은 결속력을 지닌 공동체가 아니다. 즉 파벌과 주체성이 결여된 군중들만이 난무하고 있다. 비록 학교는 스포츠 프로그램과 학교 모임 등을 통해 공동체 형성에 이바지한다고 입에 침이 마르도록 주장할지라도 성(sex), 인종, 사회계급, 친선단체 등을 뛰어넘어 진실한 연대의식을 거의 배양하지 못하고 있다.

비록 인격교육 운동이 미국에서 부각되고 있다 하더라도 놀랍게도 학교 환경에는 별 영향을 주지 못하고 있다. 내가 계속해서 주장하겠지만, 특히 중학교나 고등학교는 수업시간에 가르쳐지는 가치에 적대적인 문화를 조장함으로써 인격교육을 폄하한다. 교장과 교사들은 수업시간에 가치를 가르치는 교육문화가 덕을 가르치려는 잘 의도된 노력을 어떻게 흡수할 것인가를 잘 인식하지 못한다. 학교를 생각할 때 우리는 일반적으로 교육과정, 교수방법, 규율기능, 전문화된 학력 보충 서비스나 상담 서비스를 생각한다. 우리는 위기의 순간을 제외하고 학교의 문화풍토에 대해서 관심을 기울이지 않는다. 예를 들어 학교에서 총격사건이 일어났을 때만 중 · 고등학교에서 우리는 폭력의 문제를 인식하고 동료의식이 필요함을 역설한다. 그러나 폭력이 초래할 고통에 대한 우리의 의식에도 불구하고 우리는 문화적 차원에서 폭력에 대해 경각심을 불러일으킬 아무런 조치를 취하지 않는다. 대신에 우리는 금속 탐지기, 감금조치(정학조치), 일벌백계

정책, 복장 규정 등의 급속한 증가를 목격해 왔다. 우리는 청소년의 심리적 특징에 대해 조사했다. 학교 관리자들도 폭력의 증상에 대해서 관심을 가질 뿐 폭력의 근본적인 원인에 대해서는 무관심하다. 또한 우리의 장학관, 교장, 교사, 또는 일반 시민들은 폭력, 속임수와 같은 규율 위반, 학교 문화에 깊이 뿌리박힌 예술 · 문화에 대한 적대행위 등을 제대로 인식하지 못하고 있다. 그들은 개개인의 학생들이 속한 집단이 아닌 개개인의 학생들을 강조하는 형태로 그 문제를 인식한다. 우리가 학교 문화를 민주적 공동체로 변화시킬 때까지 이 문제는 지속될 가능성이 있으며, 우리의 인격교육 프로그램이 계속해서 큰 진전이 이루어질 가능성은 그리 높지 않다.

콜버그의 사회학적 전환

도덕교육에 대한 콜버그의 공헌에 대해 잘 알지 못하는 사람들은 학교의 조직과 문화에 대해 강조하는 접근에 쏟았던 노력들에 대해 당혹스러울 수도 있다. 콜버그는 피아제의 인지발달 연구로부터 나온 도덕적 판단의 6단계 이론으로 유명하다. 콜버그의 도덕성 발달단계 이론은 어린이들과 청소년들이 도덕적 문제들에 대해 어떻게 생각하고 판단하는지를 이해하기 위한 강력한 수단을 제공해 준다. 그의 이론은 분명한 교육적 함의를 지니고 있다. 예를 들어 만약 어린이들이 교사들의 예상과 다르게 추론한다면 교사들은 어린이들의 수준에 맞는 도덕교육을 시켜야 한다는 것이다. 더 나아가 만약 콜버그와 피아제가 어린이들이 사회적 상호작용을 통하여 도덕적 추론능력을 형성하는 것이 옳다고 확신한다면 도덕교육의 방법은 어린이들을 수동적이 아닌 능동적인 학습자로 간주해야 한다. 콜버그의 도덕심리학의 가장 직접적인 적용은 딜레마 토론 접근이다. 이 접근에서 교사는 도덕적 딜레마를 해결하기 위해 소크라테스식 문답법을 통해 학생들을 자극한다. 딜레마 토론 접근이 장기간에 걸쳐 적절히 활용될 때, 딜레마 토론 접근은 도덕적 단계 발달을 촉진하는 효과적이고 신뢰할 수 있는 방법임이 여러 연구에서 밝혀졌다.

콜버그가 1950년대 후반에 박사과정 학생으로서 도덕성 발달단계에 대한 연구를 시작했을 때, 대부분의 사회과학자들은 도덕성을 개별 사회의 가치와 규범과 동일시하였다. 이러한 관점에서 도덕교육은 특정 사회 규준의 사회화나 내면화로 간주되었다. 이와 반대로 콜버그는 도덕성이 보편적인 정의의 원리에 기반을 두고 있다고 생각했다. 따라서 콜버그에게 도덕교육은 도덕적 추론능력의 배양을 의미했다. 비록 콜버그는 도덕교육이 학교에서 이루어져야 한다고 믿고 있지만, 그는 학교가 어린이들의 도덕적 사고를 발달시키는 데 실제적인 도움을 얼마만큼 줄 수 있는지 회의를 품고 있다. 콜버그는 어린이를 자연적인 도덕철학자로 간주하고자 했다. 그러나 콜버그는 교실에서 의심할 여지없는 도덕적 권위자로 군림하는 교사가 학생들과 철학적 대화에 임할 수 있을거라 확신하지 못했다. 그의 대학원생 중의 하나인 블래트(Moshe Blatt)가 딜레마 토론 접근이 중요한 단계 변화를 유발한다는 것을 밝혀낸 후에 콜버그는 개인적으로 도덕교육에 관여하게 되었다.

비록 콜버그도 심리학자들이 개인의 도덕발달에 초점을 두고 있는 것처럼 교육을 생각했지만, 교육에 대한 그의 초기 저작들은 일상적으로 사회학자들에 의해 탐구된 영역이기도 한 학교의 조직과 문화에 대한 많은 관심을 피력하였다. 그의 학위논문의 제안에서도 나타나 있는 것처럼 콜버그는 효과적인 도덕교육이 교실과 학교의 위계적 구조에 초점을 맞추어야 한다고 교육에 관한 그의 최초의 논문에서 밝히고 있다.[1] 콜버그는 노동자 계급 출신 자녀들의 도덕적 추론능력이 그들의 또래 집단들만큼 그렇게 높은 도덕적 단계에 도달하지 못한다는 것을 발견했다. 그러한 도덕성 발달이 도덕적 권위자들의 입장을 채택할 것을 요구한다는 점을 지적하면서 콜버그는 학교가 학생들이 의사결정 과정에 참여할 기회를 제공해야 한다고 권고한다. 콜버그가 도덕교육 분야에서 논란의 여지는 있지만 가장 훌륭한 논문을 발표하고 몇 년이 지난 후 그는 도덕성 발달의 목적을 성취하기 위해 학교가 특별한 환경을 제공해 주어야 한다고 다음과 같이 단호히 결론짓고 있다.

> 내가 지지해 왔던 플라톤의 관점은 여러분에게는 아닐지 모르지만 나에게 혁명적이고 놀랄 만한 것을 제시해 주고 있다. 그 내용은 만약 학교가 선에 대한 실제적인 지식을 진지하게 가르치려 든다면 학교는 지금과는 완전히 다른 모습이 될 것이라는 것이다.[2]

---

1) L. Kohlberg, "Moral Education in the School," *School Review* 74(1966) : 1–30.

2) L. Kohlberg, "Education for Justice : A Modern Restatement of the Platonic View," in N. Sizer and T. Sizer, eds., *Moral Education : Five Lectures*(Cambridge, Mass. : Harvard University Press, 1970) : 83.

콜버그는 학교를 정의와 사랑의 원리가 중심에 자리잡는 '작은 공화국(little republic)'으로 묘사한다. 콜버그의 작은 공화국은 철학자-교사들의 귀족주의에 의해서가 아니라 공동체의 선에 대한 철학적 심사숙고에 참여하는 교사와 학생들의 민주주의에 의해 통치될 것이다.

콜버그의 이론은 1969년에 혁신적인 이스라엘의 앨리야 기브츠(Aliyah Kibbuth) 고등학교를 방문한 후에 훨씬 더 결정적인 사회학적 전환을 이루었다. "인지발달 이론과 집단적 도덕교육의 실천(Cognitive Development Theory and the Practice of Collective Moral Edication)"이라는 논문에서 콜버그는 다음과 같은 놀랄 만한 제안을 하고 있다 : "오늘날 앨리아 기브츠의 집단활동은 우리의 이론으로부터 인식한 것보다 더 훌륭한 것처럼 보인다. 내가 제안하는 것은 행동 면에서의 수정이 아니라 그 행동에 관한 사고방식의 수정이다."[3] 콜버그의 초기 연구에서 그는 프랑스 사회학자 뒤르껭(Emile Durkheim)에 의해 주창된 집단주의적 도덕교육을 비판하면서 피아제의 이론에 천착하였다.[4] 콜버그는 집단주의적 도덕교육을 획일성을 초래하는 권위주의적 교화의 형태로 간주했다. 그러나 민주적 기브츠의 청년부 활동 기능에 대한 콜버그의 관찰은 뒤르껭의 집단주의와 소련의 전체주의 사회에서 나타난 집단주의와는 구별된다는 점을 인식시켜 주었다. 콜

---

3) L. Kohlberg, "Cognitive Developmental Theory and the Practice of Collective Moral Education," in M. Wolins and N. Gottesman, eds., *Group Care : An Israeli Approach*(New York : Gordon and Breach, 1971) : 370.

4) E. Durkheim, *Moral Education : A Study in the Theory and Application of the Sociology of Education*(New York : Free Press, 1925/1973).

버그의 기브츠 방문 후 콜버그는 뒤르껭의 집단주의 이론이 민주적 의사결정 과정과 양립할 수 있음을 알게 되었다. 그는 또한 학생 동료집단이 도덕성 발달을 촉진하기 위한 강력한 원천이 될 수 있음을 깨닫게 되었다. 그러나 인지발달 심리학과 집단주의 사회학의 어색한 조합이 어떻게 실행될 수 있는지는 최초의 실험적 정의공동체 학교인 클러스터 학교(Cluster School)[5]가 1974년에 개교할 때까지 수수께끼로 남아 있었다.

콜버그는 클러스터 학교에서 행한 수년간의 연구 끝에 그의 사회학적 전환을 마무리지었다. 내가 앞으로 설명할 것이지만 우리는 동료집단의 문화를 변화시키는 것이 단순히 도덕적 논의를 자극하는 것보다 훨씬 더 많은 것을 요구한다는 것을 알았다. 우리는 학생들 자신을 결속력 있는 공동체의 구성원으로서 확신하도록 하고, 서로를 위하여 또는 클러스터의 미래를 위하여 책임을 이행할 기회를 활용해야 한다. 우리는 클러스터의 안녕은 클러스터의 규율정책을 떠받들고 자신을 희생할 의지에 달려 있음을 학생들에게 믿도록 할 필요가 있다.

민주주의의 실천

민주주의는 공동체의 비전을 의사소통하고 그런 비전을 실천에

5) 역자 주 : 공립학교로서 미국의 캠브리지에 소재한 학교이다.

옮기는 수단을 제공한다. 민주주의는 개인적 발달과 집단적 발달을 연계시키는 기능을 담당한다. 정의공동체의 민주적 제도들 중 가장 중요한 것은 교사와 학생들이 공동체 문제를 논의하고 규정을 채택하기 위해 만났던 주간 단위의 공동체 회의였다. 공동체 회의에서의 주요 결정들은 교사와 학생들이 동등한 투표권을 가지는 직접적인 참여민주주의를 통해 이루어진다. 학생들과 교사는 조언자 집단(한 명의 교사와 몇 명의 학생들로 이루어진)을 통해 매주 조언자 집단 회의를 통해 공동체 전체의 회의를 준비했다. 이런 조언자 집단의 회의에서는 전체 공동체 앞에 직면하게 될 모든 문제들에 대해 참여한 모든 사람들의 자유로운 의견 개진을 허용했다. 결과적으로 이런 조언자 집단의 회의는 더 큰 공동체 회의를 위한 예행연습인 셈이다. 규칙위반, 학생들 사이의 또는 교사와 학생들 사이의 갈등은 규율위원회(the discipline committee)에 상정된다. 후에 정의공동체 프로그램은 공정위원회(the fairness committee)로 다시 이름이 바뀌었다. 규율위원회의 위원들은 몇 달마다 교체되며, 대부분 학생들로 구성되었다. 그 위원회의 결정에 불복하면 그 안건은 직접 공동체 회의로 넘겨진다.

우리가 클러스터 학교에서도 발견했고 새로운 정의공동체 프로그램을 시작할 때마다 발견하게 되는 것처럼 참여민주주의 제도의 도입은 비교적 쉽다. 그러나 민주공동체의 이상을 성취하는 것은 그렇게 쉽지 않다. 대의민주주의에 살면서 우리는 일상적인 삶에 영향을 미치는 규정에 대해 공통적으로 심사숙고하는 경험을 거의 갖고 있지 않으며, 더 나아가 공공선에 대해 생각해 볼 경험을 거의 갖고 있지 못하다. 우리는 민주적 정치에 대한 광범위한 냉소주의 시대에 살고 있다. 그 냉소주의는 우리 학교에도 널리 퍼져 있다. 교사와 학생들에게 민주적 과정이 모든 사람을 위해 공평하게 작용한다고 믿도록 하는 데 꼬박 1년이 걸린다는 사실을 우리는 클러스터 학교에서 발견하였고, 그후에도 계속 확인할 수 있었다. 그런 종류의 신뢰는 실질적인 경험을 통해서만 획득하게 된다. 교사가 학생 다수의 횡포를 염려한다든지 학생들이 허위의 민주주의(a sham democracy)에 대해 두려워하는 것은 나름대로 근거를 가지고 있으나 그것들은 시정될 수 있다.

클러스터 학교의 초기 시절은 누가 봐도 혼란한 것으로 비쳐질 수 있다. 교사들은 최초의 공동체 회의가 혁신적인 오후의 커리큘럼을 계획하는 데 전력을 다해야 한다고 주장했다. 교사들은 학생들이 자신의 민주적 영향력의 정도를 시험하기보다는 커리큘럼을 설계하는 데 별 흥미를 느끼지 못한다는 것을 알게 될 때만이 선택과목의 인상적인 나열을 학생들에게 제시하였다. 한 학생이 오후 수업을 선택으로 해야 한다는 제안을 하면서 교사 주도의 논의를 가로막았다. 두 번째 학생이 곧바로 동조하였다. 학생들은 즉각적인 투표를 요구했다. 놀랍지 않게도 그 행동은 쉽사리 이루어졌다. 학생들이 떠나려고 일어났을 때, 그들의 투표가 단지 비공식 여론조사일 뿐이었다고 지적하면서 콜버그는 그 학생들을 저지하였다.

동시에 콜버그는 학생들이 하버드에서 영화를 보도록 현장견학 여행을 마련하였다. 하버드는 클러스터 고등학교에서 거리를 따라 내려오면 있었다. 견학 여행을 준비하기 위한 공동체 미팅에서 콜버그는 영화가 상영되는 극장에서 흡연은 허용되지 않는다고 설명했다. 그리고 콜버그는 흡연을 금지하는 민주적 결정에 따라 현장견학을 조건화하였다. 학생들은 기꺼이 동의하였지만 영화가 시작되었을 때 무심코 담배에 불을 붙였다. 교사가 개입해 주길 기대하면서 기다렸지만 헛수고였다. 얼마를 기다린 후 콜버그는 영사기를 멈추고 불을 켰다. 그는 충격을 받았음을 토로하며, 학생들이 너무나 생각 없이 학생 스스로 민주적으로 정한 규칙을 어긴 것에 대해 이해하지 못했다. 콜버그는 학생들이 규칙을 어긴 것보다 교사들이 개입하지 않은 것을 더 놀랍게 생각했다. 콜버그는 도덕교육에서 이 실험이 학생들과 마찬가지로 민주적 공동체를 경험하지 못한 교사들과 함께 시작해야 한다는 것을 깨달았다. 교사들은 규율을 이분법적으로 권위주의적이거나 자유방임적으로 생각하는 경향이 있으며, 민주주의적인 것을 자유방임주의적인 것으로 간주하는 경향이 있었다. 1970년대의 자유학교 운동기간 동안 교사들은 일단 권위주의적 규율에 대한 억압적 규제가 사라진다면 학생들은 자연스럽게 협력하고, 합리적으로 생각하고 행동할 줄 아는 사람이 될 것이라고 이상주의적으로 또한 순진하게 믿었다. 교사들은 어느 형태든 규칙을 부과하는 것에 일반적으로 주저했다. 교사들은 가이드 라인을 설정하길 선호했고, 비공식적 · 개인적 입장에 따라 동의 여부를 결정하길 선호했다.

우리는 그 당시 대안학교 운동에 관여했던 대부분의 사람들과 아주 다르게 민주주의를 보았다. 우선적으로 우리는 공동체 미팅 참여가 모든 학생들과 교사들에게 선택의 여지가 없는 요구사항이어야 한다고 주장했다. 민주주의를 의무적인 것으로 받아들이도록 하는 것은 자유학교에서, 특히 교사와 학생에게 모순적인 것처럼 보였다. 다른 한편으로 직접참여 민주주의는 학교가 이룩해야 할 근본적인 원리였다고 믿었다. 우리는 또한 민주주의를 교육학의 한 형태로서 간주했다. 듀이(John Dewey, 1916-1966) 또한 민주적 참여를 교육의 목적으로서 뿐만 아니라 수단으로 간주했다.[6] 우리는 대부분의 고등학교 학생들이 민주적 참여의 책임감을 떠맡을 만한 능력이 부족하다고 생각했다. 다른 한편으로는 학생들이 민주적 경험을 통하여 포용력뿐만 아니라 민주적 능력을 가장 잘 획득할 수 있다고 믿었다. 그러므로 우리는 미국 공립학교의 설립자인 맨(Horace Mann)에 의해 오래 전에 제시된 민주주의 교육의 도제 모델을 채택했다. 맨은 민주주의 국가에 권위주의 학교가 있다는 모순현상을 주목했다.

> 사람들이 자치정부를 준비하기 위해서는 국민들의 도제를 어린 시절부터 시작해야 한다. 21살 이전까지 노예상태에 있었던 사람은 그 이후에도 독립적인 시민이 될 수 없다. 오스트리아에서 노예생활을 했건 미국에서 했건 이것은 별 차이가 없다. 독재정치를 위한 맞춤형 도제가 독재정치에 필요한 훈련을 시키는 것과 마찬가지로 자치정부를 위한 맞춤형 도제는 자치정부에 필요한 훈련을 시켜준다."[7]

도제 모델은 두 가지 중요한 특징을 지니고 있다. 첫째로 민주적 의사결정을 실천해 볼 규칙적인 기회를 학생들에게 제공하는 접근이며, 둘째로 방향과 지침을 제공하는 훈련 접근이다. 비록 민주주의가 교사와 학생 사이에 평등적 관계를 내포하고 있을지라도 도제는 자연적 위계에 의해 이루어진다. 그러므로 민주주의에서 도제는 일견 모순적인 것처럼 보이기도 한다. 그러나 도제의 위계는 지위적 권

6) J. Dewey, *Democracy and Education* (New York : Free Press, 1916/1966).

7) H. Mann, *The Republic and the School : The Education of Free Men* (New York : Teachers College, Columbia University, 1845/1957) : 58.

위를 통해서가 아니라 전문적 지식과 경험을 통해 형성된다. 민주적 도제에서 교사의 전문적 지식은 민주주의 제도를 수립하고 유지하기 위해 학생들을 설득하고 그들에게 조직적 책임감을 느끼도록 만드는 데 활용된다.

우리는 교사가 민주적 학교의 지도자인 동시에 동등한 구성원이 될 수 있는지를 물을 수 있다. 『어린이의 도덕교육(*The Moral Education of Child*)』이라는 피아제(Piaget, 1932-1965)의 고전에서 그는 그런 입장에 대해 심각한 의문을 제기한다.[8] 피아제는 어린이들에게 두 종류의 도덕성이 있다고 주장한다. 하나는 어린이들에 대한 어른들의 억압의 도덕성이고, 다른 하나는 어린이들 사이에 협동의 도덕성이다. 억압의 도덕성은 어린이와 어른의 위계적 관계에서 불가피하게 수반된다. 반면, 협동의 도덕성은 동료집단과의 관계에서 생겨난다. 이 도덕성들은 정반대의 다른 방식으로 작용한다. 억압의 도덕성은 더 우위의 권위에 무조건적인 순종을 의미한다. 따라서 어린이들이 권위에 대한 존중을 어른들의 우월적 힘이 있다는 단순한 사실에 기초하고 있기 때문에 어떤 판단이나 추론도 존재하지 않는다. 반대로, 협동의 도덕성은 동등한 동료들 사이의 협력을 의미한다. 어린이들은 자유롭게 그들 자신의 규칙과 규범을 제정해야 하기 때문에 판단이나 추론이 협동의 도덕성에는 아주 중요하다. 피아제는 교사로 하여금 학생들에게 분별없는 획일화를 조장하게 이끄는 군주적 권위를 비난한다. 그러한 접근은 아동 발달의 사실을 무시하고, 기껏해야

---

8) J. Piaget, *The Moral Judgement of the Child*(New York : Free Press, 1965). 이 책은 1932년에 최초로 출판되었다.

반항심을 부추기고 최소한도의 복종심만을 배양한다고 비판한다.

우리는 성인들이 아동들의 도덕적 판단의 발달을 방해할 수 있고 종종 방해한다는 피아제의 주장에 동의한다. 내가 앞에서 언급했던 것처럼 도덕적 토론에 대한 콜버그의 연구가 효과적이기 위해서는 교사가 소크라테스식 문답법을 활용해야 한다는 것을 보여주었다. 자신의 질문에 답하는 교사나 올바른 답을 학생들에게 추측해 보도록 하는 교사는 단지 토론을 방해할 뿐이다. 우리는 교사들이 학생들로 하여금 진지한 도덕적 대화에 참여하도록 해야 한다고 믿는다. 학생들은 의문을 제기할 뿐만 아니라 주의 깊게 듣기도 해야 한다. 여기에서는 교사들이 동료 탐구자들의 역할을 떠맡기 위해 진리를 소유하고 있는 권위자로서 자신의 역할을 포기해야 한다는 것을 시사한다. 민주적 학교에서 교사는 집단의 동등한 구성원으로서 피아제의 표현을 빌리자면 나이든 협력자로서 행동해야 한다는 것을 의미한다. 필요할 때 교사는 도덕적 토론과 민주적 절차의 촉진자로서 행동해야 한다. 도제 모델은 교사의 역할이 촉진자의 역할을 훨씬 뛰어넘어 모범자나 지도자의 역할로 확대되어야 한다고 제안한다.

교사의 역할

클러스터 학교에서 몇 년간에 걸친 협의 후 우리는 정의공동체 민주주의에서 교사가 수행해야 할 복잡한 역할을 명확히 표명할 수 있게 되었다. 교사의 역할은 방향을 정해주는 것과 통제를 풀어주는 것 사이의 오묘한 조화를 필요로 한다. 교사들은 학생들에게 학교에 대한 소속감을 느끼도록 격려해 주어야 하고, 학생들로 하여금 공동체의 이상을 추구하도록 도전의식을 불러일으켜 주어야 한다. 때때로 교사들은 학생들의 토론을 촉진하기 위해 그들 자신의 견해를 억제해야 한다. 다른 경우에 교사들은 공동체를 대변해서 말해야 하기도 하고, 교사 자신의 이익을 대변해서 말해야 한다.

교사의 역할에 대한 콜버그의 생각은 기브츠 학교에서 성인 지도자인 매드리치(madrich)에 대한 그의 관찰에 의해서 크게 영향을 받았다. 매드리치의 기술적이지만 미묘한 지침을 통하여 학생들이 특수하게 응집력 있고 잘 규율화된 공동체를 형성했다고 콜버그는 보고했다. 매드리치의 비형식성의 이면에 상당한 정도의 강력한 속성이 있으며, 이런 강력한 속성은 집단주의 교육 이론에 기초되고 있음을 콜버그는 지적했다.[9] 매드리치는 명령이나 연설을 결코 하지 않지만 동료집단의 영향력을 이해하거나 활용했다. 미국의 교육체계에서 매드리치와 같은 역할을 해줄 사람이 없다. 매드리치는 교장, 카운슬러, 담임교사 등과 유사한 기능을 담당하고 있다. 그러나 매드리치의 주요한 역할은 공동체 형성에 학생들을 참여시키는 민주적 과정을 통해 이루어진다.

비록 우리는 클러스터 교사들로 하여금 매드리치와 유사한 역할을 수행하도록 도우려 했지만 초기에 성공을 거두지 못했다. 중학교나 고등학교 교사들은 역사, 과학, 수학 등 자신의 과목만을 주로 책임지려 하였다. 만약 교사들이 시민교육 과목을 담당하지 않는다면

9) Kohlberg (1971), op. cit., p. 358.

학생들로 하여금 민주시민의식을 배양하는 데 별 관심을 보이지 않았다. 더 나아가 교사들은 훈육관으로서의 자신의 역할에 대해 일반적으로 불편하게 여겼다. 대부분의 교사들은 규율을 통제나 지배로서 여겼다. 그리고 교사들은 규율을 필요로 하지만 교수-학습 조건을 옥죄는 유쾌하지 않는 방법이라고 생각한다. 나의 학생들과 내가 교사들과 했던 인터뷰를 통해 교사들은 규율을 교실의 도덕성으로 생각하도록 하고(Durkheim, 1925-1973) 규율을 교육적 활동으로 생각하도록 하는 데 어려움을 겪었다.[10] 클러스터 학교의 교사들로 하여금 정의공동체 접근에서 교사의 역할을 수행할 수 있도록 도울 수 있기 전에 우리는 민주적 맥락에서 규율적인 문제를 심사숙고하는 데 시간과 노력을 투자할 만한 가치가 있음을 교사들에게 설득시켜야 한다. 우리는 학생들에게 설교하기보다는 오히려 학생들의 말을 경청할 만한 가치가 있음을 교사들이 깨닫도록 도와주어야 한다.

나는 한 전통 있는 중학교에서 이루어진 간단한 사례로 교사들을 위한 새로운 규율적인 역할을 그려보는 것이 도전일 뿐만 아니라 도움이 될 수 있음을 설명하고자 한다. 존스(Ms. Jones) 교사는 그 중학교에서 가장 훌륭한 교사로서 잘 알려져 있었다. 그녀는 학생들과 좋은 관계를 맺고 있고, 도덕교육에 대해 더욱 더 많이 배우는 것에 대해 흥미를 가지고 있었다. 그 학년도의 중간때쯤 존스 교사는 고급반 학생인 수잔(Susan)이 그녀의 과제물을 조이(Joey)에게 주었고, 조이가 그 과제물을 복사했다는 것을 알게 되었다. 존스는 부정행위에 대

---

10) E. Durkheim, *Moral Education : A Study in the Theory and Application of the Sociology of Education* (New York : Free Press, 1925/1973) : 1448.

하여 그 숙제를 영점 처리하는 벌을 주었고, 부모를 소환했으며, 그 두 명을 월별 선행학생을 위한 피자 파티에 초청하지 않았다. 내가 이 사례를 접하게 되었을 때, 나는 존스 교사가 수업시간을 통해 과제물을 복사하는 문제를 탐구할 수 있는 좋은 순간을 제공해 줄 것이며, 아마도 더 심각한 유형의 부정직한 행동뿐만 아니라 그런 부정직한 협력을 방지할 규정을 만드는 데 학생들을 참여시킬 좋은 기회라고 생각했다. 나는 속였던 학생들이 자신의 행동에 잘못이 있음을 느끼지 못할 수도 있음을 존스 교사에게 말해주었다. 그리고 그녀는 자신의 학생들이 어떻게 생각했는지를 확인하기 위해 그런 과제물의 복사에 대해 학급토론을 개최할 것을 권고했다. 만약 그 학생들이 잘못했다고 생각하지 않는다면 벌을 준 것에 대해 다시 한 번 생각해 보아야 하며, 최소한의 부정행위에 대해 도덕적 토론을 이끌어야 한다.

존스는 토론의 필요성에 대해 회의적이었지만 결국 토론에 동의하였다. 다음날 그녀는 "여러분의 과제를 다른 학생에게 빌려주는 것이 부정행위가 아니라고 믿고 있는 사람이 있나요?"라고 질문하였다. 학생들은 킬킬 웃었지만 아무도 손을 들지는 않았다. 존스는 학년 초에 나누어 준 규정에 따르면 과제물을 베끼는 것은 부정행위이므로 이를 금지한다는 것과, 다시는 이런 일이 없도록 해야 한다는 사실을 학생들에게 상기시키고 끝을 맺었다. 수업이 끝난 후 또 다른 학생이 선생님의 말씀을 간과하고 동료 학생인 수잔에게 점심 시간 동안 숙제를 복사하기 위해 과제를 빌려달라고 부탁했다.

이러한 사례는 규율에 대한 권위주의적 접근의 무익함을 잘 나타내 주고 있다. 존스는 학생들의 참여 없이 교실 내 규칙을 정했고, 학생들에게 강요했다고 믿었다. 그러나 존스는 교사로서 권위를 내세우지 않았고, 애매모호하거나 불합리한 규칙에 복종할 것을 요구하지 않았다고 믿었다. '물질에 대한 이해' 라는 숙제의 목적은 어떤 사람의 답을 그대로 베낌으로써 달성될 수 없다. 더군다나 과제물 복사는 부정직한 행위이다. 복사가 부정행위라는 것을 학생들은 확실히 알고 있거나 쉽게 인정할 수 있다. 자기 숙제를 스스로 해결하는 것의 교육적 효과나 정직의 중요성을 설명하는 것은 수잔의 행동이나 그 밖의 다른 사람들의 행동과 어떤 차이가 있겠는가? 내 생각에 문제는 학생들의 무지나 나쁜 의지의 문제가 아니라 동료 문화이다. 학생들은 남의 과제물 복사를 도덕적인 문제로 생각하지 않는다. 사실 학생들은 과제물 복사가 도움을 주는 것으로 이해하는 규범을 스스로 만들었다. 동료 집단의 문화를 이해하기 위하여 존스는 먼저 그 문제에 대해 학생들의 생각을 공유하려면 학생들을 초대해야 할 것이다. 만약 존스가 학생들의 과제물 복사에 대해 어떻게 생각하는지 묻는다면 학생들은 어떻게 답할 것인가? 내가 수잔이 부정행위를 한 이유를 물었을 때 수잔은 "부정행위라구요? 나는 도와준다는 생각이었으며, 테레사 수녀와 같이 행동했을 뿐이다"라고 말하며 수긍하려 들지 않았다. 만약 수잔이 동료들과 진실한 도덕적 토론에 참여했다면 수잔은 기껏해야 자신의 행위를 무해한 것으로 옹호했을 것이며 (제이는 늘 자신의 숙제를 스스로 했어), 잘해야 자신을 이타주의자라고 변명했을 것이다. 즉 수잔은 뒤처진 친구를 도왔을 뿐만 아니라, 숙제 안 해온 학생이 숙제를 다 할 때까지 기다려야 하는 공부 잘하는 학생의 수고를 덜어주었다고 항변했다. 제이를 도와주는 더 좋은 방법은 제이로 하여금 혼자서 숙제를 끝마치도록 격려해 주는 것임을 수잔이나 그녀의 친구들에게 제안할 수 있는 좋은 기회를 존스는 가지고 있다. 존스는 교실에서 정직의 문제와 진실의 중요성을 토론할 수 있다. 실제로 존스는 자신의 과제를 스스로 하는 것, 정직, 진실 등의 가치를 추구하기 위해 과제에 대한 규정을 정해볼 것을 학생들에게 요구할 수도 있다.

그녀가 어떻게 행동할 수 있는지에 대한 논의과정에서 나는 존스를 비난할 생각은 추호도 없다. 존스는 그녀의 수업에서 발생했던 일을 고뇌했던 도덕적 진지성 때문에 오히려 칭찬을 받아야 한다. 많은 교사들은 그런 일이 벌어지면 외면했거나 그 문제가 도덕적 문제임을 인식하지 못했을 것이다. 그럼에도 불구하고 존스가 보여준 반응은 효과적이지 못했으며, 역효과적이기조차 했다. 존스는 훨씬 더 큰 성공 가능성을 가지고 다르게 행동할 수 있었지만 불행히도 그 방법을 인식할 수 없었다. 교사들은 민주주의를 실습시킬 교실분위기를 연출하는 것은 차치하더라고 교실 내 규율에 대해 도덕적 토론을 이끌 준비도 하지 않고 그런 역할을 느끼지도 못하고 있다. 교사들은 동료집단 문화에 주목하여 동원하는 매드리치의 역할을 제대로 훈련받지 못했다. 존스는 부정행위가 미래에 자신과 타인에게 해를 끼칠 수 있음을 확신하고 수잔과 제이에게 벌을 주었다. 그 벌은 실제로 숙제를 빌려달라고 해도 빌려주지 않기로 약속한 수잔 외에 아무에게도 영향을 미치지 않았다. 내가 수잔에게 자신의 과제물을 빌려주지 않기로 한 이유를 후에 물었을 때 수잔은 골치를 썩이기 싫어서라고 단순하게 답했다. 수잔은 화가 났으며, 일부러 기대에 어긋나게 행동하고자 했다고 털어놓았으며, 친구들이 자신을 응원해 주었다고 말했다. 이와 같이 억제시키는 접근은 수잔의 도덕적 추론에 영향을 미치지 못했을 뿐만 아니라, 교사와 더 나아가 학교로부터 수잔과 그의 동료를 멀리하게 한 결과를 초래했다.

도덕교육의 관점에서 규율에 대한 전통적인 학급경영 접근에 대한 분석은 정의공동체 접근과 같은 대안적인 방안의 장점에 대한 설명을 요구할 것이라고 나는 믿는다. 정의공동체 접근은 도덕적 추론뿐만 아니라 학교 문화에도 초점을 맞추고 있다. 우리는 월러(Willard Waller)에 의해 주창된 문화적 갭(cultural gab)을 메울 수 있기를 소망한다. 월러는 교사와 학생을 두 개의 서로 완전히 다른, 그리고 상호침투 불가능한 사회세계에 살고 있는 것으로 묘사했다.[11] 월러는 학생들이 강력한 1차적인 집단에서 굳게 연대하려는 경향이 있고, 교사들이 흔히 비본질적인 보상과 벌을 통해 외부로부터 학생들을 통제하려 든다는 점을 발견했다. 내가 이야기했던 바와 같이 외적 통제의 메커니즘은 더욱 더 학생 문화와 거리가 멀어질 뿐이다. 학생과 교사 사이의 경계를 허물기 위해 교사들은 내면으로부터 학생 문화에 호소할 필요가 있다. 이런 것이 바로 정의공동체 접근이 교사가 학생들로 하여금 응집력 있는 도덕공동체를 형성하는 책임뿐만 아니라 영향력도 공유할 수 있도록 요구하는 것이다.

정의공동체에서 교사들의 역할은 도덕성 발달의 촉진자와 인생 선배로서의 협력자 이상의 역할을 내포한다. 즉 교사는 학생들을 안내하고 이끌 수 있어야 한다. 초기의 클러스터 학교공동체 회의에서 분명히 드러났던 것처럼 교사는 결정에 도달하기 전에 심사숙고의 필요성을 학생들에게 각인시킬 필요가 있다. 교사는 공동체의 이상

11) W. Waller, *The Sociology of Teaching*(New York : John Wiley & Sons, 1932).

을 환기시켜 줌으로써 토론의 방향을 제공해 줄 수 있다. 콜버그는 클러스터 학교의 초기 시절에 이런 역할을 수행했다. 그리고 우리는 교사들이 가능한 한 빨리 그런 역할을 담지하길 원했다. 즉 우리는 이런 역할을 주창자의 역할로 인식했다. 그런 역할을 정식화했을 때, 우리 모두는 또한 교사가 주창자의 역할을 남용할 수 있다는 것을 깨달았다. 반대로 우리는 클러스터 학교 민주주의는 정의공동체의 두 축인 민주주의와 공동체에 끊임없이 의존하고 있는 콜버그와 담당 교사들 없이는 불가능할 것이라는 것을 인정했다. 이 양축(민주주의와 공동체)은 제도적 실체의 기술적(記述的)인 측면뿐만 아니라 규범적인 이상이기도 하다. 클러스터 학교는 참여를 심화시킴으로써 민주주의가 되어야 하며, 배려 · 신뢰 · 책임 등의 결합을 발전시킴으로써 공동체가 되어야 한다.

집단적 규범을 통한 공동체 건설

공동체에 대한 우리의 이해를 논함으로써, 그리고 우리가 흔히 집단적 규범이라고 불리어지는 것의 개념 정립을 통해 우리는 공동체를 어떻게 건설하려고 노력해 왔는지에 대해 논의함으로써 이 장의 결론을 맺고자 한다. 우리는 공동체를 하나의 집단으로서 규정했다. 집단의 구성원들은 자신이 속한 공동체를 위한 공공의 삶을 가치롭게 여긴다. 공동체와 결사체(association)는 다르다. 결사체에 속한 구성원들 사이의 관계는 수단적으로 맺어져 있다. 우리가 정의공동체 접근을 통해 발전시키려고 하는 공동체의 유형은 높은 정도의 결속력, 배려, 신뢰, 집단활동에의 참여 등에 대한 공유된 기대에 의해 특징지어진다. 이러한 기대는 순간적으로 생겨난 것이 아니라 시간이 경과하면서 심사숙고 과정을 통해 생겨난 것이다.

우리는 규칙 제정에 투표할 기회만으로 학생 행동을 변화시키는데 충분치 않다는 것을 깨달았다. 학생들은 수업 방해, 절도, 수업 결손 등에 대한 처벌규칙에 익숙해 있다. 그러나 이러한 규칙들은 개인적 카리스마나 위협을 통해 교사에 의해 강요된 것이다. 우리는 학생 동료집단이 규칙을 잘 따르기를 원했다. 이것은 학생들이 규칙을 공동체 기대의 표현으로서 간주해야 한다는 것을 의미했다. 우리는 어떻게 학생들이 학교에 대한 주인의식을 충분히 지닐 수 있도록 하고, 더 나아가 공동체 전체의 복지를 늘 염두에 둘 수 있도록 인도할 수 있는가? 많은 토론 후 민주적으로 규칙을 제정하는 것은 놀라울 정도로 도움을 주었다. 시간이 경과하면서 학생들은 학교에 대한 주인의식을 느꼈으며, 점점 규율적인 문제를 해결하기 위한 책임감을 받아들였다. 그러나 학생들은 공동체의 핵심 가치들에 서로 충실함으로써 본질적으로 그 문제를 해결하려 하기보다는 오히려 처벌의 위협을 통해 피상적으로 문제를 해결하려 했다.

우리가 절도사건의 문제에 초점을 맞춘 두 개의 공동체 모임으로부터 나온 회의록을 비교했을 때, 우리는 공동체 모임에서의 토론을 통해 도출하려고 했던 구성원 모두의 기대를 기술하기 위해 '집단적 규범'이라는 말을 사용했다.[12] 첫 모임은 클러스터 학교의 첫해에 있

---

12) F. C. Power, A *Higgins, and L. Kohlberg, Lawrence Kohlberg's Approach to Moral Ed-*

었고, 그 모임에서 절도 방지를 위한 규칙을 만들었다. 다음해 두 번째 모임에서 학교에서 도난품을 배상해 주기 위해 돈을 추렴해야 한다는 결정을 내렸다. 우리는 공동체 의식이 첫 해에서 두 번째 해로 갈수록 더욱 강해졌다고 믿었다. 그러나 우리는 개개 학생의 도덕적 추론에서 생겨나는 도덕성 발달단계 변화와 공동체 의식의 변화를 구별 짓기 위해 공동체 문화의 변화를 따로 떼어 기술하려는 강박관념을 지니고 있었다.

최초로 클러스터 학교에서 절도사건이 벌어졌을 때 학생들은 무관심했다. "클러스터 학교에서조차도 학교는 소지품을 맡기는 곳이 아니다. 공동체이건 아니건 만약 여러분이 어떤 것을 원한다면 여러분은 그것을 취하고자 할 것이다. 절도사건은 여러분이 아주 친해질 수 없음을 보여주는 것이다." 콜버그가 신뢰와 공동체의 결여에 대해 도덕적 분노감을 표출하려 했을 때 한 학생이 다음과 같이 말했다 : "몇 개의 물건이 도난당했다고 하여 여러분은 그에 대해 아우성칠 필요가 없다." 많은 학생들은 절도가 자신의 구체적인 소유권을 침해한 것이기 때문에 단순히 잘못됐다고 생각하고 있는 것처럼 보인다. (즉 이는 콜버그의 도덕성 발달 2단계에 해당하는 것이다.) 다른 사람들은 절도는 상호 간의 신뢰를 저버리는 것이라는 좀더 진전된 통찰력을 보이기도 했다. (이는 3단계에 해당된다.) "즉 나는 물건을 훔친 많은 사람들을 안다. 그리고 여러분은 그에 대해 정말로 기분 나쁘게 느낀다." 그런 학생들조차도 잠재적 절도범을 미리 막을 수 있는 정도의 처벌 외에 절도행위에 대해 강력하게 처벌할 필요가 없다고 생각한

---

ucation (New York : Columbia University Press, 1989).

다. 다음 해에 토론의 초점이 급격히 바뀌었다. 이전보다 훨씬 더 많은 학생들이 의견을 개진했으며, 대다수는 콜버그의 공동체적 입장에 동조하는 것처럼 보였다.

필리스(Phyllis) : 그녀의 돈이 없어졌다는 것은 우리 모두의 과오이다. 사람들이 공동체에 대해 관심을 가지고 있지 않기 때문에 그런 일이 벌어진 것이다. 사람들이 모두 개인들이고 공동체에 포함될 필요가 없다고 생각한다. 모든 사람들은 그녀의 돈을 누군가 훔쳐갔을 것이라고 생각해야 한다. 그러므로 우리(필리스의 조언자 집단에 속한 학생들)는 그녀의 잃어버린 돈을 우리가 거두어 그녀에게 돌려주기로 결정했다.

밥(Bob) : 누군가 그 돈을 훔쳤다는 것은 아주 나쁜 일이다. 그러나 그녀가 그녀의 돈을 분실했기 때문에 내가 대신 지불해 주어야 한다는 것은, 어떤 사람이 은행을 털었고, 내게 와서 분실된 은행 돈을 메우기 위해 일정액을 분담해 줄 것을 요구하는 것과 마찬가지라고 나는 생각한다. 그것은 미친 짓이다.

앨버트(Albert) : 너의 공동체에 대한 정의는 무엇인가?

밥 : 나의 공동체 정의는 구성원들이 서로를 도울 수 있다는 것을 의미한다. 그러나 나는 돈을 주는 것 까지를 말하지 않았다.

앨버트 : 그 돈은 분실되었거나 도난당했다. 어쨌든 정말로 돈을 되돌려 주자는 것이 아니라 공동체에서 함께 그 피해자를 도와주자는 것이다. 이 일이 우리가 정말로 실천할 최초의 공동체의 과제라고 나는 생각한다. 돈에 대해 관심을 두라는 것이 아니라 공동체 행위에 관심을 기울이자는 것이다.

페기(Peggy) : 만약 밥이 모니카(Monica)에게 자신의 15센트를 주는 것에 대해 너무 아깝게 생각한다면 밥은 공동체의 일원이 되지 말아야 한다고 나는 생각한다. 만약 그가 9달러를 분실당했다면 그는 다른 느낌을 갖게 될 것이라고 나는 확신한다. 그는 잃어버린 9달러를 원치 않을 것이고, 그는 울고 있을 것이다.[13]

콜버그와 나는 필리스가 자신의 견해를 밝히는 것 이외에도 클러스터 학교 공동체를 대신해서 말하는 것처럼 보였기 때문에 필리스의 코멘트에 특별히 관심을 가졌다. 콜버그의 도덕성 발달단계 이론에 따르면, 필리스는 절도의 문제를 재산상의 구체적인 손실(2단계) 이상으로 보았다. 그러나 인간 상호 간의 배려 부족(3단계)으로 보았다. 앨버트와 페기도 3단계와 유사한 이유를 들어 필리스의 주장에 동의했다. 콜버그와 나는 대체로 첫 번째 모임보다 두 번째 모임에서 3단계에 해당하는 훨씬 더 많은 주장들이 있었음을 발견했다.

이는 집단의 도덕성 발달단계가 2단계에서 3단계로 상승했음을 암시했다. 그러나 2년 사이의 변화에 대한 설명은 필리스, 앨버트, 페기 등이 개인으로서가 아니라 클러스터 공동체의 대표자로서 발언했던 이유를 제대로 밝혀내지 못했다. "모든 공동체 구성원들은 그녀가 돈을 도난당했던 것에 관심을 기울여야 하고, 절도행위가 모든 사람의 과오임을 좀더 일찍이 인정해야 했다"고 필리스는 말한다. 필리스는 절도에 대해 개인적인 의견 이상의 목소리를 분명히 내었다. 필리스가 믿기에 개인으로서 뿐만 아니라 공동체의 구성원들로서 동

13) Ibid., 113-114.

료 학생들을 결속시키는 규범을 그녀는 표현하고 있다.

더 나아가 필리스는 콜버그가 전년도에 제안했던 것처럼 공동체가 신뢰와 배려의 규범을 채택해야 한다고 단순히 제안하지 않는다. 필리스는 공동체가 그 규범을 수용했다고 가정하고 있으며, 일부 공동체 구성원들이 그 규범에 따라 살아가지 않는다는 점에 실망감을 표현하고 있다. 앨버트와 페기의 주장뿐만 아니라 필리스의 주장은 클러스터 학교의 문화가 극적으로 바뀌었다고 제안한다. 1년의 과정을 거치면서 클러스터 학교는 공공의 삶에 대해 별로 관심이 없는 개인들의 집합으로부터 그 구성원 간의 서로를 배려하고 신뢰하는 공동체로 발전한 것처럼 보였다.

필리스와 그 외의 다른 사람들이 공동체 구성원 전체를 대변했다고 우리는 어떻게 확신할 수 있는가? 클러스터 학교에는 밥과 같은 사람도 있다. 밥은 필리스, 앨버트, 페기 등이 주창했던 공동체의 개념을 이해하지도 못했고 동의하지도 않았다. 우리가 희망할 수 있는 최선의 방법은 더 많은 클러스터 학교의 학생들이 클러스터 학교의 비전을 공유하고 서로가 그 비전을 깨닫도록 요구하는 것이었다. 한 학급의 학생들이 학교를 졸업하고 새 학급의 학생들이 학교에 입학할 때 마다 그 비전은 상호 소통될 것이며, 그 집단의 규범들은 재검토될 것이다. 두 번째 회의를 관찰하면서 발언한 학생들의 대부분이 필리스, 앨버트, 페기의 견해에 동조했다는 것과 공동체 구성원 대다수가 돈을 거두어 잃어버린 돈을 보충해 주자는 필리스의 주장에 찬성표를 던졌다는 것이 우리를 고무시켰다. 그 해의 학생들과 인터뷰를 통해 필리스가 정말로 학생 대다수를 대변했다는 것을 확신할 수 있었다. 클러스터 학교 공동체 구성원들의 의무에 대한 합의가 도출

되었다

집단적 규범의 발달을 규명하는 과정을 통하여 우리는 정의공동체 접근이 요구하는 것을 더 확실히 이해할 수 있게 되었으며, 정의공동체 접근이 반체제 문화적인 이유를 또한 이해할 수 있게 되었다.[14] 만약 우리는 정말로 학교가 신뢰, 배려, 책임감의 공유의 특성을 지닌 공동체가 되길 원한다면 교사와 학생들은 공동체적 삶에 대한 진지한 도덕적 대화에 동참해야 한다. 그들은 비전을 상호 소통하고, 상호 기대치를 정하는 수단으로서 민주적 절차를 활용해야 한다. 규칙을 정하고 시행할 때 교사와 학생들은 자신들의 결정이 공동체의 복지와 결속에 충실한지 여부와 그 결정이 자신의 이익이나 하부집단의 이익을 반영한 것인지 여부를 자문할 필요가 있다.

결론

내가 수잔의 도난 사고에 대한 사례에서 기술한 바와 같이 교사들은 학생들과 더불어 규율적인 문제나 학교생활의 문제에 대해 습관적으로 깊이 생각하지 않으려 하며, 학생들에게 가치로운 이상 실현을 위해 자신의 희생을 요구함으로써 도덕공동체를 세우려 하지도 않는다. 역설적으로 학교를 은행에 비유한 밥의 설명은 관례적인

14) 역자 주 : 정의공동체 접근이 반체제 문화적이라는 말은 기존의 학교 문화와 전혀 다르다는 의미에서 쓰여진 것이다.

학교에 대한 정확한 묘사일 것이다. 우리는 수단적이고 자신의 이익을 위한 목적으로 은행에 계좌를 설정하고 이용한다. 즉 은행은 우리에게 상호 간의 복지와 은행의 복지를 책임질 것을 요구할 수 없다. 학교가 은행을 닮으면 닮을수록 학교는 도덕발달을 함양하는 데 덜 효과적이다. 클러스터 학교와 그 후속적인 프로젝트에서 정의공동체 접근을 통한 우리의 경험은 학교가 그런 문화에 완강히 저항할 수 있어야 한다는 것이다. 즉 학교는 은행처럼 될 필요가 없다는 것이다. 정의공동체 프로그램이 학생들에 대한 일시적이고 전후(前後) 상황에 특수한 영향 이상을 지니고 있는지 여부를 일부 사람들이 물어왔다. 왜 특수한 학교 내에서 집단적 규범을 개발하고 발전시키는 데 왜 초점을 두는가? 학생들이 공동체를 떠날 때 어떤 일이 일어났는가? 도덕공동체에 민주적으로 참여한 경험은 민주적 절차에 대한 일반적인 확신과 공동선에 대한 헌신을 촉진한다고 나는 생각한다. 나의 견해를 지지하는 양적인 증거가 있다. 그레디(Grady)는 클러스터 학교를 졸업한 지 10년이 지난 후 클러스터 학교의 졸업생들은 다른 동료들보다 정치와 국가 차원의 일들에 관심을 보일 가능성이 훨씬 높다는 점을 발견했다. 즉 그 졸업생들은 지방선거에 참여하였고, 지방정부의 중요 결정에 관심을 기울였으며, 공동체 문제를 해결하기 위해 공동체의 다른 사람들과 적극적으로 협력하였다.[15] 미국의 연방정부, 주정부, 지방정부 차원에서 인격교육을 진흥시키기 위한 예상치 않는 지원과 관심이 있다. 프로그램이 확대됨에 따라 우리는 피

---

15) E. A. Grady, "After Cluster School : A Study of the Impact in Adulthood of a Moral Education Intervention Project," Harvard University, 1994. 이 논문은 공식적으로 출판되지는 않았다.

상적으로 추상적인 방식으로 덕을 제시하지만 학생들에게 감흥을 주지 못하는 프로그램을 경계해야 한다. 우리가 그러한 프로그램에서 신봉한 가치들이 학교의 제도적 · 문화적 삶 속에서 반영된 가치들이 아니라는 사실에 우리는 주목해야 한다. 비록 우리가 민주 사회에서 살고 있을지라도 우리 학교가 민주적이지 않다는 것에 우리는 관심을 기울여야 한다. 만약 정의공동체 접근이 오늘날 급진적인 것처럼 보인다면 이는 우리 학교가 정의공동체를 받아들일 환경이 아니기 때문이며, 우리는 정의공동체를 수용할 만큼 교사와 교장을 준비시키지 못했기 때문이다. 정의공동체 접근이 민주주의 원리와 미국이 지향하는 공동체에 뿌리를 두고 있다는 의미에서 급진적이다. 우리는 콜버그처럼 학교가 보다 높은 선을 행하도록 학생들로 하여금 도전하게 하는, 그리고 그렇게 함으로써 도덕적 책임감과 시민참여의 발달을 촉진하는 작은 공화국이 될 것을 요구해야만 한다.

8 아무튼 누구의 가치를 가르칠 것인가?

콜비 Anne Colby

현대 미국 고등교육을 관통하여 흐르는 두 가지 강력한 경향은 각기 다른 방향으로 그 분야를 끌어당기고 있다. 둘 중에서 더 강력한 것은 전문화와 상업화를 향한 경향이다. 이 경향은 시장압력에 쉽게 반응하는 교육산업(education industry)의 창출—노동자들이 미국의 산업에 적응하도록 준비시키는 데 집중하고 또한 학생들에게 경제적으로 경쟁하는 기능들을 제공함으로써 그들이 보다 안락하고 풍요로운 삶을 영위할 수 있도록 하는—로 나아가고 있다. 이 모델에서는 학생들이 미래에 경제적 이익을 회수하기 위해 고등교육에서 시간과 돈을 투입하는 소비자들로 취급받는다. 고등교육에서 급증하고 있는 이러한 강력한 법인 모델(corporate model)은 마케팅과 시장조사, 법인 경영전략들, 그리고 공격적인 대중 관련 캠페인 등을 포함하는 비즈니스 세계의 가치가설들(values assumptions), 언어, 그리고 행정정책들을 받아들인다. 이러한 고등교육의 개념은 고등교육의 목적들이 이해되는 방식에서 장기간의 역사적인 변화이자 또한 고등교육의 공공 목적들에 관한 초기의 개념으로부터 보다 개인주의적인, 기술적인, 그리고 도덕적으로 무관한 이해로 나아가는 흐름이다.

대학들이 이처럼 전문화되고 협소하게 시장지향적 방향으로 움직이는 것과 동시에 우리는 보다 강력한 공동체들, 보다 더 반응적인 민주주의 체계, 그리고 보다 더 참여하는 시민들에게 공헌하는 고등교육의 역량에 대한 관심이 아울러 비등함을 본다. 대학 내외부의 비판가들은 기술교육 및 보다 세분화된 지적 학습뿐만 아니라, 학생들의 도덕성 및 시민성의 발달을 위한 교육을 포함하는 고등교육의 공공 목적들을 되살려야 한다는 요구를 한 목소리로 내고 있다. 이러한 요구들은 시민들, 특히 청소년들이 공적인 생활로부터 상당히 유리된 것에 관해 사회적 차원의 관심이 모아지면서 더욱 강화되었다.

나는 법인 및 개인주의적 접근을 향한 고등교육의 움직임에 진지한 관심을 갖는 이유가 존재하며, 그리고 또한 우리는 고등교육을 미국 민주주의를 강화시키는 힘이 되도록 점차 강조되고는 있지만 아직까지는 그리 중요하지 않은 움직임을 지지할 필요가 있다고 믿는다. 비즈니스 세계로부터 아이디어와 실무를 빌려오는 것은 어떤 면에서는 고등교육기관의 능률과 효과를 높일 것이며, 또한 의심의 여지없이 대학으로 하여금 학생들의 관심에 더욱 책임을 지도록 만든다. 그러나 법인 모델에 대한 지나친 의존은 이익을 창출하는 비즈니스와 비영리적 교육기관 간의 중요한 차이를 애매하게 만드는 위험이 도사리고 있다. 비록 재정능력이 단과대학이나 종합대학이 지속적으로 존재하기 위한 명백한 전제조건이긴 하지만, 만약 우선순위를 결정하고 정책들을 평가하는 기준으로 지나치게 사용된다면, 그것은 많은 중요한 학습결과들과 공공 목적들에 대한 관심을 교육목적의 작은 부분으로 치부해 버리게 될 것이다.

많은 종류의 사회기관은 시민들을 교육하는 데 있어서 중요한 역할을 수행한다. 종교기관들과 다른 임의 결사체들, 언론매체, 그리고 초등 · 중등 수준에서의 교육은 이들 중에서 가장 중요한 것들이다. 그러나 고등교육은 종합대학들과 단과대학들이 연구와 학문을 통한 새롭고 보다 깊은 이해의 발달을 이끌고, 또한 정보와 기능뿐만 아니라 미래를 창조하는 데 있어서 개인적 · 집단적으로 갖는 그들의 중요성을 가르침으로써 새로운 세대를 준비시키는 데 가장 분명하게 책임을 지는 기관들이기 때문에 절대적이다. 고등교육은 정부와 그리고 사적인 분야에 있는 모든 지도자들을 실제적으로 포함하는, 이제까지보다 훨씬 더 넓은 각계각층의 사람들에게까지 영향을 미치기 때문에 사회의 긍정적 세력으로서 엄청난 기회들을 갖는다. 고등교육은 개인 상호 간 및 자신들의 공동체들과 관계를 형성하는 데 강력한 영향을 미치며, 또한 우리는 그 영향이 파괴적이라기보다는 건설적이라는 것을 확신할 필요가 있다. 고등교육이 이러한 관심들에 반응하기 시작하였다는 것은 의심의 여지가 없다. 시민참여와 사회적 책임을 회복하라는 요구에 대한 반응으로 단과대학들과 종합대학들은 지역공동체 내의 사회적 문제들을 더욱 직접적으로 다루기 시작하고 있다. 예컨대, 지역학교들과 파트너십을 개발함으로써, 혹은 정치적 · 정책적 이슈들의 토론을 위한 공공 포럼들을 개최함으로써 참여하고 있다.

이러한 종류의 기관참여뿐만 아니라 몇몇 단과대학들과 종합대학들은 학생들이 공공 서비스, 시민참여와 리더십, 그리고 인간적인 혹은 윤리적인 가치와 행동 등에 관심을 갖는 교육성과에 더욱 중요성을 부여하기 시작하고 있다. 이것은 학생들의 도덕적 · 시민적 책임감의 발달을 조장하기 위해 설계된 명시적 · 잠재적 교육과정—모든 교육과정을 아우르는 윤리학, 봉사학습, 그리고 봄방학과 같은 지역공동체 봉사 프로그램 등—의 확산에서 명백하게 드러난다.

교육 지도자들은 이러한 종류의 과제를 지원하기 위하여 몇 가지의 국가적 네트워크를 확립하였다. 이 중 가장 눈에 띄는 것은 총장들의 모임(Campus Compact)과 전국자원봉사연합(Corporation for National Service)의 학습 및 봉사 고등교육(The Learn and Serve Higher Education)의 창시 등과 같은 봉사-학습과 관련한 네트워크들이다. 이러한 전문화된 네트워크들의 발달과 아울러 미국 단과대학 및 종합대학협의회와 전미 고등교육연합회와 같은 국립 고등교육기관들은 이러한 관심들을 학사업무의 핵심에 놓고 있다. 이러한 과제에 관한 커뮤니케이션은 국가적 차원의 회의들이 대학생들의 가치와 시민참여를 위한 교육에 집중됨에 따라 그 범위를 더욱 확장시키고 있다.

그러나 고등교육의 공공 목적들을 복원시키고자 하는 이러한 움직임이 강화됨에도 불구하고 이에 대한 강력한 저항이 존재한다. 그 움직임이 교육을 개인적 진보를 위한 하나의 필수품으로 보는 경향과 의미 있게 조화할 수 있을지의 여부는 매우 회의적이다. 고등교육은 공공선을 위한 하나의 기관으로서 그의 계류장으로부터 서서히 움직이고 인간으로서의, 그리고 시민으로서의 학생의 교육에 관심을 갖지 않는 시장지향적 훈련을 향한 길로 나아갈 수 있었다. 몇몇 논거들이 고등교육의 도덕적 · 시민적 목적들을 포기하는 것을 정당화하고, 이러한 목적들이 현대 세계에서 장애로 보이도록 만들기 위하여 수차례 제기되었다. 이 논거들은 고등교육의 공공 목적들의 부활을 미연에 방지하기 위하여, 혹은 최소한 그것을 대학생활의 주변부에 계속 두도록 하기 위한 것으로 광범하고 위협적이다. 이 논문은 이들 반론이 잘못되었고, 왜곡되었으며, 그리고 올바르지 않다는 것을 논증할 것이다.

논거 : 고등교육에는 비즈니스에 중점을 두는 가치가 없다

이들 논거들 가운에 첫 번째는 고등교육에는 비즈니스에 역점을 두는 가치에 관한 이슈들이 없다는 것이다. 고등교육은 가치중립적이어야 하며, 지식과 기능을 전달하고, 도덕적 · 시민적 가치들의 문제를 가정, 교회, 그리고 정치기관들로 넘겨야만 한다는 것이다. 비록 이러한 권고는 언뜻 보면 그럴 듯하게 보일지 모르지만 자세하게 검토해 보면 교육기관들이 결코 가치중립적일 수 없다는 것은 분명하다. 수십 년 동안 교육자들은 학교의 잠재적 교육과정의 힘과 또한 그것이 전달하는 도덕적 메시지들을 확인하여 왔다.[1] 잠재적 교육과

1) Lawrence Kohlberg, "Indoctrination and Relativity in Value Education," *Xygon* 6 (1971) : 285–309 ; P. W. Jackson, *Life in the Classroom* (New York : Holt, Rinehart and Winston, 1968) ; G. D. Fenstermacher, "Some Moral Considerations on Teaching as a Profession," in J. Goodlad, R. Soder, and K. Sirotnik, eds., *The moral*

정은 학교와 교사들이 조작하는 (충분히 검증하지 않은) 실제적 활동들—훈육을 유지하고, 성적과 여러 가지 포상들을 배정하고, 그리고 교사와 학생들의 관계 및 학생들 각자 상호 간의 관계를 관리하는—이다. 비록 잠재적 교육과정에 관한 대부분의 연구가 초 · 중등학교 교육을 중심으로 방향이 잡혀져 왔지만 그 개념은 고등교육에도 똑같이 적용된다. 만약 대학생들이 교수들을 다른 사람들이나 대학에 관심을 갖고 배려하기보다는 자신들의 전문적 명성을 추구하는 것으로 보수를 받는 사람들로 인식한다면, 만약 그들이 한 학생의 성공은 다른 학생의 실패에 공헌한다는 경쟁적 분위기에 묻히게 된다면, 만약 그들이 기관의 위선에 직면한다면 대학생들은 스스로 냉소적이 되고 자기 이익을 추구하게 될 수 있다. 반면에, 교수들이 학생들에게 양심적으로 정직하고, 공정하며, 배려할 때, 그리고 또한 학문에 성실하게 접근할 때, 그들은 매우 다른 종류의 강력한 도덕적 교훈을 가르치는 것이다.

교수와 학생들 관계에서의 이러한 가치 메시지와 더불어 도구적 개인주의와 물질주의의 메시지들이 많은 대학 캠퍼스의 기관 및 동료 문화에 훨씬 더 광범위하게 퍼져 있다. 교수와 학생에 대한 연구의 기업 후원, 어떤 강좌들에 대한 기업 후원 계약, 웹사이트 상에서의 광고, 그리고 스포츠와 다른 이벤트에서 코카콜라나 펩시와 같은 상품에 주어지는 독점적인 음료공급권 등을 포함하는 고등교육의 상업화는 비록 그것이 기관의 이익에 어느 정도 기여하지만 또한 일반 문화에 팽배한 물질주의와 상업주의를 강화시키는 데 작용한다. 어

Dimensions of Teaching (San Francisco : Jossey–Bass, 1990) : 130–154.

느 누구도 대학생들이 텔레비전, 영화, 음악, 그리고 다른 매체를 통해 빠져드는 비공식적 학습환경에 대한 상업적 이익의 영향을 부인하지 못할 것이다. 고등교육이 이러한 문화적 경향을 강화할 때, 그것은 가치중립적으로 보일지 모르지만 그러나 그것은 결코 그렇지 않다.

학문분야 또한 학생들의 준거틀(frame of reference)을 형성하는 데 공헌하는 가치가설들을 구체화하였다. 이들 가설들은 흔히 검증되지 않기 때문에 확실하지는 않다. 예를 들면, 경제학에서의 지배적인 연구와 정치학에서의 유사한 경우는 합리적 선택을 가정하는 모델을 만들었으며, 그것은 이들 학문분야를 가르치는 데 있어서 거의 비판적 분석이 이루어지지 않는다. 인간 행위에 관한 이러한 모델은 각 개인은 항상 자신들의 지각된 이익을 극대화하고자 추구한다는 것이며, 또한 사회적 현상은 이러한 이기적 전략을 사용하는 개인들의 집합을 드러낸다는 것을 가정한다. 사회생물학 및 심리학의 몇몇 접근들과 같은 다른 분야에서의 연구와 이론은 이와 비슷한 관점을 뒷받침하고 있다. 그것은 또한 인간 본성의 이기적 혹은 기계론적 관점을 가정한다. 이러한 인간 행동 모델들에 대한 의심 없는 의존은 이기적 존재의 일상화를 초래할 수 있다. 그러한 일상화는 개인들이 항상 근본적으로 자기 이익에 의해 동기화되며, 이타주의 혹은 타인들의 안녕에 대한 생리적 관심은 착각이고 자기 자신의 이익 목적을 성취하기 위해 전략적으로 행동하지 못하는 것은 어리석은 것이라는 일상적 믿음을 굳히는 데 공헌한다.[2)]

2) 경제학 분야에서 이러한 이슈들에 관한 논의는 Myra H. Strober, "Rethinking

문학, 유전학, 공학, 그리고 비즈니스와 같은 그러한 광범위한 분야를 포함한 많은 학문분야에서 도덕적 이슈들은 그 제재에 핵심적이며, 그리고 도덕적 이슈들을 경시하는 수업은 어떤 특별한 방식에서 복잡하고 다면적인 제재에 적응하도록 하는 수업이다. 레스트(J. Rest), 비보우(M. Bebeau), 워커(J. Walker), 그리고 다른 몇 사람들은 도덕적 이해와 행동에서 도덕적 이슈들에 대한 해석과 민감성이 얼마나 중요한 역할을 하는지에 관하여 글을 써왔다.[3] 최근의 글에서 워커는 대부분의 삶의 상황들이 본질적으로 불명료하며, 삶의 상황들에 내포되어 있는 도덕적 중요성이 유용한 사실들에 의해 저평가된다는 사실이 함축하고 있는 의미를 탐구하였다. 이러한 불명료함 가운데 의미와 명료성을 발견하기 위하여 사람들은 세계를 지각하는 도덕적 해석과 직관의 습관을 발달시킨다. 결과적으로, 각기 다른 도덕적 해석 습관을 지닌 사람들은 비록 그들이 많은 점에서 공통성을 지니고 있다 하더라도 매우 다를 수 있는 세계에서 살고 있으며, 그리고 이러한 세계들은 도덕적 행위에 대한 각기 다른 기회와 의무를 제공한다.

학생들은 학부시절에 몇 번이고 되풀이하여 현저한 도덕적 이슈들을 야기시키는 강좌에 대한 제재를 접한다. 그러나 대부분의 강의

Economics through a Feminist Lens," *American Economics Review*(May 1994) : 143-47을 참고할 것.

3) 다음을 참고할 것 : J. Rest, *Development in Judging Moral Issues*(Minneapolis : University of Minnesota Press, 1979) ; M. J. Bebeau, "Influencing the Moral Dimension of Dental Practice," in J. Rest and D. Narvaez, eds., *Moral Development in the Professions*(Hillsdale, N.J. : Lawrence Erlbaum Press, 1994) ; J. Walker, "Choosing Biases, Using Power and Practicing Resistance : Moral Development in a World without Certainty," *Human Development* 43 : 3(2000) : 135-94.

실에서 이 이슈들은 끊임없이 그 제재를 이해하는 것과는 무관한 것으로 치부되어 왔다. 이것은 학생들로 하여금 많은 상황들 안에 함축되어 있는 도덕적 이슈들을 보고도 못 본 체하도록 가르치는 도덕적 해석 습관에 대한 비록 의도하지는 않았지만 체계적인 훈련이 된다. 이러저러한 많은 방식들로 교육기관들은 학생들에게 가치와 도덕적 메시지들을 전달한다. 이것은 불가피한 일이다. 이러한 사실을 인정한다면 기관들이 가치를 점검하고 또한 학생들에게 전달할 것을 보다 의식적이고 심사숙고하여 선택하는 것은 바람직한 것으로 보인다. 이 문제는 우리를 다시금 논쟁 속으로 끌어들인다. 왜냐하면 이러한 선택을 하는 데 있어서 교육기관들은 우리 사회의 다원주의적 특성과 우리의 교수진 및 학생집단의 그러한 다원주의적 특성에 어쩔 수 없이 직면하게 되기 때문이다.

논거 : 누구의 가치?

책임 있는 시민을 교육하는 과정에서 명백하게 가치중립을 지키기 위한 하나의 노력은 지적 훈련, 비판적 사고, 그리고 분석적 추론에서 “탈가치” 혹은 “탈내용” 기능들을 권장하는 것이다. 결국, 이 목적들은 고등교육의 학문적 정체성의 핵심에 놓여 있다. 비록 시민참여나 개입을 촉진하는 안전하게 가치중립적인 것으로서, 그리고 그럼으로써 이론적으로 볼 때 상대적으로 자비로운 것으로, 또한 아주 쉽게 간주될 것 같지만 실제적으로는 그 뒤에 놓여 있는 정치적 이데

올로기에 관한 의문들을 불러일으키며, 또한 그런 까닭에 저항에 직면하기 시작한다. 가장 격렬한 반대는 시민참여와 책임에 대한 관심과 더불어 도덕성, 인격, 그리고 가치에 대한 관심을 포함하는 접근들에 따라 일어난다. 누구의 가치인가, 주입의 가설들, 그리고 "이것은 고등교육의 적절한 역할이 아니다"라는 불평들에 관한 의문들이 "도덕성"이란 단어가 사용되는 순간 심각하게 거론된다.

그런데 왜 유능한 시민에게 요구되는 비판적 사고와 같은 그러한 부인하기 어려운 가치로운 능력들을 포함하는 기능들의 발달에 초점을 두지 않는가? 그리고 왜 가치와 도덕성의 발달을 일개인의 영역으로 남겨놓는가? 나와 동료들은 이것은 바람직하지 않을 뿐더러 가능하지도 않다는 점을 여러 다른 곳에서 주장해 왔다. 분석적 사고와 공평한 과학적 · 탐구적 전문지식과 같은 핵심적인 학문적 역량들을 수양하는 것이 자기 자신을 사회의 공동선을 위해 헌신하고자 하는 책임 있는 시민을 배출하는 데 충분하다고 가정하는 것은 그렇게 하고자 하는 동기의 문제를 교묘히 회피하는 것이며, 또한 오늘날 시민 불참여와 정치적 불개입, 특히 젊은이들 사이에서의 광범위한 증거에 정면으로 대항하는 것이다. 이런 종류의 교육을 받은 수혜자들이 분석적 기능과 전문적 지식을 자신들의 개인적 향상을 위해 점점 더 사용하고 있다는 증거는 풍부하며, 그리고 여기에 언급된 교육적 접근은 감히 그 경향을 다루고자 하지 않는다.

우리는 시민의 책임을 고양하기 위한 교육에 초점을 맞추면서도 가장 논쟁의 여지가 많은 도덕적 가치의 영역을 피하여 다룰 수 있는가? 민주적 참여를 위한 교육은 필연적으로 도덕적 이슈를 끌어들이기 때문에 이러한 진행은 결코 이루어질 수 없다. 우리의 민주적 원리들은 관용과 타인 존중, 절차적 공정성, 그리고 개인의 권리와 집단의 복지 두 가지 모두에 대한 관심 등을 포함하는 도덕적 원리들에 뿌리를 두고 있다.

이와 마찬가지로 공민답게 참여하는 시민이 반드시 직면하게 되는 문제들은 강렬한 도덕적 주제—예컨대, 주택공급과 같은 자원에 대한 공정한 접근, 환경정책을 수립하는 데 있어서 미래 세대를 고려하는 도덕적 책무, 그리고 지역공동체 의사결정에서 다수 이해 당사자들의 갈등하는 주장들—를 내포하고 있다. 이 이슈들 중의 어느 것도 도덕적 문제들을 고려하지 않고는 적절하게 해결될 수 없다. 한 인간은 선한 판단과 강력한 도덕적 준거가 없어도 공민으로서, 그리고 정치적으로 활동할 수 있지만 그런 종류의 활동을 장려하는 것은 매우 현명하지 못하다. 시민으로서의 책임은 불가피하게 도덕적 가치들로 엮여져 있기 때문에 고등교육은 도덕적 성숙뿐만 아니라 시민적 성숙을 함께 열망해야 하며, 또한 그 둘 사이의 수많은 연결고리들을 교육적으로 연결시켜야만 한다.

이것은 우리로 하여금 도덕 및 시민교육을 낮게 평가하게 하는 두 번째의 널리 알려진 반론, 즉 우리는 다원주의 사회에서 살고 있으며, 그러므로 어떤 (혹은 누구의) 가치들이 전달되어져야만 하는지를 결정할 합법적인 방법이 존재하지 않는다는 반론으로 다가서게 한다. 이 반론은 두 가지 형식을 취하고 있다. 첫째는, 수많은 문화적 배경과 전통, 종교, 그리고 정치적 관점을 지닌 사람들로 구성된 현대 미국 사회의 특징인 다양성으로부터 나온다. 둘째는, 어떠한 문화적 전통 내에서도 많은 도덕적 · 시민적 · 정치적 · 종교적 이슈들에 관하여 정당한 변화와 불일치가 존재한다는 인식을 반영한다.

이러한 관심들을 언급하는 데 있어서 다원주의와 도덕적 상대주의를 구분하는 것은 중요하다. 도덕성에 관한 다원주의적 관점은 둘 혹은 그 이상의 비교할 수 없는 도덕적 구조들이 정당화되어질 수 있다는 것을 가정한다. 이것은 모든 가능한 도덕적 구조가 정당화되어질 수 있다는 것을 의미하는 것이 아니라, 단지 어떤 하나의 구조로 환원되어질 수 없는 많은 타당한 도덕적 구조들이 존재한다는 것일 뿐이다. 이와는 대조적으로 도덕적 상대주의는 도덕적 입장들 간을 구별하기 위한 어떤 토대가 전혀 없다는, 그 어떤 입장도 다른 입장들보다 더 혹은 덜 타당하다고 간주되어질 수 없다는 것을 의미한다. 도덕 및 시민교육에 대한 비판가들은 이런 의미에서 상대주의적인 사람이 거의 없다. 만약 그들이 상대주의자들이라면 대학들이 임의적인 가치들을 학생들에게 주입해서는 안 된다는 어떠한 믿음을 갖고 주장할 수 없을 것이다. 왜냐하면 이러한 논거는 그 자체로 하나의 도덕적 주장이기 때문인데, 아마도 그들은 도덕적 근거를 정당화할 수 있다고 생각할 것이다.

수년 동안 인류학자들은 전 세계를 통해 각기 다른 문화마다 복수의 규범들(사람들이 하는 바 혹은 그들이 해야만 한다고 믿는 바에 있어서의 다양성)이 존재하고 있다는 것을 증명하여 왔다. 어떤 사람들은 이러한 규범의 다양성은 다만 표면적인 것일 뿐이며, 일단 그 의미가 이해되면 그것은 모든 문화에 공통적으로 밑바닥에 흐르는 도덕원리들로 환원된다고 주장하고 있다. 또 어떤 사람들은 문화적 다양성이란 도덕적 관점에서의 근본적인 차이를 반영하며, 그럼으로써 한 문화에서 가장 중요한 가치들은 다른 문화에서는 훨씬 덜 중심적이거나 혹은 두드러지지 않는다는 것을 보여주려고 노력하고 있다. 쉬

웨더(R. Shweder)는 미국과 유럽 사람들의 도덕성 개념에서 중심적인 위치를 차지하고 있는 자율성, 개인의 권리, 그리고 정의와 같은 도덕적 개념들은 인도와 같은 다른 문화에서는 의무, 희생, 그리고 충성과 같은 더욱 정교하고 두드러진 다른 도덕적 가치들에 의해 가려진다는 사실을 입증하기 위해 광범위한 현장 연구를 수행하였다.[4] 그러나 도덕적 가치에서의 문화적 차이를 입증하는 인류학적 조사연구에서조차도 궁극적인 도덕적 선으로서 명백하게 간주하는 범위에 한계가 존재한다. 그리고 매우 다른 도덕적 관점들조차도 비록 각 현장의 사람들 스스로 그들이 강조하지는 않았다. 그렇지만 다른 관점의 가치들을 내포한다는 것에 주목하는 것은 중요하다. 도덕적 준거기준에서의 차이들은 가장 공통적인 기본 가치들이 상호 갈등할 때 어떻게 순서지워지는가, 그리고 이들 가치 중의 어느 것들이 실제에서 더욱 두드러지는가에서의 차이로 가장 잘 드러난다. 문화 전역에서 근본적인 도덕적 이질성이 존재한다고 믿는 인류학자들조차 극단적이고 무제한적인 문화적 상대주의를 일반적으로 믿지 않는다. 매우 다른(그리고 근본적으로 어울리지 않는) 도덕적 관점들조차 인간이 공통적으로 갖고 있는 일련의 도덕적 미덕이나 덕의 토대에 근거한다. 아마도 이러한 공통성들은 미국과 같은 문화적으로 이질적이고 또한 다원주의적인 국가에서도 존재하지만 단일국가 내에서는 훨씬 더 강할 것이다.

우리는 미국의 고등교육기관들이 합의를 이룰 수 있는 토대를 구

---

4) R. Shweder, "True Ethnography : The Lore, the Law, and the Lure," in R. Jessor, A. Colby, and R. Shweder, eds., *Ethnography and Human Development*(Chicago : University of Chicago Press, 1996) : 15-52.

성하는 도덕적 공통성 혹은 공유된 가치, 비록 공유된 도덕적 가치들이 흔히 서로 간에 갈등을 일으키고 또한 개인들과 하위 집단들이 각기 다른 가치의 위계서열을 창출한다는 것을 인정하지만 이를 어떻게 확인할 수 있는가? 비록 고등교육이 대학들의 실천을 의미 있는 정도까지 구체화시키지 못할 때라도 미국 고등교육을 위한 공통적인 핵심 가치들의 중요한 원천 중의 하나는 대부분의 기관들이 인정하는 시민성을 교육할 책임으로부터 나온다. 이러한 책임은 공립대학들에게는 명백하다. 그러나 사립 단과대학들과 종합대학들조차도 공공지원—비록 면세를 받는 것이지만—을 받으며, 그리고 거의 모든 단과대학과 종합대학의 설립목적에는 사회에 대한 지도력과 헌신을 교육할 책임이 언급되어 있다. 민주주의 제도에 참여하는 시민을 준비시킬 책임은 이들 기관들의 교육목적에 몇몇 도덕적 가치를 포함하는 몇 가지 가치들이 진술되어져야만 한다는 것을 함축한다. 이들 가치들은 상호 존중과 관용, 개인과 공동체의 권리 및 복지에 대한 관심, 각 개인은 보다 큰 사회구조의 일부라는 인식, 그리고 정중하며 합리적인 논의와 절차적 공정성에 대한 헌신 등을 포함한다.

대학들의 교육 및 학문적 소명은 또한 일군의 핵심 가치들을 함의한다. 어느 누구도 고등교육이 지적 고결함과 진리에 대한 관심의 가치를 구현해야만 한다는 것을 부정하지는 않을 것이다. 비록 학생을 인도하는 것이 실제에 있어서는 아무리 불완전하더라도, 만약 이들 가치들이 학문을 연구하고, 가르치고, 그리고 배우는 일을 인도하는 것을 유지하지 못한다면 대학경영은 필연적으로 위태로워질 것이다. 열린 마음의 이상, 기꺼이 다른 사람들의 이상을 경청하고 진지하게 받아들이고자 하는 마음가짐, 그리고 경쟁하는 이슈들에 관한 지속적인 공개 토론은 대학과 고등교육에 있어서 똑같이 중요한 일이다.

고등교육이 지니고 있는 공민적 · 지적인 목적으로부터 도출된 이러한 일반적인 일련의 핵심 가치들 이외에도 몇몇 사립대학들(그리고 소수의 공립대학에서조차)은 보다 특수한 도덕적 · 문화적 · 종교적 가치를 표방하고 있다. 이들 대학들의 특수한 사명과 그들의 교육프로그램이 추구하는 바는 미래의 학생들과 교수진에게 분명하게 설정될 필요가 있다. 가장 뚜렷한 예로는 많은 교단에서 신앙에 기초한 교육을 제공하는 종교계열 단과대학과 종합대학들이다. 공립대학 가운데에서는 군사학교들이 장교들을 교육할 권한을 위임받았기 때문에 그들의 가치는 이 목적을 중심으로 제한된다. 미국의 인디언 부족 대학들과 같은 그 밖의 다른 공립대학들은 특수한 사람들을 위해 공헌하도록 설립되었으며, 이 대학들은 흔히 그들의 교육과정과 프로그램에 전통적인 부족의 가치들과 같은 특수한 가치들을 명시적으로 밝히고 있다.

만약 한 대학 내에서 많은 사람들의 의견이 일치하는 가치들이 진지하게 채택된다면, 그 가치들은 고등교육에서 도덕적 및 공민적 발달을 도모하는 프로그램에 대한 강력한 안내 원리들이 된다. 물론 그렇다 하더라도 수많은 특수한 상황들에 대해 이들 원리들을 적용할 때 얼마든지 토론이 가능하다. 특히 합리적인 공개토론에 대한 의무를 지니고 있는 고등교육기관들에서 갈등하는 가치들에 관한 어려운 문제들을 토론하는 것은 열려 있을 수 있으며, 또한 그래야만 한다. 도덕 및 시민교육은 그러한 논쟁거리를 제공한다. 이것이 의미하는 바는 우리가 가치갈등의 가장 어렵고 또한 논쟁적인 경우들에 관한 합의로부터 시작할 필요가 없다는 것이다. 도덕 및 시민교육은 초기의 핵심 가치들에 관한 합의에 도달하는 것이 가능하도록 해준다.

어떤 비판가들은 원칙적으로는 학부 교육에서 이러한 접근이 바람직한 일이라고 동의하면서도 실제적으로는 도덕 및 시민교육 프로그램들이 승인되지 않은 정치적 및 이념적 신념을 전수할지 모른다고 우려한다. 이러한 우려들은 보수적 영향에 관한 관심을 불러일으키는 도덕성 및 인격과 같은 용어들로, 그리고 자유주의적 정치 의제의 우려를 이끌어내는 사회정의 혹은 사회변화에 관한 언급으로 정치적 스펙트럼상의 어느 곳으로부터도 등장한다. 관점이 다양성을 억압하는 교육 관행에 대항하여 주의를 기울이는 것은 중요하며, 그러한 다양성을 제한하는 남용이 일어날 때는 윤리적 · 교육적으로 어찌할 수가 없다. 그러나 나의 경험으로 보면 대학 수준의 도덕 및 시민교육에 관계하는 대부분의 사람들은 이러한 위험을 잘 알고 있으며, 또한 남용되지 않도록 주의를 기울이고 있다.

카네기 재단의 교수 진흥 프로젝트를 수행하면서 나와 동료들은 도덕 및 시민교육을 중요시 여기는 모든 종류의 단과대학과 종합대학을 방문하였으며, 또한 많은 연구들을 검토하였다. 심지어 가장 전문화된 기관을 방문하였을 때 우리는 교수진이 다양한 관점들이 존중되도록 하는 일에 책임지려고 주의를 기울이고 있고, 또한 일관성을 갖고 학생들로 하여금 지배적인 대학 문화에 존재하는 가정들에 관해 의문을 품고 사고하도록 격려하고 있다는 사실에 놀랐다. 기독교 교단의 엄격한 대학인 메시아 대학(Messiah College)의 경우, 학생들은 흔히 자신들의 신앙에 어떠한 의문을 품지 않고 또한 다른 교단에 속한 사람들과의 경험이 거의 없이 대학에 들어온다. 학생들로 하여금 이성과 신앙의 관계를 탐구하도록 돕는 책임을 진 교수진은 학생들을 긴장시키고, 그들로 하여금 스스로 생각하도록 격려하며, 그들을 자신들의 안락한 지대로부터 밖으로 끌어내려고 노력한다. 미 공군사관학교의 경우, 학생들은 군 장교로서의 미래의 역할이 명령과 군법에 복종해야만 한다는 것을 이해하면서도 또한 비합법적인 명령에는 불복종하도록 교육을 받는다. 이것은 사관생도들이 복잡하고 애매한 상황에서 성숙하고 누구에 의존하지 않는 독자적인 판단을 할 수 있는 역량을 발달시켜야만 한다는 것을 의미한다. 포트랜드의 정치적으로 자유주의적인 도시에 있는 포트랜드 주립대학교(Portland State University)의 경우, 봉사학습 과정을 가르치는 교수진은 도덕적 · 정치적 · 정책적 이슈에 관한 토론에서 어떻게 하면 모든 목소리들이 무시되지 않고 경청되도록 할 수 있는가를 논의하기 위하여 정기적인 만남을 갖고 있다.

우리가 방문했던 모든 기관들은 어떤 특정한 정당 노선을 강요하려는 모든 노력에 대하여 이에 저항하는 학생들의 역량에 공통적으로 관심을 집중하고 있다. 이러한 역량들은 이성에 대한 개방성, 효과적으로 의사소통을 하는 능력, 자신과 다른 관점들에 대한 관용, 사고의 명료성과 비판적 사고, 그리고 다양한 관점에서의 도덕적 논의를 할 수 있는 능력 등을 포함한다. 정직의 규범을 준수하도록 요구하는 신사도(honor code)를 제외하면 이들 기관에서 도덕적 및 시민적 책임을 육성하고자 의도하는 중추적인 교육 및 기타 프로그램들은 비강제적이다. 교수나 혹은 다른 학생이 자신의 관점을 강요하려고 노력하고 있다고 판단되면 이에 저항하는 것을 주저하지 않는 것으로 보였는데, 이는 그들이 독자적으로 사고하도록 격려를 받는 데 어느 정도 원인이 있는 것이다. 우리가 관찰하지 않았던 교수나 혹은 기관들이 이들 원리들을 남용할지는 모르지만, 이런 남용은 학생들의 도덕적 및 시민적 책임의 발달이 기관의 명시적인 목적이든 아니든 상관없이 발생할 수 있다. 고등교육기관들이 이러한 노력에 분명할 뿐만 아니라 자발적이도록 하고, 그들의 교육 실제를 공공의 관점에 대해 열려 있도록 하며, 그리고 이들 실제에 관한 국가적 차원의 대화를 다양한 범위의 다른 기관들과 연계하도록 하는 것은 가치로부터 자유로운 기관을 경영하고자 시도하는 것보다 비판가들이 염려하는 권한의 남용을 훨씬 더 최소화하기 쉽다. 이들 이슈들을 공공 논쟁과 토론으로 끌어들이는 접근은, 만약 주의 깊게 추구된다면 우리들이 이념적 노선을 넘어 도덕성, 인격, 애국심, 그리고 사회정의와 같은 용어들을 재평가하고 또한 그것들이 무엇을 의미하고 오늘날의 어려운 사회적 이슈들에 대해 어떤 의미를 내포하고 있는가를 서로 터놓고 이야기할 수 있도록 해줄 것이다.

도덕 및 시민교육이 학생들에게 임의적인 가치를 강요한다는 비난과 관련된 아이러니는 이들 가치에 토대를 둔 자유주의적 교육목적들이 오히려 전 생애를 통해 어떤 특정한 가치를 주입하고자 할 때 이를 방어하는 최선의 보호로 작용한다는 것이다. 학생들이 비판적 사고의 역량을 발달시키도록 돕는 것, 그들에게 아이디어를 추구하는 데 있어서 마음을 열고 관심을 갖도록 가르치는 것, 그들 자신들의 주장을 지지하듯이 또한 다른 사람들 역시 그렇게 할 것으로 기대하도록 요구하는 것, 그리고 늘 그들이 나름의 식견을 갖추고 도덕적 · 시민적 · 정치적 이슈들을 사고하도록 격려하는 것은 가장 확실하게 학생들로 하여금 자신들의 입장과 임무를 독자적으로 사고하도록 해준다. 학생들이 이러한 것들에 관하여 생각하고 또한 그것들을 철저하게 논의하는 것을 배우면 배울수록 그들은 주입으로부터 덜 영향을 받게 된다.

논거 : 대학은 도덕 및 시민교육을 하기에는 너무 늦다

대학 수준에서 도덕 및 시민교육에 대한 반대 가운데 널리 알려진 또 다른 것은 오늘날의 대학생들이 20세기 중반 초의 학생들에 비해 훨씬 더 성숙해 보인다는 것이다. 고등교육이 보다 많은 사람들에게 접근이 가능하게 됨에 따라 대학생들의 모습이 변하였다. 제2차 세계대전 이전의 고등교육의 지배적인 구조는 숙박시설을 갖춘 환경에서 풍요로운 가정 출신의 학생들을 온종일 교육하는 사립기관들이었다. 이것은 이제 미국 학부 교육의 일부분에 지나지 않는다. 오늘날에는 학부 재학생의 4명 중 3명 이상이 집에서 학교를 다니는 학생들이다.[5] 오늘날 거의 과반수의 학부 학생들이 고등학교에서 바로 단과대학이나 종합대학으로 진학하지 않는다. 그들은 선배들보다 나이가 더 많고, 파트타임으로 일하며, 정시제(定時制) 학부 학생들이다. 많은 학생들이 결혼을 하였고, 부모이다. 이러한 중요한 사실들은 우리가 도덕적 및 시민적 책임을 육성하기 위해 대학 수준의 프로그

5) U.S. Bureau of the *Census, Statistical Abstract of the United States* : 1998, 118th ed. (Springfield, Va. : National Technical Information Services, 1998).

램을 설계할 때 고려되어야 할 필요가 있다.

이처럼 연령이 높아지는 현상은 대학생들의 성인 지위를 인정하고자 하는 또 다른 경향과 연결된다. 1970년대 초반까지 기숙사 시설을 갖춘 많은 단과대학들과 종합대학들은 부모 대행의 입장에서, 즉 대학 구내 생활의 시간과 규칙들을 광범위한 다른 행동 이슈들에 덧붙여 부과함으로써 학생들에게 부모의 역할을 수행하는 책임을 안고 있었다. 이러한 유사부모 역할의 중심적인 목적은 사회적 및 도덕적 규범들에 대해 학생들의 순종을 확실하게 하기 위해서였다. 1960년대와 1970년대에 학생들이 더욱 정치화됨에 따라 그들은 성인으로서의 대우와 그리고 훨씬 더 큰 자율과 자기 통제를 요구하였다. 10년도 채 되기 이전에 부모가 해야 할 역할을 안은 정책들이 아직 남아 있는 대학들은 사실상 거의 사라졌다. 학생들의 연령과 생활환경이 각자 서로 점차 다르게 됨에 따라 나타난 이러한 대학의 변화는 여러 가지 목적상 학부 학생들이 이제 일반적으로 청소년보다는 오히려 성인으로 대우해야 한다는 것을 의미한다.[6)]

이것은 비판가들로 하여금 학생들이 대학에 재학 중일 때쯤이면 도덕적 인격이 이미 충분히 확립된 것으로 가정되기 때문에 그들의

---

6) 우리는 특히 제2차 세계대전 이후 제대자 원호법(GI Bill)의 통과 이래로 미국의 단과대학과 종합대학에 항상 나이가 든 어느 정도의 학생들이 존재해오고 있다는 것을 인정한다. 그렇다 하더라도 지난 수십 년 전까지는 일반 사람들에게 있어서 대학생들의 지배적인 이미지는 아직 스스로 책임을 질 준비가 되어 있지 않은 어린 사람들의 그것이었다. 에릭슨(E. Erikson)과 마르시아(Marcia)와 같은 몇몇 영향력 있는 심리학자들은 이 기간을 청소년기와 성인기 사이의 "유예기간"이라 불렀다. E. Erikson, *Identity, Youth and Crisis* (New York : Norton, 1968) and J. E. Marcia, "Identity in Adolescence," in J. Adelson, ed., *Handbook of Adolescent Psychology* (New York : Wiley, 1980).

가치와 인격에 영향을 미치기에는 너무 늦다는 주장을 하도록 유도하고 있다. 이러한 가정이 옳지 않다는 분명한 연구결과가 있다. 첫째, 18세에서 22세 혹은 그 정도에 이르는 전통적인 학부 학생들의 연령에 대해, 모든 주요 발달이론가들은 이 기간이 흔히 성인기로의 전환에 해당하는 것으로 중요한 도덕적 및 이념적 탐구, 방황, 그리고 강화의 시간이라고 지적하고 있다.[7] 젊은이들은 인생 가운데 이 시기에서 자신들의 인식론적 · 도덕적 · 정치적 · 종교적 가설에 의문을 품고 꼬치꼬치 비판적으로 캐물으면서 다른 인생을 살며, 자신들이 누구인가 그리고 무엇이 자신들에게 중요한가에 관한 나름의 이해를 다시 생각한다. 도덕적 성장을 위한 이보다 더 좋은 시간은 존재하기 어려울 것이다.

나이 든 학생들과 관련한 심리학 연구가 최근 10여 년 동안 성인과 전 생애에 걸친 발달에 관하여 광범위하게 수행되었다. 비록 어린 시기와 청소년기에서의 경험들이 각 개인의 도덕적 판단, 정체성, 그리고 행동을 형성하는 데 있어서 분명히 중요하지만 많은 사람들에게 있어서 도덕발달이 성인기에 이르기까지 계속된다는 것은 확실하다. 콜버그의 도덕발달 구조에서 도덕적 사고의 가장 복잡한 수준인 후인습적 도덕 판단은 초기 성인기까지는 나타나지 않으며, 최소한 형식적 교육이 끝날 때까지 계속하여 발달하며, 자신들의 도덕적

7) E. Erikson, *Identity, Youth, and Crisis*(New York : Norton, 1968) ; William Perry, Jr. *Forms of Intellectual and Ethical Development in the College Years*(New York : Holt, Rinehart, and Winston, 1968) ; Lawrence Kohlberg, *The Psychology of Moral Development*(San Francisco : Harper & Row, 1984) ; J. Loevinger, *Ego Development*(San Francisco : Jossey–Bass, 1976).

사고에 도전하는 활동에 지속적으로 참여하는 그런 사람들에게는 이를 넘어서 발달한다.[8)]

이와 유사한 연구결과들이 도덕적 정체성과 행동에 관한 연구들로부터도 나오고 있다. 매우 헌신적인 도덕적 모범자들에 관한 한 연구에서 데이몬(W. Damon)과 나는 이들 중 상당수가 충분히 성인기에 들어서기 전까지는 그들의 삶을 특징짓는 특별한 기여를 하지 않았다는 것을 발견하였다.[9)] 예컨대, 우리들은 30대 때에 스스로 인종차별주의자라고 말했던 한 여성이 30대 후반과 40대 초반에 걸쳐 몇 년 동안 일어났던 일련의 중요한 경험들을 통해 흑인 민권운동의 지도자로 변신하였다고 기록한 바가 있다. 이와 비슷하게 재정적으로 성공하였지만 도덕적 관점에서 볼 때는 우리가 별로 주목할 만하지 않은 한 사업가가 중년기에 버지니아의 로아노크 계곡(Roanoke Valley)에 사는 저소득 사람들에게 광범위한 봉사를 제공하는 프로그램에 자신의 많은 시간과 에너지를 할애하여 가난한 사람들을 위해 지칠 줄 모르고 헌신하고 있다고 기술하였다.

비록 사람이 성인기에 도덕적으로 발달하는 것이 가능하다는 점을 인정한다 하더라도, 어떤 사람들은 고등교육기관들이 성인 학생들의 도덕적 이해와 행동에 영향을 미치려고 노력하는 것은 가당치 않은 일이라고 말할지 모른다. 이러한 반론에 대해 나는 학부 학생들

8) A. Colby, L. Kohlberg, J. Gibbs and M. Lieberman, "A Longitudinal Study of Moral Judgement," *Monographs of the Society for Research in Child Development* 48 : 1–2 (1983). J. Rest, D. Narvaez, M. Bebeau, and S. Thoma, *Postconventional Moral Thinking*(Mahwah, N.J. : Lawrence Erlbaum, 1999).

9) A. Colby and W. Damon, *Some Do Care : Contemporary Lives of Moral Commitment*(New York : Free Press, 1992).

이 대학 과정에서 배웠던 바를 회상하면서 논쟁적인 도덕적 딜레마에 관하여 보다 분명하게 생각하고, 학문영역들에서 나타나는 도덕적 이슈들에 대해 진지한 방식에서 지성적으로 개입하며, 그리고 지역공동체를 위한 봉사에 참여하도록 돕는 것이 부질없는 일인지 어떤지를 묻고자 한다. 그리고 그들에게 캠퍼스 공동체 안에서 학문적 성실성과 다른 이슈들에 관하여 정직 및 상호 존중의 높은 윤리적 표준을 준수하고, 오늘날의 사회적 · 정책적 · 정치적 이슈들에 관하여 관심을 갖고 올바르게 인식하고, 캠퍼스 및 공동체 이슈들과 관련한 공적인 논의와 논쟁에 참여하며, 그들이 가장 소중히 여기는 신념에 따라 행동하는 기회를 갖도록 요구하는 것이 뻔뻔스러운 일인가? 이러한 방식에서 이해한다면 도덕 및 시민교육은 대학에 다니고 있는 성인들뿐만 아니라 모든 성인들에게 유효하다. 공개강의, 공동체 포럼, 공영 라디오와 텔레비전, 교회와 정당, 극장과 미술관 전시와 같은 문화 이벤트, 알코올 중독자 치료협회(Al-A-non)와 같은 스스로 노력해야 도움이 될 수 있는 집단들, 그리고 도서와 영화를 토론하는 이익집단들은 모두 대학시절을 잘 보낸 성인들에게 도덕적 및 시민적 성장을 위한 기회를 계속적으로 제공한다. 나는 미디어, 종교, 그리고 예술을 포함하여 개인 및 집단 이해를 깊게 하고자 시도하는 사회의 모든 기관은 도덕적 및 시민적 학습을 촉진시킬 책임을 지고 있다는 점까지 주장하는 바이다.

논거 : 대학생들은 직업훈련의 일차적인 수요자들이다

학부 학생들에 대한 도덕 및 시민교육의 또 다른 반대는 앞에서 논의했던 경향성으로부터 나오는 것으로, 학생들이 고등교육을 미래의 수입능력을 위해 투자하여 구매한 하나의 상품으로 보는 데서 나온다. 이 논거는 학생들이 도덕 및 시민교육이 아닌 직업 준비를 원하는 수요자들이라는 것이다. 비록 소규모의 교양 학부에서조차도 학생들(그리고 그들의 부모)이 직업 준비를 대학교육의 일차적 목적으로 간주하고 있다는 것은 맞는 말이다.[10] 더 나아가 거의 대다수의 학부 학생들은 특정한 학문분야를 전공하는데, 왜냐하면 그 학문분야가 높은 임금고용에 대한 가장 빠르고 안전한 길을 제공한다고 믿기 때문이며, 그것이 비즈니스를 미국 단과대학과 종합대학에서 제1순위의 전공으로 만든 까닭이다. 분명히 직업 준비는 고등교육의 타당하고 또한 중요한 목적이다. 그러나 직업 준비는 다른 목적들과 경쟁하거나 혹은 분리될 필요가 없다. 고등교육기관들은 학생들이 직업을 단순한 출세주의보다 훨씬 그 이상의 보다 넓고 또한 잠재적으로 풍요로운 어떤 것으로서 생각하도록 격려하기에 좋은 환경이다. 지적 공동체로서의 단과대학과 종합대학의 특별한 성격은 그들에게 보다 넓고 또한 더욱 사회적으로 의미 있는 구조에서 학생들의 직업

---

10) R. H. Hersh and D. Yankelovich, "Intentions and Perceptions : A National Survey of Public Attitudes toward Liberal Arts Education," *Change* 29 : 2 (1997) : 16–23.

목적을 구현할 기회를 제공한다.

직업 준비는 도덕적 및 시민적 책임에서의 성장과는 별개의 노력으로 다루어져서는 안 된다. 직업은 대부분의 성인들의 삶에서 중심적이며, 우리가 타인들의 복지에, 혹은 더욱 넓게는 공동체의 복지에 공헌하는 기회를 갖는 일차적인 영역이다. 직업은 또한 우리가 삶에서 의미를 추구하는 두세 가지의 가장 중요한 곳 중의 하나이다.[11] 이러한 이유들 때문에 윤리적 및 사회적으로 책임 있는 직업훈련에 대한 관심을 모든 교육 프로그램으로 통합하고 또한 학생들의 직업에 대한 이해를 보다 깊게 하도록 하기 위해 넓은 사회적 및 지적 맥락 속에 위치시키는 것은 중요하다. 결론적으로, 고등교육은 직업을 소명으로 전환하도록 도울 수 있으며, 그리고 그것은 바람직한 것이다.

논거 : 도덕 및 시민교육은 지적으로 박약하다

학부생의 도덕 및 시민교육과 관련하여 흔히 야기되는 하나의 의문은 만약 교수진이 이러한 방식에서 그들의 교육목적을 확장한다면 학문탐구가 어려움을 겪느냐의 여부이다. 만약 도덕 및 시민교육이 효과적이고자 한다면 이 작업은 지적으로 엄격하며, 또한 프로그

11) A. Colby, L. Sippola, and E. Phelps, "Social Responsibility and Paid Work in Contemporary American life," in A. Ross, ed., *Caring and Doing for Others : Social Responsibility in the Domains of Family, Work, and Community*(Chicago : University of Chicago Press, in Press).

램상으로 강력해야만 한다. 우리가 도덕 및 시민교육에 관한 명시적 교육과정과 잠재적 교육과정 프로그램에 관하여 조사해 보았을 때, 우리는 최고의 질적 수준을 충족시키는 많은 프로그램을 보았다. 또한 우리는 다른 고등교육 영역에서와 같이 허술한 프로그램들도 보았다. 이러한 균일치 않은 질로 인해 학생들이 무시하거나 소외시키지 않도록, 혹은 기업의 신뢰를 손상시키지 않도록 보장하기 위해서는 도덕 및 시민교육 프로그램들이 비록 목적이 비난받을 만하지 않을지라도 현실적으로 면밀한 검토를 거칠 필요가 있다. 우리는 또한 관심 있는 사람들에게 좋은 프로그램들의 특질을 입증할 평가조사를 위해 창의적인 도구를 개발하고, 또한 비효과적인 프로그램들을 개선할 정보를 제공할 필요가 있다.

우리는 이러한 조사연구가 최선의 프로그램들이 실제적으로 도덕적 및 시민적 책임에 관해서 뿐만 아니라 학문탐구에 관해서도 긍정적인 영향을 미친다는 것을 입증할 수 있다고 믿는다. 여러 개의 봉사학습 프로그램들에 관한 평가에서 알렉산더 애스틴(Alexander Astin)과 그의 동료들은 봉사학습에 참여함으로써 공동체 봉사에 대한 책무, 자기 효능, 그리고 지도자 능력뿐만 아니라 작문기능, 그리고 비판적 사고기능 등이 평가점 평균에서 중요한 긍정적인 효과가 있음을 발견하였다.[12] 아이러와 지레스(Eyler & Giles)는 학생들의 학문적 성취와 학습 및 동기에 관한 자기 평가가 양질의 봉사학습 프로그

12) A. Astin, L. Vogelgesang, E. Ikeda, and J. Yee, "How Service Learning Affects Students : Executive Summary" (Los Angeles : Higher Education Research Institute, UCLA, January, 2000). Retrieved June I, 2000, from http://www.gseis.ucla.edu/slc/rhowas.html.

램에의 참여를 통해, 특히 강좌 요소와 잘 통합되고 그들의 봉사경험에 관한 구조화된 반성을 할 수 있는 기회가 수반되는 도전적인 봉사업무를 포함하는 프로그램에의 참여를 통해 증진한다는 것을 암시해 주는 연구결과를 보고하였다.[13] 다른 한편으로, 이 연구는 허술한 봉사학습 경험들은 이러한 긍정적인 결과를 낳지 못한다는 것을 보여준다. 분명히 질이 문제인 관계로 우리들은 모든 이러한 작업에서 최고의 질을 평가하고 또한 보증하는 도구를 개발할 필요가 있다.

결론

학생들의 가치, 도덕적 및 시민적 가설, 그리고 정체성은 대학시절에도 형성된다는 것이 분명하다. 이에 관하여 보다 자의식적이고 의도적이 되어야 하고, 그리고 또한 하나의 정해진 기관 안에서 적절하고 실행 가능한 목적들 및 전략들의 특별한 계획에 관하여 주의 깊게 생각할 시기이다. 또한 이러한 종류의 과업을 수행하고 있는 교수진과 행정가들이 자신들이 행하고 있는 바를 기록하고 그럼으로써 그것이 공유되고 토의될 수 있도록 공개하는 것은 중요한 일이다. 이러한 것은 어떤 특수한 실천들에 대한 비판을 허용하는 것이며, 대학들이 스스로 그리고 다른 사람들의 경험으로부터 배우는 것을 허용

13) J. Eyler and D. Giles, *Where's the Learning in Service–Learning?* (San Francisco : Jossey–Bass, 1999).

할 것이다. 이들 프로그램에 관한 공개적인 정밀조사는 합법성의 경계를 넘어서는 실천들에 대한 안전장치이며, 또한 우리로 하여금 무엇이 행해져야만 하고 그것을 어떻게 최선으로 성취할 것인가에 관하여 더 넓은 지역적 및 국가적 논의로 확장하여 발달하도록 해줄 것이다. 이러한 논의는 또한 교수진과 학생들이 대학의 도덕 및 시민교육에서 일어나는 '예컨대 활기찬 논쟁과 다른 사람들의 감정에 대한 관심 사이의 긴장'과 같은 딜레마를 통하여 생각하도록 도울 수 있다.

미국 고등교육에는 학생들의 도덕적 및 시민적 책임을 육성하는 많은 접근들이 있다. 명시적 교육과정과 잠재적 교육과정 모두에서 다른 개념의 목적과 다른 활동의 프로그램들은 각기 다른 종류의 기관들에 각각 적절하다. 사관학교는 인디언 보호구역에 있는 지역공동체 대학과는 아주 다르게 그의 특수한 목적을 인식할 것이다. 기숙설비가 없는, 도시에 소재한 공립대학은 소규모의 종교적으로 충만한 교양 대학과는 매우 다른 접근을 취할 것이다. 각 기관은 최선을 다해 그 자신의 전통과 역사를 마치 새로운 정신을 창조하듯이 세우는 것이 중요하다. 그러나 이러한 다양성에도 불구하고 효과적인 도덕 및 시민 교육의 저변에 깔려 있는 몇 가지 공통적인 원칙들이 존재하며, 매우 다른 기관들조차도 서로로부터 배울 많은 것을 갖고 있다.

첫째, 도덕적 및 시민적 발달의 지적 핵심은 비판적인 데 있다. 이것은 복잡한 방식에서 도덕적 및 정치적 이슈들에 관하여 추론하는 능력(콜버그와 다른 사람들에 의해 발달적으로 기술된 것처럼)을 포함할 뿐만 아니라, 우리의 정치적 및 경제적 체계, 철학에서 윤리적 개념의 근본, 그리고 세계적 맥락과 관련하여 미국의 역사적 및 문화적 유산들에 관한 이해를 포함하여 많은 내용 영역들에 관한 깊은 이해를 포함한다. 이것들은 도덕적 및 시민적 발달과 분명한 연계를 갖는 전통적인 교양교육의 영역들이다.

둘째, 교육자들은 인지적 혹은 지적 영역들이 도덕 및 시민교육에서, 혹은 일반 교양교육에서 개인적 의미, 정서, 그리고 동기의 영역들과 분리되어질 수 없다는 것을 인정해야만 한다. 협소하게 지적 영역에만 오로지 초점을 두고자 하는 모든 노력은 지속적인 학습을 낳지 못하기 때문에 자멸하게 된다. 이상적으로 볼 때, 대학 수준에서의 도덕 및 시민교육은 청소년 연령에서와 같이 전체 환경과 그의 도덕적 분위기에 영향을 미치는 전체론적 접근을 취해야만 한다. 전체론적 접근은 핵심적인 일군의 공유된 도덕적 및 지적 관심들로 둘러싸인 채 전인(whole person)교육을 지원하는 행정, 교수진, 그리고 학생 또래문화가 서로 협력하여 캠퍼스 분위기를 창조하는 것이다. 이것은 신뢰, 상호 존중, 열린 마음, 타인들의 복지에 대한 관심, 그리고 적극적이고 사려 깊은 시민성에 뿌리를 둔 도덕적 판단의 과정과 행동 습관의 발달을 최고로 보장한다.

전체론적 · 다면적 접근은 특히 도덕적 및 시민적 관심을 통합시키는 영속적인 정체성을 창조하는 데 공헌한다. 우리는 이것이 도덕적 및 시민적 참여가 수반하게 되는 불가피한 난제들을 극복하게 하는 헌신적인 노력에서 결정적인 요소로 작용한다는 것을 알고 있다. 수십 년 동안 특별한 도덕적 헌신의 수준을 유지하였던 도덕적 모범자들에 관한 우리의 연구에서 데이몬과 나는 이 사람들이 자신들의 개인적인, 직업적인, 그리고 도덕적 목적을 엄격하게 구분짓지 않았다는 것을 보고 흥미로웠다. 대신에 그들은 도덕적 목적을 통해 자신들을 규정하였고, 또한 개인적으로 원하는 바와 옳다고 생각하는 바를 충분히 통합하였다. 버지니아의 로아노크(Roanoke) 주변에서 반(反)빈곤 프로그램을 개발하였던 사업가인 카벨 브랜드(Cabell Brand)는 내가 "당신은 언제 이러한 도덕적 목적과 가치 그리고 기타 등등에 관하여 생각합니까? 한 인간으로서 당신이 자신에 관하여 느끼는 바와 이것들을 어떻게 연결시킵니까?"라고 물었을 때 자신의 도덕적 및 개인적 통합에 관한 느낌을 다음과 같이 표현하였다 : "글쎄요, 그것은 하나이며 같은 것이죠. 나라는 존재는 내가 할 수 있는 바이며, 또한 내가 항상 매일, 매순간 … 느끼는 바입니다. 이 프로그램에서 내가 나라는 존재와 내가 하고자 바라는 바와 그리고 내가 현재 하고 있는 바를 분리하는 것은 어렵습니다."[14] 디트로이트의 저소득 공동체를 위해 헌신하고자 하는 소명을 지닌 아프리카계 미국 여성인 대모(代母) 웨드레스(Mother Waddles)는 부유한 백인 기업가 브랜드(Brand)처럼 훌륭하게 말하였다. 이 과업에 대한 자신의 헌신이 영속적으로 지속될 것이라고 말하면서 그녀는 "나는 어떤 종류의 빌딩, 내가 입을 수 있었던 어떤 종류의 옷, 내가 가졌던 어떤 종류의 돈을 조건으로 그것을 할 것이라고 약속하지 않았기 때문에 내가 할 수 있는 어떤 것을 발견할 수 있는 한 나는 그것을 할 것이다. 그래서 내가 가고 있는 곳이 어디든 사람들은 최소한 내가 어떤 범주에 있다고 나에게 위치를 정확하게 지적해 주는 것을 알 수 있다. 어떠한 질문이 없이도 '나는 그녀가 어디에 있는지를 안다. 만약 그녀가 살아 있고 또한 건강하다면 그녀는 소명을 실천하는 사람이다.' 그래서 나는 당신 자신

14) See Colby and Damon (1992) : 304.

을 발견하고 당신이 누군가를 아는 것, 그리고 당신이라는 존재로부터 기쁨을 얻는 것이야말로 나의 최대의 성취라고 생각한다"라고 대답하였다.[15)]

높은 헌신의 수준에 있는 사람들은 그들을 고무시키는 것들과 그들이 성취하고자 원하는 것들을 통합시키고 또한 이것들을 자신들은 누구인가에 관한 핵심적인 개념에 고정시키는 방법들을 알고 있다. 이것은 타인들에 대한 눈에 띄는 봉사뿐만 아니라 이례적인 정도로 모범자 자신들을 위한 개인적인 복지와 충만의 결과를 낳고 있다. 많은 사람들은 결코 이러한 수준의 개인적 통합을 성취하지 못한다. 충분히 통합된 삶을 발달시키는 일은 성인기에서 가장 어려운 심리적 과제들 중의 하나이다. 과거의 형식에서 보면 그것은 흔히 종교적 토대로부터 시작하였고, 인간의 필생의 사업을 하나의 소명으로 취급하였으며, 이것은 고등교육의 합법적인 과제의 일부로서 받아들여졌다. 이제 오늘날의 틀 안에서 이러한 초기의 시각을 재규정해야 할, 그리고 단과대학들과 종합대학들이 교육받은 사람에 관한 보다 충실한 개념에 대해 설명할 책임을 떠안아야 할 시점이다.

---

15) Ibid., 218.

9 민주사회에서의 도덕적 · 윤리적 발달

크리스톨 Irving Kristol

나는 민주사회에서의 도덕적 및 윤리적 발달에 관하여 글을 써달라는 부탁을 받았는데, 나는 그 "발달"이란 용어에 대해 내가 가지고 있는 불편한 생각을 밝히고자 한다. 그것은 도덕성과 관련하여 의미를 분명히 하고자 할 때 감질나게 중립적이며 또한 그럼으로써 매우 애매한, 그런 기묘한 용어이다. 결국, 그 제목은 쉽사리 "민주사회에서의 도덕 및 윤리교육"이 될 수 있었을 것이다. 그런데 왜 그렇지 않았는가? 아마도 나는 그 이유가 우리가 청소년들을 어떠한 특수한 일군의 도덕적 표준에 따라 육성하는 것이 교육의 타당한 기능이고, "도덕교육"이란 용어는 그러한 종류의 활동을 함축한다는 것을 인정하지 않기 때문일 것이라고 짐작한다. 반면에, 발달이란 말이 시사하는 바는 도덕성이란 모든 아동의 내부에 무르익지 않은 채로 존재하는—마치 지능(IQ)처럼—어떤 것이며, 교육의 목적은 그 잠재력을 최대로 펼치도록 장려하는 것이다. 이런 관점에서 도덕성이란 개인에게 나타나는 어떤 것이며, 그래서 그때 교육이란 인간의 가능성을 하나의 승인된 방식에서 제한하는 과정이라기보다는 인간의 가능성이 종국적으로 드러나도록 해방시키는 과정이다.

이것은 분명히 교사들이나 혹은 권위적인 입장에 있는 그런 모든 사람들에게 있어서 매우 편리한 생각이다. 왜냐하면 그것은 그들이 어떠한 확고한 도덕적 신념을 갖거나 혹은 어떤 종류의 도덕적 모델을 제공할 필요가 없다는 것을 의미하기 때문이다. 그때 발달의 과정은 순수하게 기술적 문제—목적이 아닌 수단의—로서 간주될 수 있으며, 또한 그 해결책은 사람들, 특히 청소년들로 하여금 도덕성에 관하여 감정을 지니고 또한 그것에 관하여 생각하도록, 즉 보통 우리가 말하듯이 도덕적으로 민감하고 도덕적으로 의식하도록 개입시키는 것이다. 일단 이것이 성공적으로 성취되면 교육의 과업은 완료된다. 이러한 과정으로부터 어떤 종류의 사람이 되기를 원하는 본인들 스스로 자유롭게 결정할 문제이다. 다시 말하면 그들의 도덕적 감성과 인식의 최종적 성향은 그들 자신의 관심사이지 그 어느 누구의 것도 아니다.

그것은 마치 정원을 관리하는 정원사가 교외 주변에서 식물의 발달에 관한 매뉴얼을 작성하는 것과 같이 아주 기묘하고 또한 무척 흥미롭다. 그는 여러분에게 저것보다 이것을 더 좋아해야 한다든지, 아니면 저것보다 이것을 더 좋아하는 방법을 말해줄 생각은 전혀 없이 식물들이 어떻게 성장하는지에 관한 모든 종류의 중요한 정보—꽃뿐만 아니라 풀들, 장미뿐만 아니라 독이 든 담쟁이덩굴—를 제공해 주고자 한다. 그러나 실제적으로는 정원을 관리하는 그런 매뉴얼이 존재하지 않는다. 정확히 말하면 모든 정원사는 정원이 어떠해야 하는가에 관한 생각에 어느 정도 한계가 있기 때문이다. 정원사마다 물론 서로 다른 생각을 갖고 있다. 그러나 이러한 다양성에 한계가 있다. 예를 들면, 한 사람의 정원사의 생각은 광활한 공간의 풀이나 혹은 독이 든 담쟁이덩굴을 다 포괄하지는 못하며, 또한 어떤 정원사도 정원을 쓰레기 집하장과 혼동하지는 않을 것이다.

이와는 대조적으로 우리는 도덕적 인간에 관한 관념을 제한하는 한계를 설정할 수 없거나 혹은 그렇게 할 의지가 없는 것으로 보인다. 말하자면, 우리는 정원에 관한 어떤 생각을 갖고 있지 않으면서 모든 최신 기구와 기술을 갖추고 있는 정원사들이다. 이것은 단순한 무지의 작용인가, 혹은 단순한 소심함인가? 나는 그렇게 생각하지 않는다. 오히려, 우리는 자연 그 자체의 식물작용에서 갖지 못하는 인간의 본성을 믿으며, 그리고 나는 "믿음"이라는 단어를 최대한의 종교적 의지에서 사용한다. 우리는 정말로 모든 인간이 잡초나 혹은 독이 든 담쟁이덩굴이 아닌 꽃이 되고자 하는 천부적인 목적을 타고 났으며, 그리고 전체적으로 인간은 자신을 정글이나 혹은 쓰레기 더미가 아닌 정원에 배치하고자 하는 본래적 경향성을 지니고 있다고 믿는다. 이러한 숭고한, 그리고 고상한 믿음을 우리는 자유주의적 휴머니즘의 신념이라 부를 수 있다. 그것은 오늘날 미국에서 지배적인 정신적 및 지적 정설이다. 사실, 교회와 국가의 분리에 관해서 우리들이 이런저런 소리를 하고 있음에도 불구하고 우리는 모든 다른 종교들이 분열적이고 편협적인 것으로 비판받을 수 있는 것과 대조적으로 그것이 오늘날 미국 사회의 공식적 종교라고 말할 수 있다. 내가 마침 이러한 자유주의적 휴머니즘의 종교를 신봉하는 사람이 아니어서가 아니라 신학적 논쟁을 할 시간이나 지면이 아니며, 그리고 어떤 경우에도 나는 그러한 논쟁의 가장 적임자도 아니다. 나는 단순히 내가 사실이라고 간주하는 바에 관하여 의견을 말하고자 하는 것이다. 즉 비록 대부분의 미국 사람들이 이러한 종교에 관한 해석에 기꺼이 동의할는지 모르지만—그리고 나는 그들이 동의할 것이라고 생각한다—우리들 중 젊은이들은 종국에 가서는 이러한 종교의 풍조가 구체적으로 실현되는 모든 기관들을 업신여긴다. 사실, 믿을 수 없을 만큼 그들은 이들 기관들로부터 점차적으로 소외되기 시작하며, 그리고 결국에 가서는 이들 기관들이 몇 가지 측면에서 그들의 기본적인 필요에 대해 반응을 보이지 않고 또한 관심을 갖지 않는다는 감정을 갖게 된다. 그들의 부모들이 마침내 이러한 불평에 반응을 보낸다.

기관들의 합법성

내가 말을 꺼내고자 하는 바는 우리의 기관들, 특히 교육기관들의 도덕적 중립성이 그들의 대중적 합법성을 빼앗아 갔다는 것이다. 만약 이러한 도덕적 중립성이 여론에 의해 대중적으로 승인되고 또한 재가 된다면 당분간은 문제가 되지 않는다. 그것은 여전히 이들 기관들의 합법성을 박탈하고 있는 것이다. 우리는 사람들이 나중에는 갑자기 용납할 수 없고 무가치한 것으로 경험되어질 기관들을 받아들이고, 용납하고, 혹은 심지어는 칭찬할 것이라는 것을 알기 위해 특별히 날카로운 역사학도나 심리학도가 되어야 할 필요는 없다. 벌레 먹은 나무들처럼 밤새도록 가루로 부서질 때까지 기관들은 멀쩡하고 당당하게 보일 수 있다. 만약 여러분이 대혁명의 밤에 프랑스 의회에 제출된 보고서를 본다면 여러분은 군주제에 대해 하등의 불만이 없다는 것—공화제에 대한 열망의 징후가 전혀 없는—을 발견할 것이다. 이와 비슷하게 1964년 초에 U.C 버클리에서 실시된 학생들의 여론조사는 엄청난 수의 학생들이 학교에 대해 매우 긍정적으로 생각하고, 또한 거기에서 훌륭한 교육을 받고 있다고 믿고 있다는 것을 밝혔다. 그럼에도 불구하고 루이 14세(Louis XVI)와 클라크 케르(Clark Kerr)는 곧 회오리바람을 타고 있는 자신들을 발견하였다. 그러한 심각한 불만의 돌연한 폭발은 우리가 소수 인종이나 혹은 젊은이들, 혹은 여성의 반항성을 말하든 아니면 그 밖의 다른 어떤 사람들의 반항성을 말하든 상관없이 우리 모두를 깜짝 놀라게 한다. 그러한 폭발들이 오늘날 미국 사회의 특징이며, 또한 정치단체이든 혹은 학교이든, 혹은 가정이든 그 기관들이 자신들의 합법성—이것은 그들의 도덕적 승인이라 할 수 있는데, 왜냐하면 그것이 합법성이 의미하는 바이기 때문이다—을 고갈시키고 있는 사회의 특징이다.

우리는 우리의 기관들을 대중운동에 더욱 민감하게 반응하도록 점진적으로 재구조화시킴으로써 이 문제를 극복하고자 노력한다. 그러나 그것이 가시적 상과가 드러날 만큼 잘 되지는 않고 있다. 우리가 학교 주변을 서성거리면 거릴수록 우리는 학교를 일시적인 지적 풍조의 관념에 따라 더욱 정력적으로 재구성하고, 그리고 나서는 또 일시적 풍조에 따라 이를 재구성하게 되며, 그럼으로써 학교는 점차적으로 좋은 평판을 잃게 된다. 우리는 단지 우리가 현재 이해하는 바와 같은 반응에 관한 생각에 어떤 잘못이 있거나 아니면 우리가 현재 이해하는 바와 같은 우리의 사람들에 관한 생각에 어떤 결점이 있거나 둘 중의 하나로 결론을 내릴 수 있다. 나는 우리가 현재 이해하는 이들 관념 두 가지 모두에 어떤 잘못이 있다고 제안하는 바이다. 결국, 우리는 두 가지의 잘못이라기보다는 한 가지의 잘못, 즉 우리가 민주사회에서 국민들과 기관들 사이의 관계를 인식하는 방식에서의 잘못에 관하여 말하고 있는 것이다.

반응의 전략들

그로우초 맑스(Groucho Marx)가 회원으로 선출된 클럽으로부터 곧바로 사임하는 옛날 이야기가 있는데, 그는 자신을 회원으로 선출한 모든 클럽은 회원으로 가입할 가치가 없다는 생각으로 사임하는 것이다. 나는 이 옛날 이야기 속에 우리 모두에게 해당하는 반응에 관한 하나의 교훈이 존재한다고 생각한다. 우리 기관들이 보다 많은 참여와 개입을 위해 점차 신입회원들과 접촉을 넓혀가면 갈수록 클럽에 가입한 지금보다 더 많은 새로운 신입회원들이 수시로 탈퇴하고 있다.

우리의 다양한 반응전략들이 교활한 잔꾀나 혹은 순수한 자기 기만에 의해 어느 정도로 동기화되는지를 말하는 것은 쉽지 않다. 베트남전쟁에 대한 대학가의 저항이 한창일 때, 대학생들 가운데 보편적인 정치적 급진주의가 고조되던 중 의회는 선거연령을 18세로 낮추는 것을 결정하였다. 내가 알기로는 투표연령을 낮추는 이슈에 관하여 어떤 미국 대학에서도 이에 저항하는 단 한 건의 집회도 없었다. 아울러 내가 알기로는 의회는 젊은이들로부터 이 문제에 관한 단 한 건의 청원도 받지 않았다. 그럼에도 불구하고 의회는 불안하면서도 단순하게 말 없이 태연하게 있을 수 없어서 그 나름의 방식에서 반응하기로 결의하였다. 의회는 베트남전쟁을 종식시키거나 혹은 자본주의를 파괴시킨 것이 아니라, 대신에 투표연령을 18세로 낮추는 헌법 수정안을 통과시켰던 것이다. 그 수정안은 즉시 입법부의 필요 인원에 의해 비준되었으며, 그 이후 곧바로 리차드 닉슨(Richard Nixon)은 일반 국민투표의 다수를 차지하여 대통령으로 당선되었다.

우리가 특징적으로 반응하는 방법들 중의 하나는 사람들이 요구하지 않았던 것, 그들이 진정으로 원한다고 믿을 만한 어떠한 이유도 결코 존재하지 않는 것을 불만이 있는 사람들에게 제공하는 것이다. 뉴욕 시의 슬럼가에 사는 비(非)백인들이 자신들의 자녀들이 초등학교 수준 정도조차 읽고 셈하지 못한 채 고등학교를 졸업한다는 사실에 불만을 표출하기 시작하였을 때, 그들은 즉시 지역 교육위원회에 대한 지역공동체 감독권을 부여받았으며, 또한 고교 최고 학년 학생들에게는 시립대학 입학이 개방되었다. 그러나 만약 여러분이 사건의 과정을 되돌아 본다면 여러분은 지역공동체 감독권이나 아니면 입학허가권에 대한 정치적 · 선동적 요구와는 다른 어떠한 실질적인 대중들의 요구가 전혀 없었다는 것을 발견할 것이다. 둘 중 어느 것도 그 문제들과 어떠한 관계가 있는 것도 아니었다. 사실, 지역공동체 감독권에 관한 그 어떠한 개념도 통합의 목적을 위해 동분서주하는 학생들의 실천과는 모순이었는데, 그러한 일이 또한 뉴욕의 여러 학교에서 진행 중에 있었다.

우리는 겉으로 보기에는 더 솔직한, 그러나 실제적으로는 훨씬 더 교활한 또 다른 방식에서 반응한다. 이것은 사람들이 실제적으로 요구하는 것, 혹은 몇몇 사람이 큰 소리로 요구하는 것들이 잘못 생각된 것이기 때문에 그들의 만족은 의미 없는 제스처라는 차분한 인식에서 이들의 요구를 제공하는 것이다. 그것은 하급 학교에서 뿐만 아니라 우리의 많은 대학 캠퍼스에서 대학 내 질서, 강좌학점, 수업출석, 교육과정 요구, 여러 위원회의 이름뿐인 학생 대표, 그리고 기타 등등과 함께 일어나고 있다. 그 전략은 다음과 같이 정의될 수 있을 것이다. 만약 여러분이 저항, 불만, 그리고 폭동에 직면하면 여러분의 책임을 덜어내면서도 모든 여러분의 특권을 유지하라. 그리고는 여러분의 기관이 모든 구성원들을 위해 참여와 자유의 범위를 확장하였다고 널리 알려라. 참여와 자유는 훌륭한 민주적인 요소로 알려져 있기 때문에 여러분은 표면적으로는 청렴의 모습을 지니게 되고, 실제적으로는 생존을 유지하게 된다.

이러한 복잡한 반응의 게임은 지난 수년 동안 매우 정교하게 실행되어 왔으며, 또한 엄청나게 많은 기관들로 하여금 위험에 처한 입장에서 안전하게 벗어나도록 해줄 수 있었다. 그런 의미에서 그것은 의심의 여지없이 성공적이었다. 그러나 보다 깊은 의미에서 보면 그것은 단지 시간을 확보한 것이다. 시간을 확보한 것이 중요한 의미를 지니려면 그것은 그저 확보된 시간이라는 것, 그리고 만약 그 확보가 단순한 환상이라기보다는 실질적이어야만 한다면 이 시간이 생산적으로 사용되어져야만 한다는 것을 깨달을 때만 오로지 가능하다. 내가 생각할 때에 그러한 현실은 결코 존재하지 않는다.

줄곧 정치철학자들과 교육자들은 국민들에게 의무를 동시에 부과하지 않은 채 권리를 주려는 경향이 있다. 이것은 권리 없는 의무가 노예근성을 낳는 것과 똑같이 의무 없는 권리는 무책임을 낳는다는 의미를 갖는다. 즉 정치인들이나 교육자의 잘못된 생각들은 현명하지 않다고 주장하고 있다. 에드먼드 버크(Edmund Burke)는 의무를 갖는 것은 국민들의 권리의 일부라고 선언함으로써 이 주제를 더욱 넓게 확장시켰다. 그렇기에 의무의 불이행은 영원한 미성숙의 조건을 나타내기 때문에 인간성의 축소를 의미한다. 여기서 우리는 이러한 사고의 노선을 더욱 넓게 확장시킬 수 있고, 또한 의무란 권리일 뿐만 아니라 필요라는 것을, 우리 자신의 보다 최근의 경험에 기초하여 확신을 갖고 선언할 수 있다. 어떠한 의무도 부과되지 않은 사람들은 심각한 박탈감을 경험할 것이다. 이러한 도덕적 박탈현상을 미국인들이 그들의 기관들에 대해 표현하는 불만에 대한 우리의 분명치 않게 이야기하는, 냉소적인 반응을 표현하는 것이라고 인정한다는 것은 우리의 두드러진 실패이다.

인기를 얻으려는 노력에서 시민들을 방조하는(나는 고의적으로 "방조"라는 말을 사용한다) 기관들은 잠시 동안은 신문지상에서 호평을 받을는지 모른다. 방조하는 것이 일종의 경제적 필요인 우리의 대중매체들은 다른 기관들이 매체 자체의 이미지 안에서 자신들을 개조하여 보는데, 그리고 텔레비전 방송국이나 네트워크가 반응적인 것처럼 반응하는 데 자연적으로 민감하다. 여기에서 반응은 어느 순간에도 항상 대중적 욕망 혹은 일시적인 생각, 혹은 공상이 되어야 한다고 생각하는 바를 만족시키기보다는 오히려 대중적 욕망 혹은 일시적인 생각, 혹은 공상 혹은 등등을 만족시키는 것을 의미한다. 시간적으로 그리고 상황적으로 알맞은 그러한 반응은 또한 적절한 것으로 생각된다. 그러나 상호 자화자찬의 목소리 가운데 시야에서 놓친 것은 이들 기관들이 찬성과 자찬이 구름 위를 떠돌면서 모든 기관들이 그들의 장기적 양분을 얻는 그 견고한 도덕적 합법성의 토대로부터 자신들을 뿌리 채 뽑아버린다는 사실이다.

내가 과장하고 있는가? 자, 슬럼가 교육의 문제를 인용해 보자. 지난 수십 년 동안 우리는 슬럼가 아동들의 교육에서 이전의 것들에 비해 더욱 반응적이고 그리고 보다 적절한 것이라고 주장하는 수많은 과감한 혁신방안을 실천하여 왔다. 이들 혁신들 중 어떤 것들은 백 년 전에 유행하였던 교실 조직과 교육학 기법의 재생된 형식을 보이기도 하며, 또한 여러분은 그보다 더 혁신적일 수가 없다! 어떤 경우에는 각각의 혁신은 하나의 돌파구로서 여겨지고, 열성적인 잡지 기사와 텔레비전 리포트의 주제이고, 모든 진취적인 정신을 지닌 학교 행정가들에 의해 재빨리 모방되며, 일반적으로 그 이전의 어떠한 결과보다 성공적인 것으로 판단되어지고 있다. 그 다음에 그것은 조용하게 사라지며, 관심이 외피로 덮인 전통을 철저히 파괴하고 또한 훨씬 더 반응적이고 적절한 프로그램을 가지고 등장한 몇 사람의 다른 대담한 교육개혁가들이 내놓은 몇 가지의 차후 개혁으로 옮아감에 따라 더 이상의 어떤 말도 들리지 않게 된다. 그동안 슬럼가 뒤에는 어느 누구도 주목하지 않은 성공적인 학교들—가장 기초적이지만 중요한 기간에서 성공적인 학교들, 즉 많은 부모들이 자녀들을 이 학교에 등록시키고자 필사적으로 노력하며, 무단결석과 전학률이 낮고, 모든 학생들 사이에 청소년 범죄가 낮고 또한 약물 중독률이 낮으며, 학업성취 수준이 평균보다 약간 높은 경향이 있는—이 존재한다. 나는 어느 누구도 이에 관하여 글을 쓰지 않고, 대중매체가 관심을 갖지 않은, 그러나 부모들과 학생들이 보기에 모든 슬럼가 학교들 가운데 가장 바람직한 빈민구제 후원을 받는 학교들을 말하는 것이다. 많은 빈민구제 학교들은 최소한의 시설을 갖춘 오래된 건물들—아마도 보잘 것 없는 도서관, 초라한 체육관, 스파르타식의 빈약한 구내식당—이다. 이들 학교의 존재에 관심을 기울이는 데 수고를 아끼지 않는 사람이라면 누구도 그러한 물리적 시설들이 존재하거나 혹은 존재하지 않거나 그러한 조건은 교육적 성취와 거의 관련이 없다는 콜만(Coleman)의 보고서에서 밝혀진 결과로 인해—많은 사람들이 그렇듯이—놀라지 않을 것이다.

왜 슬럼가의 빈민구제 학교들은 그렇게 존중받는가? 그 대답은 명백하다. 즉 그 학교들은 학생들이 충족하길 기대하는 표준을 지닌 스스로를 존중하고 요구하는 기관이다. 그들 중 많은 학교는 자아 확인의 상징적 제스처로서 교복을 착용하도록 한다. 학생들에게 그러한 요구를 함으로써 학교는 학생들로 하여금 학교에 요구하게끔 하며, 그리고 가장 중요한 것으로 그들의 학생들로 하여금 유일하게 진실한 도덕적 및 지적 "발달"은 여러분이 여러분 자신에게 요구할 때 비로소 일어난다는 것을 깨닫도록 해준다.

권위의 문제

나는 지금 내가 말하고 있는 바가 소위 말하는 허용에 대한 또 다른 비판으로 해석될 수 있고, 또한 그렇게 해석될 것이라고 추측한다. 만약 그렇다면 불쾌할 것이다. 왜냐하면 나는 그 용어와 더불어 그와의 관련짓는 것도 매우 싫어하기 때문이다. 나는 허용을 무차별적으로 공격하는 사람들은 권위와 권위주의를—그들은 자신들이 비판하는 바로 그 경향성을 공유하고 있는—혼동한 데 따른 희생자들이다. 허용과 권위주의는 도덕적 논의의 두 가지의 가능한 양극이다. 그 둘 모두 중심이 더 이상 제자리를 지키지 못할 때 나타나게 되는 극단이다. 그 중심은 권위이며, 그것은 대중적 승인을 확보하는 것과 같은 그러한 이성적 방식에서 어느 정도 도덕적으로 지지를 받는 목적을 향한 권위의 사용을 의미한다. 합법적 권위는 항상 이성적이지만은 않다. 왜냐하면 항상 본성적으로 이성적이지만은 않는 사람들에 의해 실행되기 때문이다. 어느 누구도 항상 이성적이지만은 않으며, 그렇기 때문에 합법적 권위는 비판과 교정에 열려 있다. 그러나 만약 권위가 작동과정에서 흠집이 난다면 허용과 권위주의 둘 다 모두 도덕적으로 공허하고 피상적인 목적에서 문제를 야기한다. 이 두 번째 흠집은 첫 번째 것보다 분명히 더 중요하다. 그것은 일종의 기술 관료적 열정을 내포하는데, 허용을 주창하는 자들은 시민들을 자유롭게 해주는 보다 새로운 방식을 고안하고 있으면서도 시민이 무엇을 위해 자유로워져야 하는가에 대해서는 아무런 생각이 없다. 반면에 권위주의를 주창하는 자들은 존재하고 있는 기관들의 힘을 확보하기 위해 오로지 시민들을 통제하는 방법을 배우는 데에만 정신이 없으며, 시민을 통제하는 힘의 궁극적인 목적에 관하여 어떠한 진지한 관념도 갖고 있지 않다.

우리가 올바로 이해한다면 권위는 강압하는 능력인 힘과는 구분되어져야 한다. 권위의 경우에 힘은 강압적으로 부과되지 않는다. 왜냐하면 그것은 아무리 희미하다 하더라도 이러한 힘을 조건으로 하는 사람들의 도덕적 감성 및 도덕적 관념과 부합하는 도덕적 목적이 주입되기 때문이다. 교육은 그의 유일하게 중요한 의미로 합법적 권위에서의 그러한 실천이다. 교육자들이 자신들의 도덕적 목적이 무엇인지를 모르고 어떤 종류의 인간을 창조하고자 노력하고 있는지를 모른다고 말할 때, 그들은 합법적 권위에 대한 모든 권리를 포기해 버리는 것이다. 도덕적 발달은 오늘날 우리의 학교 교육에서 이해하듯이 결코 궁극적인 정신적 의도와 연관되지 않는다. 그것은 권위주의자일 것이다. 그 결과 우리가 도덕적 발달이라 부르는 것은 신체적 배고픔보다 훨씬 더 곤혹스럽고 위험한 도덕적 빈곤—도덕적 의미에서의 영혼의 배고픔—을 쉽게 불러일으킬 수 있다. 결국, 이러한 영혼의 배고픔은 모든 눈앞의 사이비 권위에 기꺼이 복종함으로써 만족할 것이다. 그러나 이러한 혼란스러운 시대에 우리의 교육자들은 도대체 어느 곳에서 이러한 도덕적 권위—그것이 없으면 권위적인 교육이 불가능한—를 발견하고자 하는가? 누가 우리의 개인적인 그리고 집단적인 삶의 의미에 관한 질문들에 대답하고자 하는가? 나는 이런 탄식이 지니고 있는 설득력과 통렬함을 인정한다. 즉, 우리의 시대는 정말로 혼돈의 시대이다. 나는 이렇게 말하고자 한다. 만약 여러분이 도덕적 권위에 대해 어떤 의식이 없다면, 만약 여러분이 도덕적 목적에 관하여 자주적인 생각을 갖고 있지 않다면 여러분은 교육자가 되어서는 안 된다. 비록 실용적 목적이 있다 하더라도 수단의 지식으로 충분한 많은 기술관료 직업이 있다. 그러나 교육은 그런 직업들 중의 하나가 아니다. "무엇을 위한 교육인가?"라는 문제에 어쨌든

임시적으로나마 최소한의 일관된 대답을 할 수 없는, 그리고 어쨌든 훌륭한 교육이 기르고자 가정하고 있는 그런 유형의 사람을 말할 수 없는 교육자는 전혀 잘못된 교육의 노선을 걷고 있다. 사실, 진지하게 교육업무에 헌신하고 있는 대부분의 교육자들은 올바른 교육의 노선에서 과업을 수행하고 있다는 것이 나의 생각이다. 대부분의 사람들은 오늘날 교육개혁의 주요 목적들 중의 하나로서 이러한 자유를 성취하고자 하는 교육의 목적을 기꺼이 인정하는 것 이상으로 더 알고 있다.

저자 소개

마빈 W. 베르코위츠(Marvin W. Berkowitz)는 미주리 세인트 루이스 대학교 인격교육의 맥도넬(Sanford N. McDonnell) 교수, 미국 공군사관학교 인격발달의 네덜란드 대사 코어스(H. Coors) 교수 칭호를 가지고 있으며, 또한 마케트 대학교(Marquette University) 윤리학 연구소의 설립자이자 소장으로서 활동하고 있다. 그는 아동과 청소년 발달, 도덕적 사고, 그리고 인격교육에 관심을 가진, 특히 도덕적 갈등 토론, 청소년 모험, 부모의 양육, 그리고 물질남용에 관심을 갖고 있는 발달심리학자이다.

애니 콜비(Anne Colby)는 1997년 카네기 교수진흥재단(Carnegie Foundation for the Advancement of Teaching)에 수석 교수로 참여하였다. 그녀는 종단적 연구자료 보관소이며 사회과학연구 센터인 하버드 대학교 헨리 뮤레이 연구 센터(Henry Murray Research Center)의 소장을 역임한 바 있다. 그녀는 『도덕판단의 종단적 연구』(1983)와 『도덕판단의 측정』(1987)의 제1저자이고, 데이몬(W. Damon)과 함께 『배려를 하는 사람들 : 오늘날의 도덕적 책무의 삶』(1992)의 공동저자이며, 『민족지학(ethnography)과 인간발달 : 인간 탐구에서의 맥락과 의미』(1995), 『인생에서의 능력과 인격』(1998)의 공동 편집자이다. 그녀는 카네기 재단의 고등교육 교수 프로그램 및 프로젝트 준비, 그리고 도덕적 및 공민적 책임의 발달 공동책임자이다.

윌리암 데이몬(William Damon)은 스탠포드 대학교 교육학 교수이자 청소년 센터 소장이다. 그는 U.C. 버클리에서 발달심리학으로 철학박사 학위를 받았다. 저서로는 『아동기와 청소년기에서의 자기 이해』(1988), 『도덕적 아동』(1990), 『배려를 하는 사람들 : 오늘날의 도덕적 책무의 삶』(1992), 『더 큰 기대』(1995) 등이 있으며, 보다 최근에는 『청소년 헌장 : 공동체들은 모든 우리 어린이들을 위해 어떻게 함께 기치를 들 수 있는가』(1997)가 있다. 데이몬은 『아동발달의 새로운 동향』과 『아동심리학 핸드북』의 편집장이다. 그는 교육학술원(National Academy of Education) 회원으로 선출되어 활동하고 있다. 데이먼은 후버 협회(Hoover Institution)의 선임자이다.

아미타이 에치오니(Amitai Etzioni)는 조지 워싱턴 대학교 수석교수이다. 그는 21권의 저서를 출판하였으며, 『단색 사회』(프린스턴 : 프린스턴 대학교 출판부, 2001), 『넥스트 : 좋은 사회로 가는 길』(뉴욕 : 베이직 북스, 2001), 『프라이버시의 한계』(뉴욕 : 베이직 북스, 1999), 그리고 사이먼 위센탈 센터(Simon Wiesenthal Center)의 1997년 관용 도서상(Tolerance Book Award)을 수상한 『신황금률 : 민주주의 사회에서의 공동체와 도덕성』(뉴욕 : 베이직 북스, 1996) 등의 저서가 있다. 그는 또한 공동체주의 계간지인 『반응하는 공동체 : 권리와 책임』의 편집자이다.

어빙 크리스톨(Irving Kristol)은 잡지 『공익』의 공동 편집자, 미국 기업협회 올린(John M. Olin) 특별회원, 미국 학술원 특별회원, 그리고 국제관계회의 평생회원이다. 그는 『신보수주의 : 관념의 자서전』(1995), 『신보수주의 회상』(1983), 『자본주의의 두 가지 갈채』(1978), 그리고 『미국의 민주주의 이념에 관하여』(1972)의 저자이다.

F. 클라크 파워(F. Clark Power)는 교양학문 프로그램(Program of Liberal Studies)의 교수이자 심리학 겸임 교수이며, 노트르담 대학교 교육창의연구소(Institute for Educational Initiatives)의 특별회원이다. 그는 또한 스포츠, 인격, 그리고 문화를 위한 멘델슨 센터(Mendelson Center for Sports, Character, and Culture)의 이론과 연구 담당 공동책임자이다. 그는 1979년에 하버드 교육대학원에서 인간 발달에 관한 교육전문

박사학위(Ed.D.)를 받았다. 그의 연구와 저술은 도덕발달과 대중교육에 초점을 맞추고 있다. 그는 『도덕판단의 측정, 제II권 : 표준이슈점수편람』, 그리고 『도덕교육에 대한 콜버그의 접근법』의 공동저자이다. 그는 또한 『자아, 에고 그리고 아이덴티티 : 통합적 접근』, 『다원주의의 도전 : 교육, 정치 그리고 가치』, 그리고 『인격심리학과 인격교육』(근간)의 공동편집자이다.

아더 J. 슈와츠(Arthur J. Schwartz)는 1995년부터 존 템프리톤 재단(John Templeton Foundation)의 인격발달 프로그램을 주도해 오고 있다. 그는 또한 재단의 대중안내책자 『인격발달을 장려하는 대학들』의 프로젝트 감독자로서 봉사하고 있다. 그는 하버드 대학교에서 박사학위를 취득하였다.

낸시 셔만(Nancy Sherman)은 조지타운 대학교 철학교수이다. 1997년부터 1999년까지 그녀는 미국 해군사관학교 윤리학 특별강좌의 공개 강의자로서 공헌하였다. 그녀는 예일 대학교 철학 부교수, 존스 홉킨스 대학교와 매리랜드 대학교 초빙교수로 활약하고 있다. 그녀는 『인격의 구조』(옥스포드 대학교 출판부, 1989)와 『덕의 필연성』(캠브리지 대학교 출판부, 1997)의 저자이자 『고전에 관한 비판적 에세이 : 아리스토텔레스의 윤리학』(Rowman and Littlefield, 1999)의 편집자이다. 그녀는 윤리학 일반과 도덕 심리학에 관한 30여 편 이상의 논문을 발표하였다. 셔만 교수는 1982년에 하버드 대학교에서 철학 전공으로 철학박사 학위를 받았다.

크리스티나 호프 좀머스(Christina Hoff Sommers)는 워싱턴 D.C.에 있는 미국기업연구소의 상임 학자이다. 그녀는 『남성과의 전쟁』과 『누가 페미니즘을 도둑질하였는가?』의 저자이다.

로렌스 J. 워커(Lawrence J. Walker)는 브리티시 콜럼비아 대학교 심리학 교수이며, 대학원 프로그램의 조정자로서 1978년에 토론토 대학교에서 철학박사 학위를 취득하였다. 그는 도덕교육협회 전 회장이며, 현재 『계간 메릴 팔머(Merrill-Palmer Quarterly)」의 부편집자로 봉사하고 있다. 그의 연구는 도덕적 추론의 발달과 도덕적 퍼스낼리티의 형성과정을 포함하는 도덕발달의 심리학과 관련되는 이슈들에 초점을 맞추고 있다.

역자 소개

■ **서강식**

서울대학교 대학원 국민윤리교육과 졸업
교육학 석사 및 박사
현재 공주교육대학교 윤리교육과 교수

〈저서〉

『도덕 · 윤리과 수업모형』(양서원, 1999).
『초등도덕과 교육과정 및 평가』(양서원, 1999).
『도덕 · 윤리과 교수-학습과정』(양서원, 2000).
『초등도덕과 교육과정의 이해』(공저, 교육과학사, 2001).
『도덕과 교육론』(공저, 교육과학사, 2001).
『도덕과 교육론』(양서원, 2001).

■ **김태훈**

서울대학교 대학원 국민윤리교육과 졸업
교육학 석사 및 박사
현재 공주교육대학교 윤리교육과 교수

〈저서 및 논문〉

『덕교육론』(양서원, 1999).
『도덕 · 원리 교과교육학 개론』(공저, 교육과학사, 1999).

『윤리학과 덕교육』(공저, 한국정신문화연구원, 2001).
『공동체주의 교육』(공저, 교육과학사, 2002).
"퍼스낼리티 구조에서의 도덕성 발달과 도덕교육의 방향," 『교과교육학연구』, 제49호, 2002.
"신콜버그파의 이론적 관점에 관한 고찰," 『국민윤리연구』, 제49호, 2002.

■ 이범웅

서울대학교 대학원 국민윤리교육과 졸업
교육학 석사 및 박사
현재 공주교육대학교 윤리교육과 교수

〈저서 및 논문〉

『국가정책과 체계과학』(공저, 도서출판 신유, 1997).
『지구촌 생태계 위기와 환경윤리교육』(공저, 서울대학교 출판부, 2002).
『21세기 북한학 특강』(공저, 인간사랑, 2003).
"공동체주의의 통합적 기능에 관한 복합체계론적 연구," 박사학위 논문, 1997.
"공동체주의의 통합원리를 통한 남북한 사회통합과 통일교육 방향의 모색," 『초등도덕교육』, 제7집, 2001.
"한국사회에서의 공동체주의의 적실성에 관한 탐색," 「한중윤리학회 연차학술대회」, 2001.

■ 박찬석

서울대학교 대학원 교육학 박사
공주교육대학교 윤리교육과 교수

〈저서〉

『도덕 · 윤리 교과교육학 개론』(공저, 교육과학사, 1999).
『공동체주의 교육』(공저, 교육과학사, 2002)
『도덕윤리과 교육의 발전방향과 과제』(공저, 교육과학사, 2005).

새로운 시대의 인격교육

초판1쇄 / 2008년 5월 10일

엮은이 **윌리암 데이몬**
옮긴이 **김태훈/박찬석/서강식/이범웅**
펴낸이 **여국동**
펴낸곳 **도서출판 인간사랑**
인 쇄 **백왕인쇄**
제 본 **은정제책사**

출판등록 1983. 1. 26. / 제일 3호

(411- 815) 경기도 고양시 일산구 백석동 1178-1
TEL (031)901-8144, 907-2003
FAX (031)905-5815
e-mail/igsr@yahoo.co.kr / igsr@naver.com

정가 15,000원

ISBN 978-89-7418-247-2 93370

※ 잘못된 책은 교환해 드립니다.